本书得到教育部人文社科重点研究基地厦门大学东南亚研究中心、厦门大学南洋研究院"南洋文库"项目资助。

李峰 著

A Research in Britain's "South-East Asian Regional Cooperation" Policy: 1945-1967

英国的『东南亚区域合作』政策（1945—1967）

中国社会科学出版社

图书在版编目（CIP）数据

英国的"东南亚区域合作"政策：1945—1967／李峰著．—北京：中国社会科学出版社，2023.12

（南洋文库）

ISBN 978-7-5227-1369-4

Ⅰ.①英… Ⅱ.①李… Ⅲ.①英国—对外政策—研究—东南亚—1945-1967 Ⅳ.①D856.10

中国国家版本馆 CIP 数据核字（2023）第 023406 号

出 版 人	赵剑英
责任编辑	宋燕鹏
责任校对	李　硕
责任印制	李寡寡

出　　版	中国社会科学出版社
社　　址	北京鼓楼西大街甲 158 号
邮　　编	100720
网　　址	http://www.csspw.cn
发 行 部	010-84083685
门 市 部	010-84029450
经　　销	新华书店及其他书店
印　　刷	北京明恒达印务有限公司
装　　订	廊坊市广阳区广增装订厂
版　　次	2023 年 12 月第 1 版
印　　次	2023 年 12 月第 1 次印刷
开　　本	710×1000　1/16
印　　张	12.75
插　　页	2
字　　数	203 千字
定　　价	78.00 元

凡购买中国社会科学出版社图书，如有质量问题请与本社营销中心联系调换
电话：010-84083683
版权所有　侵权必究

目 录

第一章　问题的提出 …………………………………………………（1）

第二章　域外大国与区域合作：一种理论阐释 …………………（13）
　一　区域合作与域内外行为体 ……………………………………（13）
　二　域外行为体的"区域身份地位化" ……………………………（24）
　三　英国的东南亚"区域身份地位化" ……………………………（34）

第三章　特别专员署与英国的"东南亚区域合作" ………………（43）
　一　二战后英国的东南亚身份及政策调整的历史背景 …………（43）
　二　特别专员署与英国"东南亚区域合作"开端 …………………（57）
　三　特别专员署实践的区域影响 …………………………………（67）

第四章　最高专员与英国的"东南亚区域合作" …………………（79）
　一　东南亚最高专员与英国的区域身份变化 ……………………（79）
　二　马来亚"紧急事件"与英国东南亚政策转向 …………………（87）
　三　东南亚政策转向的区域影响 …………………………………（95）

第五章　科伦坡计划与东南亚区域经济竞合 ……………………（103）
　一　英美经济地位竞争与科伦坡计划产生 ………………………（103）
　二　科伦坡计划与亚远经委员会在东南亚的竞合 ………………（113）
　三　科伦坡计划的区域影响 ………………………………………（120）

第六章　英国的东南亚防务建设与区域安全竞合 …………… (129)
  一　英美安全地位竞争与区域防务组织建设 ……………… (129)
  二　"印马对抗"与英国的东南亚防务组织建设 …………… (139)
  三　防务组织建设的区域影响 ……………………………… (148)

第七章　英国"东南亚区域合作"的区域影响 ………………… (158)
  一　关于东盟起源及其性质的争议 ………………………… (158)
  二　"东南亚区域合作"与内生区域合作的比较 …………… (163)
  三　"东南亚区域合作"对东盟及其起源的影响 …………… (170)

结束语 ………………………………………………………………… (178)

参考文献 ……………………………………………………………… (181)

后　记 ………………………………………………………………… (198)

第 一 章

问题的提出

现代意义上的东南亚（South-east Asia/Southeast Asia）区域建构与东南亚区域合作紧密相关，[①] 现代东南亚这一"区域"（region）被普遍认为形成于第二次世界大战（以下简称二战）后兴起的东南亚内生区域合作之中。对现代东南亚区域合作因果逻辑的研究重在从域内国家层面阐述区域合作的起源与发展，揭示其中区域意识、区域集体身份、区域规范及机制等的塑造过程，并倾向于认为，现代东南亚的区域合作与区域建构是"一体两面"的关系。而从时间逻辑看，已有研究普遍以1967年成立的"东南亚国家联盟"（ASEAN，以下简称"东盟"）为东南亚区域合作的起点和基本语境。因此，目前学界对东南亚区域合作逻辑的探究主要寓于东盟区域主义（ASEAN Regionalism）之中，[②] 后者主要涉及区域建构、区域意识、集体身份、区域规范及机制等方面。

已有东盟区域主义研究表明，对于共同安全威胁的认知推动了二战后初期东南亚各国间的合作，彼时，东南亚各国普遍认为，分离主义与

[①] "Southeast Asia"，即"South"与"east"间未加"-"的用法在二战及战后初期常出现于美国官方的表述中，这一做法主要是为了强调与英国殖民体制下的"South-east Asia"的不同，反映出美国官方反对英国殖民东南亚的态度，详见 Donald K. Emmerson，"'Southeast Asia': What's in a Name?", *Journal of Southeast Asian Studies*, Vol. 15, No. 1, 1984, pp. 3–4。

[②] 东盟区域主义的代表性研究有：郑先武：《安全、合作与共同体：东南亚安全区域主义理论与实践》，南京大学出版社2009年版；曹云华：《探究东南亚新秩序》，世界知识出版社2015年版；Amitav Acharya, *Constructing a Security Community in Southeast Asia: ASEAN and the Problem of Regional Order*, Third Edition, London and New York: Routledge, 2009; Alice D. Ba, *(Re) Negotiating East and Southeast Asia: Region, Regionalism, and the Association of Southeast Asian Nations*, California: Stanford University Press, 2009; Christopher B. Roberts, *ASEAN Regionalism: Cooperation, Values and Institutionalization*, London and New York: Routledge, 2012。

共产主义是最大的国内政治安全威胁，而传统殖民大国在战后"重返"东南亚所带来的外部干预，东南亚国家纷纷独立中的领土领海纠纷等边界争端则构成了最主要的军事安全威胁。这种共同安全威胁认知催生了基于安全相互依存、初步且自发的安全区域化，东南亚内部的善意关系由此开始萌动，区域意识和尝试性联合行动也随之出现。① 起初，文莱、缅甸、泰国、老挝、柬埔寨、越南、马来亚、新加坡和印度尼西亚（以下简称印尼）间萌发了一种地理单元意识。② 后来，东南亚国家间开始探索更具区域规范基础的区域机制建设，从1955年召开的首届万隆亚非会议（Bandung Conference）到1961年马来亚、菲律宾和泰国组建的"东南亚联盟"（Association of Southeast Asia），③ 再到1963年马来西亚、菲律宾、印尼与泰国建立的"马菲印多"（Maphilindo），东南亚国家间通过有目的的跨区域或次区域的社会、政治、文化、经济交互逐渐建构了一种认同的区域（identifiable region），④ 这种认同的区域随着1967年东盟的成立而以一个共同体正式彰显于国际社会。

传统意义上的东南亚是一个主要由外部行为体界定的地理概念，这一界定的典型是西方殖民该地时形成的"印度以东、中国以南"的认知。因此，从传统意义到现代意义，作为一个区域的东南亚呈现出由一个近代的外生概念跨越发展至现代的内生概念的发展轨迹，其中，二战是这一跨越的分界线。那么，二战后初期现代东南亚的区域建构是否如上所述完全源于这一时期的内生区域合作？同一时期，域外行为体如传统殖民大国是否置身于这种区域合作与区域建构之外？对于这两个问题的回答主要涉及以下两个方面，一是这一时期域外行为体是否推动过类似的区域合作？二是若推动过，那么这种区域合作与内生区域合作是否存在关联？

---

① 郑先武：《安全、合作与共同体：东南亚安全区域主义理论与实践》，第181—182、185页。
② ［澳］米尔顿·奥斯本：《东南亚史》，郭继光译，商务印书馆2012年版，第4—6页。
③ 泰国古称"暹罗"，1939年6月24日，暹罗改国号为泰国，1945年日本投降后，泰国复名暹罗，1949年5月11日，暹罗改称并定名泰国，延续至今。
④ Christopher B. Roberts, *ASEAN Regionalism: Cooperation, Values and Institutionalization*, p. 33; Amitav Acharya, "The Emerging Regional Architecture of World Politics", *World Politics*, Vol. 59, No. 4, 2007, pp. 629–630.

第一章　问题的提出

当前，国内外对现代东南亚区域合作的研究已涉及探究东盟合作的渊源，这一探源主要体现在对东南亚联盟与马菲印多等案例的研究中。[①] 对于这些东盟成立前的多边合作，部分研究认为，由于二战后初期东南亚仍普遍受到殖民主义的控制或影响，这一时期的东南亚各国并不全是独立主权国家，因此，彼时东南亚的内生多边合作并非现在意义上的国家间区域合作。此外，亦有部分研究肯定了这些东盟建立前的内生合作的区域合作属性，如文森特·波拉德（Vincent K. Pollard）在1970年即将东南亚联盟纳入东南亚区域主义进程；[②] 克里斯托弗·罗伯茨（Christopher B. Roberts）亦将马菲印多等域内合作称为"有限的区域主义"（limited regionalism）；[③] 尼古拉斯·塔林（Nicholas Tarling）将东南亚内生区域主义溯源至东盟成立之前，他以一种历史观来看待东南亚的区域主义（regionalism），认为东盟是东南亚联盟的"继承者"（successor）。[④] 这些持肯定立场的研究认为，上述相关合作的推动者主要是各参与国的民族主义政权，因此，这些合作亦是区域合作，并且它们与东盟的产生及发展特征的形成具有内在联系。

但总体而言，已有关于东南亚区域合作的研究在时间与空间上普遍基于东盟语境，这种东盟语境意味着对东南亚区域合作的探源在时间上尚未有效延伸至东盟成立以前（以下简称"东盟前"），在行为体上也未有效扩展至东南亚的域外行为体（以下简称"东南亚外"）。已有研究只是初步涉及这些"东盟前"与"东南亚外"因素，如这些研究已指出"东南亚"这一名称在二战前及二战初期主要是一个地理概念，此后逐渐发展为一个越来越能被感知到的具有军事、政治及其他层面内涵的综合

[①] 代表性研究有：Philip Charrier, "ASEAN's Inheritance: The Regionalization of Southeast Asia, 1941–61", *The Pacific Review*, Vol. 14, No. 3, 2001, pp. 313–338。

[②] Vincent K. Pollard, "ASA and ASEAN, 1961–1967: Southeast Asian Regionalism", *Asian Survey*, Vol. 10, No. 3, 1970, pp. 244–255。

[③] Christopher B. Roberts, *ASEAN Regionalism: Cooperation, Values and Institutionalization*, pp. 36–37。

[④] 详见 Nicholas Tarling, *Regionalism in Southeast Asia: To Foster the Political Will*, London and New York: Routledge, 2006。

维度的概念，① 即实现了从地理概念向政治区域的发展。其中，二战及其遗产在这种发展中具有决定性作用。这一从地理概念向区域发展的第一步是二战期间英国牵头成立的"盟军东南亚司令部"（South-east Asia Command）。1943年8月，同盟国在锡兰（今斯里兰卡）建立盟军东南亚司令部后，东南亚这一概念的军事属性便逐步得到推广与认可。1945年，美国国务院首次设立了"东南亚处"（Division of Southeast Asian Affairs）。② 1946年，英国外交部的远东司也下设了"东南亚处"；1946年3月，盟军东南亚司令部被隶属于英国外交部，由英国驻"东南亚特别专员"（Special Commissioner in South-east Asia，以下简称特别专员）领衔的特别专员署所取代。由此可见，英美等域外大国在东南亚这一区域概念的政治化中发挥了重要作用。

对"东盟前"的"东南亚外"实践的研究目前主要涉及1946年英国设置的特别专员及特别专员署，1948年英国向东南亚派驻的最高专员（Commissioner-General），③ 英联邦国家于1950年发起的"科伦坡计划"（the Colombo Plan）、美国在1954年至1955年发起并主导建立的"东南亚条约组织"（Southeast Asia Treaty Organization）以及20世纪60年代初至东盟成立期间日本倡议建立的"西太峰会"（West Pacific Summit）、

---

① Russell H. Fifield, "Southeast Asia as a Regional Concept", *Southeast Asian Journal of Social Science*, Vol. 11, No. 2, Ideology in Southeast Asia, 1983, p. 2.
② 郑先武：《安全、合作与共同体：东南亚安全区域主义理论与实践》，第186—187页。
③ 关于"Commissioner-General"一词的翻译，在国内已有翻译中，何跃将其译为"总监察"，奉旭晴将其译为"总督"，杨文娟将其译为"首席专员"，姜中才等将其译为"最高特派员"，庞卫东将其译为"最高专员"。本书认为，鉴于英帝国、英联邦体制中的总督通常为"Governor"，如本书出现的马来亚总督"Malayan Governor"；而"Governor-general"通常被译为"大总督"，如本书第三章正文所述，在马来亚联邦已有总督的情况下，麦克唐纳在1946年5月被任命为新加坡及马来亚联邦两地的"大总督"；此外，本部分所论述的"High Commissioner"通常被译为"高级专员"，因此，本书根据"Commissioner-General"一词与上述职务在词意上及具体职责上的联系，将其译为最高专员。参见杨文娟《英国东南亚特派员与粮食供应（1946—1948）》，《东南亚研究》2010年第2期，第56—61页；何跃《关于马共在马来亚独立问题上的争论》，李一平、刘稚主编《东南亚地区研究学术研讨会论文集》，厦门大学出版社2011年版；奉旭晴《战后初期英国对东南亚政策初探（1945—1950）》，硕士学位论文，湖南师范大学，2015年；[美] 埃德温·W. 马丁《抉择与分歧：英美对共产党在中国胜利的反应》，姜中才、于占杰译，社会科学文献出版社2016年版，第13页；庞卫东《新加坡与马来（西）亚的合并与分离研究：1945—1965》，社会科学文献出版社2017年版。

"东南亚经济发展部长会议"(Ministerial Conference for Economic Development in Southeast Asia)、"亚太委员会"(Asia Pacific Council)等。① 其中,东南亚区域合作这一概念最早见于英国提出并实践的"东南亚区域合作"(South-east Asian Regional Cooperation),英国的这一理念最早出现在 1944 年 12 月英殖民部向内阁提交的一份文书中,此后,这一理念经由英国外交部主导的特别专员署付诸实践,② 科伦坡计划的产生亦与这一"区域合作"理念存在直接的因果关系。也正因此,英国在"东盟前"的"东南亚外"区域合作中具有关键地位。此外,英国的"东南亚区域合

---

① 国内外关于特别专员的代表性研究有:杨文娟:《英国东南亚特派员与粮食供应(1946—1948)》,《东南亚研究》2010 年第 2 期,第 56—61 页; Milton W. Meyer, "Regional Cooperation in Southeast Asia", *Columbia Journal of International Affairs*, Vol. 3, No. 2, *Regional Organizations Their Role in the World Community*, 1949, pp. 68 – 77; Russell H. Fifield, "Southeast Asia as a Regional Concept", *Southeast Asian Journal of Social Science*, Vol. 11, No. 2, *Ideology in Southeast Asia*, 1983, pp. 1 – 14; Tilman Remme, *Britain and Regional Cooperation in South-east Asia, 1945 – 49*, London and New York: Routledge, 1995; Nicholas Tarling, *Britain, Southeast Asia and the Onset of the Cold War, 1945 – 1950*, Cambridge: Cambridge University Press, 1998; 关于科伦坡计划的代表性研究有: L. P. 古纳蒂勒克:《"科伦坡计划"组织和执行情况》,《东南亚研究》1960 年第 1 期,第 46—50 页; 孙建党:《美国与东南亚经济关系研究(1945 - 1973)》,经济管理出版社 2011 年版;张德明:《从科伦坡计划到东盟——美国对战后亚洲经济组织之政策的历史考察》,《史学集刊》2012 年第 5 期,第 97—109 页; Daniel Oakman, *Facing Asia: A History of the Colombo Plan*, Canberra: Pandanus Books, 2004; Peter Lower, *Contending With Nationalism and Communism: British Policy Towards Southeast Asia, 1945 – 65*, Basingstroke, Hampshire: Palgrave Macmillan, 2009; 关于东南亚条约组织的代表性研究有:崔丕:《美国亚洲太平洋集体安全保障体系的形成与英国(1950—1954 年)》,《冷战国际史研究》2004 年第 1 辑,华东师范大学出版社 2004 年版,第 1—27 页; Bernard K. Gordon, "Problems of Regional Cooperation in Southeast Asia", *World Politics*, Vol. 16, No. 2, 1964, pp. 222 – 253; Hiroyuki Umetsu, From ANZUS to SEATO-A Study of Australian Foreign Policy, 1950 – 54, Ph. D. dissertation, the University of Sydney, June 1996; Panagiotis Dimitrakis, *Failed Alliances of the Cold War: Britain's Strategy and Ambitions in Asia and the Middle East*, London and New York: I. B. Tauris, 2012; Sue Thompson, *British Military Withdrawal and the Rise of Regional Cooperation in South-east Asia, 1964 – 73*, Basingstroke, Hampshire: Palgrave Macmillan, 2015; 关于这一时期的日本倡议与实践的东南亚区域合作的研究有:毕世鸿:《太平洋战争期间日本对东南亚的经济统制》,社会科学文献出版社 2012 年版;陈巍:《战后日本"重返"东南亚与英国的应对》,《日本问题研究》2014 年第 3 期,第 36—43 页; James Llewelyn, "Japan's Return to International Diplomacy and Southeast Asia: Japanese Mediation in Konfrontasi, 1963 – 66", *Asian Studies Review*, Vol. 30, No. 4, 2006, pp. 355 – 374; Nicholas Tarling, *Southeast Asia and the Great Powers*, London and New York: Routledge, 2010; Shintaro Hamanaka, *Asian Regionalism and Japan: The Politics of Membership in Regional Diplomatic, Financial and Trade Groups*, London and New York: Routledge, 2010。

② Tilman Remme, *Britain and Regional Cooperation in South-east Asia, 1945 – 49*, p. 2.

作"政策实践及其规范影响既是一个国际关系史议题,也是一个国际政治议题。这一政策的实践过程涵盖了二战后英国"重返"东南亚;二战前英国确立的帝国地位在战后迎来新变化;冷战兴起并影响东南亚;英国、法国及荷兰等战前宗主国在东南亚民族主义运动中被迫推行去殖民化。也正因此,二战后初期英国在东南亚的殖民主义与去殖民化政策,以及英国因应东南亚民族主义与过程中的国别与区域政策调整,构成了已有关于这一时期英国与东南亚关系研究的主体,这些研究中也部分涉及了英国的"东南亚区域合作"政策。① 相对这两个主要研究视角,区域研究在已有研究中呈现为一个次要视角。

就殖民主义与去殖民化研究而言,② 二战后初期,英国在殖民地问题上处于非常难堪的地位,"如果英国继续抓住不放,就会被看作一个十恶不赦的帝国主义国家;如果它自动放弃殖民地,就被看作是衰弱的表现;如果政权移交不顺利,就要归咎于它的殖民统治不当。"③ 因此,制定一种既能恢复昔日殖民霸权又能恰当管控东南亚民族主义的政策成为当务之急。"东南亚区域合作"政策成为英国在东南亚由再殖民转向去殖民化,由殖民宗主国转向域外大国的主要催化剂。就民族主义视角的研究而言,东南亚民族主义的发展与殖民主义既具有共生关系,又具有竞争关系,其中的竞争性因战时日本的侵略及战后英国等在东南亚的去殖民

---

① 关于殖民主义与去殖民化,英国对东南亚民族主义与共产主义的因应等已有研究主体与特别专员署等某一特定案例往往又具有"多因一果"的关系,即难以将某一案例置于单独的殖民主义或民族主义或冷战维度内。

② 代表性研究有:黄焕宗:《英国侵略马来西亚及其殖民政策》,《南洋问题研究》1991年第1期,第31—39页;王成:《从西方化到本土化:英国的殖民统治与马来西亚的政治发展》,《史学月刊》2003年第8期,第85—91页;何跃:《二战后英国在东南亚的非殖民化研究现状述评》,《云南师范大学学报》2005年第2期,第90—96页;张祖兴:《英国对马来亚政策的演变(1942—1957)》,中国社会科学出版社2012年版;庞卫东:《新加坡与马来(西)亚的合并与分离研究:1945—1965》;C. M. Turnbull, "British Planning for Post-war Malaya", *Journal of Southeast Asian Studies*, Vol. 5, No. 2, 1974, pp. 239 – 254; T. N. Harper, *The End of Empire and the Making of Malaya*, Cambridge: Cambridge University Press, 1999; Anthony Milner, *The Invention of Politics in Colonial Malaya*, Cambridge: Cambridge Unversity Press, 2002; Matthew Jones, *Conflict and Confrontation in South East Asia, 1961 – 1965: Britain, the United States and the Creation of Malaysia*, Cambridge: Cambridge University Press, 2002。

③ [英]斯克德、库克:《战后英国政治史》,王子珍、秦新民译,世界知识出版社1985年版,第44页。

化而逐渐凸显。此外，促使英国殖民主义在东南亚衰败的重要原因正是该地民族主义的发展。① 但是民族主义视角的研究普遍认为，区域合作只是民族主义发展的附带结果之一。

就案例研究所呈现的区域合作视角而言，在对特别专员署的研究中，郑先武指出，特别专员署的建立表明英国开始赋予东南亚一种政治含义，这种政治含义一开始主要是监督该区域殖民地的独立。② 杨文娟详细剖析了"东南亚特派员"（特别专员）在应对东南亚粮食危机中的主要作为并重点梳理了英国同泰国在粮食供给上的协调过程。③ 苏·汤普森（Sue Thompson）则指出，特别专员署旨在协调所辖范围的经济复苏。④ 此外，蒂尔曼·雷姆（Tilman Remme）指出，特别专员的主要职责是与英国驻东南亚各地的总督、东南亚各国政府、相关域外国家及联合国相关机构就粮食危机展开磋商，并向英国外交部提供咨询建议。⑤ 在对科伦坡计划的研究中，孙建党指出，该计划有助于加强英国在英联邦国家的地位，扩大其在整个南亚和东南亚地区的影响。⑥ 但是，总体上，这些缺乏连贯叙事的案例研究难以剖析英国的"东南亚区域合作"政策的属性、实践特征及规范影响。

然而，英国推动的这种"区域合作"是否为现代意义上的区域合作，其与此后的东盟区域合作属性是否一致，仍备受争议。对此，一些早期的学术研究已将英国的"东南亚区域合作"等同于同一时期的其他区域合作，如米尔顿·梅耶（Milton W. Meyer）在 1949 年将二战后初期英国推动的由基勒恩勋爵（Lord Killearn, Miles Lampson）领导的特别专员署及此后英国驻东南亚最高专员马尔科姆·麦克唐纳（Malcolm MacDonald）所领导的区域经济组织视为英国推动的东南亚区域合作，其中，最高专

---

① 高岱：《殖民主义的终结及其影响》，《世界历史》2000 年第 1 期，第 17 页。
② 郑先武：《安全、合作与共同体：东南亚安全区域主义理论与实践》，第 186—187 页。
③ 杨文娟：《英国东南亚特派员与粮食供应（1946—1948）》，《东南亚研究》2010 年第 2 期，第 56—61 页。
④ Sue Thompson, *British Military Withdrawal and the Rise of Regional Cooperation in South-east Asia, 1964 – 73*, p. 6.
⑤ Tilman Remme, *Britain and Regional Cooperation in South-east Asia, 1945 – 49*, pp. 43 – 51.
⑥ 孙建党：《美国与东南亚经济关系研究（1945 – 1973）》，第 286—293 页；孙建党：《科伦坡计划及其对战后东南亚的经济发展援助》，《东南亚研究》2006 年第 2 期，第 20—25 页。

员所领导的经济机构更被称为当时"东南亚最务实的（the most tangible）区域合作方式"。[①] 伯纳德·戈登（Bernard K. Gordon）在1964年亦指出，科伦坡计划、东南亚条约组织、万隆会议等都是实践东南亚区域主义的尝试。[②] 但是，随着东盟区域合作的兴起，迄今形成的主流观点认为，英国的这种"区域合作"并非现代意义上的东南亚区域合作，正如《剑桥东南亚史》指出的，"东南亚的区域主义始于印尼推动下建立的东盟"。[③]

因此，对于战后初期英国的"东南亚区域合作"，一方面，英国官方在政策表述上确已使用"东南亚区域合作"一词，这一概念也成为战后初期英国东南亚政策的核心理念；另一方面，英国这一冠以"东南亚区域合作"的政策在行动上是否体现为现代意义上的东南亚区域合作仍然存疑，其与现代东南亚区域合作的联系、对现代东南亚区域合作的影响，因而也存有争议。此外，已有研究鲜有考察英国的这一理念及实践与东盟区域合作及当时其他东南亚内生区域合作的联系。因此，英国的"东南亚区域合作"理念及其实践成为本书探究的对象，对此，本书将基于相关英国解密档案及已有研究，通过梳理1945年至1967年英国的"东南亚区域合作"的产生与发展过程，在辨析其属性的同时探究其影响。具体地，在这一时期，英国倡议并实践了哪些"东南亚区域合作"？此类合作的内涵及性质如何？此类合作对当时的东南亚内生区域合作及区域建构，对此后东盟区域合作的兴起是否具有影响，即对现代东南亚区域合作及其起源是否具有影响？若有，又具有怎样的影响？这些问题构成了本书对英国的"东南亚区域合作"政策研究的基本内容。

为分析英国的"东南亚区域合作"，本书建构起一种基于区域合作理论分析国际关系史的框架。该分析框架以域外行为体在推动区域身份认

[①] Milton W. Meyer, "Regional Cooperation in Southeast Asia", *Columbia Journal of International Affairs*, Vol. 3, No. 2, Spring, 1949, Regional Organizations Their Role in the World Community, pp. 68–77.

[②] Bernard K. Gordon, "Problems of Regional Cooperation in Southeast Asia", *World Politics*, Vol. 16, No. 2, 1964, pp. 222–253.

[③] [新西兰]尼古拉斯·塔林：《剑桥东南亚史》（第二卷），贺圣达等译，云南人民出版社2003年版，第463—465、469—473页。

知中谋求特定地位的"区域身份地位化"为主要切入点，通过身份变迁揭示规范扩散的过程，并将规范扩散归纳为渗透、覆盖与互构三种动态模式。基于这一分析框架，本书通过对相关解密档案的分析，尤其是查阅了南京大学国际关系史特藏室的英国外交部档案集以及相关网络上解密的英国、美国及中国外交档案，在档案梳理中重点分析了二战末期盟军东南亚司令部、战后初期英国驻东南亚特别专员、最高专员、科伦坡计划、英—马防务合作以及英国的东南亚防务组织规划等案例。

本书的研究得出了以下基本观点。首先，在现代东南亚区域合作及区域规范的起源中，域外大国具有不容忽视的作用。在二战末期提出、在战后初期付诸实施的英国的"东南亚区域合作"，是东盟建立前出现时间最早、实践延续性最强的域外大国"区域合作"倡议，这一政策实践对现代东南亚区域规范起源具有重要影响。其中，"区域身份地位化"是英国提出并实践"东南亚区域合作"政策的主要动因之一，也是使该政策实践呈现阶段性特征的主要因素。英国的"东南亚区域合作"可分为5个阶段，即：从二战期间的政策酝酿至战后初期依托盟军东南亚司令部进行初步尝试，这是第一阶段；1946年3月至1948年5月，借由特别专员及特别专员署，围绕粮食危机开展区域层面技术合作，这是第二阶段；1948年5月至1955年5月，最高专员及其下属机构合并为特别专员及特别专员署，政策实践重点转向、政策性质转变，这是第三阶段。本书称这三个阶段为"殖民式区域合作"时期。从1955年5月最高专员麦克唐纳去职至1965年"印马对抗"结束，区域实践由国家机构向区域机制发展，区域经济、安全合作呈现不同格局，这是第四阶段，亦即"准现代区域合作"时期。从1965年"印马对抗"结束至1967年东盟成立，英国的"东南亚区域合作"归于失败，这是第五阶段。在这些阶段划分基础上，通过对上述五个阶段与同一时期东南亚内生区域合作的比较，本书认为，英国的"东南亚区域合作"对同一时期的东南亚内生区域合作以及后来的东盟区域合作都具有重要影响。这种影响具体表现为合作成员共享、集体身份塑造、组织经验积累及区域规范影响，而这种影响又同时涉及实践与理念层面，体现出以间接影响为主、直接影响为辅的特征。此外，英国的"东南亚区域合作"实际上是一项旨在实现英国国家利益，维持其在东南亚区域影响的国家政策，而非基于区域公益，旨在建构区域公共产品的区域合作。因此本书认为，英国的"东南亚区域合作"名为"区域合作"，实为英国的东南亚"区域政策"，它并非现代意义上的区域合作。

其次，在对东盟规范起源的影响上，英国的"东南亚区域合作"的不同阶段向东南亚扩散规范的内容与方式各不相同。第一阶段并无规范影响。第二级阶段以渗透的形式向东南亚扩散了技术层面规范（全体一致的决策）、威斯特伐利亚国际体系规范（民族国家、区域）以及英帝国体制规范（协商）。第三阶段主要体现为东南亚冷战遏制规范与全球冷战的对抗规范的互构。第四阶段在区域经济层面向东南亚渗透了"科伦坡计划"中的协商与一致规范；而在区域安全领域，英国试图向东南亚扩散安全规范时，与内生性规范产生冲突，由于主权、不干预、区域自主及"印尼式的协商"等本土性规范的抵制，在双方互动中建构了新的东南亚区域安全规范——弱制度主义。在第五阶段，英国向东南亚扩散的经济规范得以继续发挥影响力。尤其需要指出的是，英国"东南亚区域合作"所扩散的协商与一致规范对东盟规范的起源具有直接影响，前者所强调的英联邦内依次往返的反复协商以及最终全体一致，与东盟的协商与一致规范，两者的内涵高度一致。而鉴于协商与一致规范在"东盟前"内生区域合作中确立最晚，共同性最弱，而它在英国的东南亚政策实践中确立最早，又是核心规范，因此，这一规范借由英国推动的集体身份建构形成了直接扩散。此外，遏制共产主义这一规范亦是直接影响，它一方面直接促成了内生合作对"反共"等规范的确立，另一方面起到了"反向"规范作用，影响了印尼参与的内生合作对和平与发展、区域自主规范的确立。

在研究价值上，本书在理论层面力求首先辨析英国的"东南亚区域合作"政策的性质，这一辨析的重点是将其与同一时期的东南亚内生区域合作尤其是东盟区域合作进行性质比较，并在影响分析上将英国的这一政策实践与同一时期的其他东南亚合作联系起来并加以比较，尤其是注重前者对后者的潜在影响。其次，从英国的身份变化如何影响其东南亚政策的形成与发展这一视角去分析"东南亚区域合作"政策，力图厘清英国的"东南亚区域合作"对当时其他实践的直接影响以及对后来相关实践的历史影响之间的界限，在阐述现象相似性的同时求证相似性背后的内在相关性，避免夸大或片面地解读相关历史现象。也正因此，本书将重点探究"东南亚"这一由外部行为体的区域化行动（regionalizing activities）所造就的区域在区域建构方面与同一时期的内生区域合作间的联系。[①]

因此，本书力图将现代东南亚区域合作的起源拓展至东盟成立前，将动力溯源至东南亚的域外行为体。虽然已有研究指出，在东南亚由外部行为体通过跨区域合作生发的区域间主义计划与行动要早于本地的区域主义，东南亚的区域主义因而是内外双重作用的结果，[②] 但是，当前国内对东南亚区域主义的研究普遍以东盟成立为起点，这也导致对东南亚区域合作起源的研究主要限于东盟语境，囿于对东盟成员国，如印尼、新加坡等成员的角色的分析。[③] 近年来，国内学者正对东盟成立前的东南亚及亚洲区域合作对东南亚区域主义的影响（主要是规范层面）展开探究，如通过（1947 年 3 月至 4 月）亚洲关系会议的案例探究印度与亚洲区域主义的起源，通过（1955 年 4 月）第一次万隆亚非会议的案例探究印尼与亚洲区域主义的起源，因而东南亚区域主义的起源的研究真正开始走向"东盟前"。本研究对英国的"东南亚区域合作"政策的探究有益于丰富学界对东南亚区域合作起源的认识，将东南亚区域合作溯源至东盟成立之前以及东南亚国家之外。

在现实层面，已有对东盟规范的研究形成了这样一种基本认知，即东盟成立后逐渐形成的以"限制使用武力解决国家间争端、不干预主义、区域问题区域解决、协商与共识的'东盟方式'"为主要内容的东盟规范是区域内部互动的产物，它源于东南亚各国传统的社会及国家规范。本书认为，英国的"东南亚区域合作"政策实践在规范与机制层面与当时同一时期的东南亚内生区域合作具有内在联系，对此后的东盟区域合作

[①] Philip Charrier, "ASEAN's inheritance: The Regionalization of Southeast Asia, 1941 – 61", *The Pacific Review*, Vol. 14, No. 3, 2001, pp. 313 – 338.

[②] 郑先武：《区域间主义治理模式》，社会科学文献出版社 2014 年版，第 208—209 页。

[③] 代表性研究有：郑先武：《安全、合作与共同体：东南亚安全区域主义理论与实践》；周玉渊：《从东盟到东盟共同体：东盟决策的模式与实践》，世界知识出版社 2015 年版；李峰、郑先武：《区域大国与区域秩序建构——东南亚区域主义进程中的印尼大国角色分析》，《当代亚太》2015 年第 3 期，第 60—91 页。

具有显著影响。本书对英国推动的"东南亚区域合作"倡议与实践的分析将重点揭示"区域""协商""国家间区域合作"等作为一种域外规范被东盟借鉴吸收的逻辑，尤其是东盟对不干预主义、区域问题区域解决等规范的强调，实际上针对的是当时包含英国在内的东南亚域外国家，换言之，东盟规范的形成既直接吸收、借鉴了英国推动的"东南亚区域合作"中的部分规范，也将英国的"东南亚区域合作"的部分实践与规范视为一种区域威胁，进而建构了与之相反的"反向规范"。这种内外结合的研究既有助于丰富、深化对东盟规范的认知，也有助于理解当前东盟与域外行为体在规范约束与规范建构方面的互动。

第 二 章

域外大国与区域合作：
一种理论阐释

虽然英国的"东南亚区域合作"政策的区域合作属性尚不清晰，但是理解这一政策、辨析其与现代东南亚区域合作关系的核心正是理解区域合作理论及其基本分析框架。在区域合作研究中，区域、行为体、身份认同、规范、机制及秩序等构成了基本要素，而在域内行为体与域外行为体差别上，规范、机制及秩序等要素则是比较的重点。本章即在阐述这些基本要素的基础上，通过引入身份概念，建构起一种身份实践塑造地位进而影响区域合作的分析框架，借以分析英国的"东南亚区域合作"政策。

一 区域合作与域内外行为体

本书主要从区域研究的视角出发，分析英国的"东南亚区域合作"政策。目前，区域研究业已成为一个跨越国际关系、社会学、人类学、经济学、历史学、地理学、文学及哲学等学科的交叉性研究领域。[1] 已有区域实践表明，在某一区域从无到有的建构过程中，或者在某一区域业已存在的前提下，区域合作的参与方既可以来自本地域，也可以来自本地域之外。因此，区域不再由地理邻近所定义，而是由国家间有目的的社会、政治、文化、经济交互作用所界定，当然，这些国家通常但不是

---

[1] ［新西兰］尼古拉斯·塔林：《剑桥东南亚史》（第一卷），贺圣达等译，云南人民出版社2003年版，第11页。

总是位于相同的地理空间内。因此，无论是某一地域内的还是地域外的行为体，它们都因参与特定的区域建构或区域合作而成其为"域内行为体"。为有所区别，本书依据参与行为体所处的地理位置，而非区域合作中的社会建构关系来定义域内、域外，即域内行为体是地理上处于该区域内部的行为体，反之则为域外行为体，因此，在"东南亚区域合作"政策实践过程中，英国是东南亚的域外行为体。

就区域研究中的区域界定而言，目前对这一概念的界定具有普遍学术认可度的是来自帕特里克·摩根（Patrick Morgan）所提出的"五项标准"，即区域需同时具备身份认同、地理邻近、相对自主性与独特性、相互依存与高水平的综合领域互动。① 巴里·布赞（Barry Buzan）与奥利·维夫（Ole Waever）指出，区域是一个国家或其他单位相互之间足够紧密地联系在一起，以至于不能把它们的安全彼此分割开来进行思考的一个层次。② 郑先武总结道，"区域是全球化进程中的创造、再创造，它是一种根植于政治实践的社会认知结构，它由全球化变革的进程中的权力、利益与认同等互动和主体间的理解的变化而建构、解体和重构，它可以定位于该地域内部和外部的国家的某一部分……"③ 诚然，上述区域界定普遍指向了全球化语境，但本书认为，二战后初期所形成的区域已经具备了上述界定中的部分内涵或特征，尤其是行为体打破地理区域的特征，因为传统帝国、殖民国家的活动亦具有广义的"全球"属性，同时部分区域的集体认同已经或正在形成。

就区域研究中的行为体而言，国家、非国家及次国家行为体是区域的基本构成单位。在新一轮全球化浪潮兴起之前，国家行为体是其中主要甚至唯一的单元，阿米塔夫·阿查亚（Amitav Acharya）指出，区域是由各种各样的大国（powers）所定义的，这些大国主要包括：（1）超级

---

① Patrick M. Morgan, "Regional Security Complexes and Regional Orders", in David A. Lake *et al.* eds. *Regional Orders*, University Park, PA: Pennsylvania State University Press, 1997, p. 26, 转引自李峰、洪邮生：《微区域安全及其治理的逻辑——以"一带一路"倡议下的"大湄公河微区域"安全为例》，《当代亚太》2019 年第 1 期，第 124 页。

② ［英］巴里·布赞、［丹麦］奥利·维夫：《地区安全复合体与国际安全结构》，潘忠岐等译，上海人民出版社 2010 年版，第 42—43 页。

③ 郑先武：《安全、合作与共同体：东南亚安全区域主义理论与实践》，第 32 页。

大国（super power）；（2）服务于超级大国之统治权的大国（great powers），其中有一些是核心国家（core states）；（3）区域大国（regional powers）。这些大国在区域秩序的建构中处于关键地位。[1] 而随着区域合作的深化，非国家行为体与次国家行为体的角色也进一步凸显。其中，以跨国公司与国际组织为代表的非国家行为体积极参与区域合作，为区域合作提供议程、资金等方面的援助；次国家行为体的典型是地方政府，随着中央政府与地方政府在国际合作领域的互动日益频繁，地方政府逐渐被国家赋予对外合作权，事实上参与了国家外交事务，成为国际关系事实上的行为体之一。[2]

就区域研究中的身份认同而言，区域建构是一种由区域身份认同、区域规范与区域机制等要素的复合而实现的社会建构进程。依据不同区域化程度对此类要素的需求程度，这一复合进程首先有赖于行为体间互动所形成的区域范围的集体身份认同，即区域认同或区域身份。同时，区域身份认同的塑造也体现了区域集体身份与国家身份间的张力，因为区域身份认同指向的是一个国家群体对共有身份的认同，而国家身份也具有区域性，即国家所谋求的一种区域层次的领导身份，这种区域身份与国家身份的张力，以及大国与其他域内国家的身份认同互动，凸显了区域合作中身份、地位的价值。本书将区域集体身份认同简称为"区域认同"，而将国家所彰显或谋求的区域层面的身份简称为"区域身份"，以示区别。

就区域研究中的规范与机制建构而言，区域规范及机制既是区域认同在实体层面的具体表现，也是塑造区域认同的主要途径，但相较于区域认同，区域建构对规范与机制的需求度较低，弱规范及机制亦可塑造区域。具体地，就区域规范而言，正如剑桥高级词典指出，"规范是普遍标准或多数人赞同的行为方式"。[3] 目前学界关于规范的界定中，具有普

---

[1] Amitav Acharya, "The Emerging Regional Architecture of World Politics", *World Politics*, Vol. 59, No. 4, 2007, pp. 629–652.

[2] 苏长和：《中国地方政府与次区域合作：动力、行为及机制》，《世界经济与政治》2010年第5期，第4—24页。

[3] Craig Calhoun, Donald Light and Suzanne Infeld Keller, *Sociology*, New York: Alfredaknopf, 1989, pp. 80–83, 转引自程晓勇《东盟规范的演进及其对外部规范的借鉴：规范传播视角的分析》，《当代亚太》2012年第4期，第35页。

遍认可度的有如下几种：一是玛莎·芬尼莫尔（Martha Finnemore）的定义，即"规范是指具有给定身份的行为体适当行为的准则"[①]；二是弗雷德里希·卡拉托奇维尔（Friedrich V. Kratochiwill）的界定，即"规范是权利和义务的行为标准，规范的主要功能是规定和限定行动"；[②] 三是克雷格·卡尔霍恩（Craig Calhoun）等人的概念，"规范是显性或隐性的行为规定和期望"。[③]

　　区域规范是国际规范在区域层面的表现，而国际规范的主要渊源之一是国内规范。芬尼莫尔指出，许多国际规范滥觞于国内规范，这些国内规范经由创议人（entrepreneurs）的各种努力最终成为国际规范。[④] 林永亮指出，"国际关系中的规范能够塑造行为者的认同，界定行为者的利益，影响行为者的行为。"[⑤] 此外，汉斯·摩根索（Hans J. Morgenthau）指出，国际政治的实质潜藏在道德、习惯和法律的规范性秩序中。不同行为规则之间的冲突，其结果取决于相互抵牾的规则所能施加于个人意志之上的有关制裁的相对压力。如果一个人不能遵守针对他的所有规范，那他就必须选择其中一种来遵守而违背其他那些规范。那些压力的相对强弱体现了拥护一套价值和利益、反对另一套价值和利益的社会势力的相对强弱。[⑥] 但是，正如保罗·科维特（Paul Kowert）与杰弗里·勒格罗（Jeffrey Legro）指出的，由于国际领域通常被描述为"无政府的"，也就是缺乏主权来实施规则，只能求助于武装力量来解决国家间的利益冲突。

---

　　① 玛莎·芬尼莫尔、凯瑟琳·斯金克：《国际规范的动力与政治变革》，载彼得·卡赞斯坦、罗伯特·基欧汉、斯蒂芬·克拉斯纳《世界政治理论的探索与争鸣》，秦亚青等译，上海人民出版社2006年版，第299页。

　　② Friedrich V. Kratochiwill, *Rules, Norms and Decisions: On the Condition of Practical and Legal Resoning in International Relations and Domestic Affairs*, Camcridge: Cambridge University Press, 1989, p. 59.

　　③ *Cambridge Advanced Learner's Dictionary*, Cambridge: Cambridge University Press, 2003, 转引自魏玲《规范、网络化与地区主义》，上海人民出版社2010年版，第71页。

　　④ Martha Finnemore and Kathryn Sikkink, "International Norm Dynamics and Political Change", *International Organization*, Vol. 52, No. 4, 1998, pp. 887–917.

　　⑤ 林永亮：《地区一体化语境中的东盟规范困境》，《世界经济与政治》2010年第7期，第17—35页。

　　⑥ [美]汉斯·摩根索：《国家间政治：权力斗争与和平》（第七版），徐昕等译，北京大学出版社2011年版，第261、264页。

因此，二战后国际关系学者倾向于贬低规范的作用。科维特与勒格罗认为，普遍的规范结构——诸如主权甚至"文明"——塑造了国际舞台上行为体的特定认同，以及实践这些认同的规则。行为体的特征也影响到它们如何解读应用于自身的规则，行动者有时候会操纵和改变规范，因为行为体可能很清楚控制规范所能带来的潜在优势。①

机制是规范的一种制度化反映，正如西莱斯特·沃兰德（Celeste A. Wallander）、赫尔戈·哈夫藤多恩（Helga Haftendorn）与罗伯特·基欧汉（Robert O. Keohane）指出的，国际机制指的是在国际范围内运行的一系列持续性、相互关联的规则，这些规则通常附属于某些组织机构，其范围包括惯例（如主权）、机制（如不扩散机制）以及正式组织（如北约）。② 就规范对机制的依附程度而言，规范可以表现为具有强制度化、约束力的机制，也可以表现为具有弱制度化、约束力的机制。规范与机制的关系还表明，规范的变迁也随之产生机制的变化。唐世平指出，制度变迁的基因是观念，其表型是制度安排，其过程包含五个不同的阶段：（1）产生关于特定制度安排的观念；（2）政治动员；（3）争夺设计和强行规定（dictate）特定制度安排（制定特定的规则）的权力；（4）制定规则；（5）合法化、稳定化以及复制。③

就区域研究中的秩序而言，秩序本身是对认同、规范与机制复合中所形成的普遍特征的一种描述或界定。对于国际秩序，赫德利·布尔（Hedley Bull）指出，国际秩序指的是国际行为的格局或布局。国际秩序的维持有赖于三套规则的作用的发挥，④ 第一套是当今世界政治中的基本

---

① 保罗·科维特、杰弗里·勒格罗：《规范、认同以及它们的限度：理论回顾》，载［美］彼得·卡赞斯坦《国家安全的文化：世界政治中的规范与认同》，宋伟、刘铁娃译，北京大学出版社2009年版，第431、443—444、466页。

② ［德］赫尔戈·哈夫藤多恩、［美］罗伯特·基欧汉、［美］西莱斯特·沃兰德主编：《不完美的联盟：时空维度的安全制度》，尉洪池等译，世界知识出版社2015年版，第1—2页。

③ 唐世平：《制度变迁的广义理论》，沈文松译，北京大学出版社2016年版，第60页。

④ 规则是普遍适用的、必须遵守的规定；一组规则指的正是一组如此普遍适用的、必须遵守的规定，它们在逻辑上相互关联，以至于具有相同结构。宣称一个国际法规则（或者一个国内法规则，或者一个道义规则，或者一个游戏规则）是有效力的，就等于说这个规则在某种程度上得到另外一个规则的验证。因此，论证国际法和论证其他任何种类的规则一样，就是从规范的层面，而非从实证的活着事实的层面进行推论。参见［英］赫德利·布尔《无政府社会：世界政治中的秩序研究》（第四版），张小明译，上海人民出版社2015年版，第111页。

或根本规范性原则;第二套是"共处规则";第三套是规范国家间合作的规则,它涉及区域、国际等不同的层次,包括促进政治与战略合作、社会与经济合作的一系列规则。① 阿查亚则指出,国际关系学者对秩序的使用主要有两种方式:第一种是对特定维持的现状的描述,也就是一种权力或者制度安排,这就无关乎秩序对和平或冲突所产生的影响。第二种更具规范内容,它涉及对稳定性和可预测性的提升。② 黄琪轩认为,国际秩序既可以被视为大国势力均衡状态,又可以被理解为一系列的国际制度安排或是一组国际价值规范。③ 因而,规范与机制是国际秩序的主要构成及影响因素。

区域秩序是国际秩序在区域层面的反映。在区域秩序的分类上,布赞依据权力结构与运行方式,将区域秩序分为集体安全、联盟与协调等。徐秀军从动力源上将区域秩序的建构分为外源强制型、内源强制型、外源合作型与内源合作型这四种模式。④ 孙学峰则根据实力分配和规范认同两个方面对区域安全秩序进行类型划分。根据实力对比情况,区域安全秩序可分为"拥有单一力量中心"和"缺乏单一力量中心"两类;根据规范认同情况,地区安全秩序可分为认可程度较低和较高两个类型,而区分不同接受程度的操作性标准是地区内国家遵守合作规范的基础。他将区域秩序分为四种理想类型,即霸权秩序,其核心行为体模式为强制(主导国)和追随(其他国家);权威秩序,其核心行为模式是保护(主导国)和依赖(从属国);均势秩序,其核心行为模式是自助和制衡;以及共同体秩序,其核心行为模式是互助。⑤

---

① [英]赫德利·布尔:《无政府社会:世界政治中的秩序研究》(第四版),第17—19、61—63页。

② Amitav Acharya, "The Emerging Regional Architecture of World Politics", *World Politics*, Vol. 59, No. 4, 2007, pp. 629–652.

③ 黄琪轩:《国际秩序始于国内——领导国的国内经济秩序调整与国际经济秩序变迁》,《国际政治科学》2018年第4期,第3页。

④ 徐秀军:《地区主义与地区秩序:以南太平洋地区为例》,社会科学文献出版社2013年版,第1页。

⑤ 拥有单一力量中心的地区,力量中心拥有突出的实力优势。如19世纪末以来,美国在加勒比海地区就一直是毫无争议的地区力量中心,而在近代欧洲地区则一直缺乏这样的单一力量中心。认可程度较低是指地区内国家遵守地区规则主要依靠外在力量的限制,即使地区国家形式上认可力量中心,也会利用机会挑战既有规范,结果导致主导国需通过武力维持合作 (接下页)

因此，对区域、行为体、身份认同、规范、机制及秩序等的综合性研究催生了区域主义研究。郑先武指出，一般将20世纪80年代中后期以来的区域主义理论与实践称为新区域主义，以区别于20世纪50年代末发轫于欧洲、70年代末和80年代初陷于衰落的旧区域主义理论与实践。① 后者普遍关注与解释的是欧洲范围内国家间合作驱动的区域合作，其代表性学术分支有20世纪60年代的"新功能主义"和"政府间主义"以及20世纪70年代和80年代的"自由政府间主义"。② 此外，旧区域主义也关注了东南亚的区域合作，塔林指出，东南亚国家间的区域主义旨在减少差异、扩大共性，调节（accommodate）或提供来自区域内部或外部的领导。③ 马德铃（Alice D. Ba）指出，东盟的区域主义是内外融合的产物，它是马来村社、威斯特伐利亚实践以及国际体系的规范间协商与协调一致的一种实践。④

对于区域合作及区域建构中的域外行为体，由于它们身处该区域以外，同时主要借由特定的观念及实践来影响特定的区域合作与区域建构，因而，它们的观念力量或实践能力往往伴随着一种域外文化、观念等的扩散。本书认为，在任何区域中，区域规范均是连接行为体、区域认同、机制与秩序等的关键节点，区域规范对于区域合作具有基础性。此外，区域规范亦是最能反映特定区域与外部行为体关系的要素，因为若某一区域与外部行为体间不存在直接的联系，那么，这种非联系性首先表现在区域机制与区域认同层面，即特定的外部行为体与某一区域在这两个层面必然不存在直接的联系。但是，在区域规范与区域秩序层面则不然，

（接上页）规范。冷战时期，东欧国家遵守社会主义阵营合作规范就是较为典型的例证。认可程度较高是指地区内国家遵守地区规则主要依靠其内在合理性。外在力量的变化依然能对遵约行为产生影响，但影响已大大降低。对于地区力量中心倡导的合作规范，地区国家不但形式上认可，实践上也努力践行。有关规则的不同意见，地区国家往往是在承认基本原则的基础上通过谈判协商加以解决。详见孙学峰《地区安全秩序与大国崛起》，《当代亚太》2018年第6期，第8—10页。

① 郑先武：《安全、合作与共同体：东南亚安全区域主义理论与实践》，第4页。
② 邢瑞磊：《比较地区主义：概念与理论演化》，中国政法大学出版社2014年版，第14—20页。
③ Nicholas Tarling, *Regionalism in Southeast Asia: To Foster the Political Will*, pp. 11–13.
④ Alice D. Ba, *(Re) Negotiating East and Southeast Asia: Region, Regionalism, and the Association of Southeast Asian Nations*, p. 23.

外部行为体的实践中会伴随着某些规范的扩散，但这些规范又尚不足以确立某些机制或特定秩序。此外，域内外行为体在区域合作中获取主导权不仅基于实力的竞争，还涉及与其他行为体互动所形成的关系中的影响力。在此，实力转化为影响力，一方面是国家身份融入区域身份的进程，另一方面是区域公共产品生成的过程，提供区域公共产品是国家实力转化为区域影响力的主要合法性依据，而固化这种影响力的关键在于推动基于特定规范的机制性或制度化的区域公共产品的建立。

区域规范的建构主要涉及规范的产生与扩散这两方面。在规范产生上，柳思思指出，规范的生成过程离不开规范的倡导者、规范的类型与规范的生成途径，在规范生成过程中，行为体的身份决定了它是该规范的倡导者、参与者抑或反对者，它对某种类型规范的偏好与认同程度，以及它对于规范生成途径的选择。[1] 在规范类型上，阿查亚指出，此前的区域研究普遍忽视了规范及其作用，相关研究即使肯定了规范的存在，但对规范是否有用的论述仍是不够的。[2] 阿查亚将规范分为法理型与社会—文化型两类，其中，前者是一种正式的、法律的、普遍化的规则，它并非区域层次所特有，如不干预、不使用武力的规范是一种全球性的规范，后者则是非正式的、特定的社会集团所拥有的社会惯例，它在塑造国家间互动与妥协中具有关键作用。[3]

就规范扩散而言，建构主义视阈内的扩散指的是国际体系中外在于国家的体系规范嵌入国内的过程。[4] 对此，刘艳峰指出，规范扩散研究当前正意欲从根本上将自上而下的单向规范扩散转为与自下而上相结合的双向规范扩散，规范的双向扩散是要超越以前自上而下的单向的规范扩散，而要重视自下而上的规范扩散，其目的是既能够重视国际层面的规范而改变自身较为保守和落后的规范，也可以在承受体系性压力时能够

---

[1] 柳思思：《历史实践与规范生成——以"塔利班化"为个案》，博士学位论文，外交学院，2011年，第7—8页。

[2] Amitav Acharya, "Do Norms and Identity Matter? Community and Power in Southeast Asia's Regional Order", *The Pacific Review*, Vol. 18, No. 1, 2005, pp. 95–118.

[3] Amitav Acharya, *Constructing a Security Community in Southeast Asia: ASEAN and the Problem of Regional Order*, pp. 43–44.

[4] 黄超：《建构主义视野下的国际规范扩散》，《外交评论》2008年第4期，第59—65页。

通过区域间的联合努力而对国际规范作出一些改善。① 在已有区域规范扩散研究中,区域规范从属于国际规范,国际规范源于国内规范是一种普遍的既定认知,如芬尼莫尔将规范的周期分为"规范兴起""规范成长""规范内化"三个阶段,其中,许多国际规范滥觞于国内规范,它们经由创议人的各种努力最终成为国际规范,如女性的选举权,这可以称为国内规范的国际化。② 对此,罗伯茨亦指出,国内规范通过与外部世界的接触实现建构或再建构,从而实现国内规范"外溢"为国际规范。③ 此外,国际规范亦可实现国内化,林民旺与朱立群指出,国际规范必须经由某种通道进入国家。作为国际层次和社会层次之间互动的中介(或者说"传输带"),国内结构是国际规范发挥影响和作用的干预力量。国内结构能够直接决定国际规范进入国内的机会,以及国际规范可以获得的国内获胜联盟(winning coalitions)力量。国际规范必须经由国内结构和国内规范才能够产生作用,而国内结构和规范又可以在执行国际规范的过程中使其变形走样,还可以对国际规范做出多种不同的解释。④

规范扩散是域外行为体与区域建构、区域合作建立联系的关键。目前,在规范扩散的研究上,学界强于分析规范在国际与国内这两个层次的相互扩散上,弱于分析规范在不同区域之间,在国际体系与区域之间扩散。如前所述,在规范生成过程中,行为体的身份决定了它对规范的态度、对规范的偏好与认同以及对规范生成路径的选择。因此,在行为体驱动下,身份与实践对规范的产生与扩散具有决定作用,当前国际实践表明,区域与国际体系的边界是一种社会建构,即区域身份与全球身份、区域实践与全球实践之间存在着直接的联系,一国可以同时具备区域与全球的身份,并且这两种身份可以围绕具体的国际实践展开互动,

---

① 刘艳峰:《规范扩散视角下的南海安全秩序重塑研究》,博士学位论文,南京大学,2018年,第41—42、45—47页。

② Martha Finnemore and Kathryn Sikkink, "International Norm Dynamics and Political Change", *International Organization*, Vol. 52, No. 4, 1998, pp. 887 – 917.

③ Christopher B. Roberts, *ASEAN Regionalism: Cooperation, Values and Institutionalization*, pp. 21 – 22.

④ 林民旺、朱立群:《国际规范的国内化:国内结构的影响及传播机制》,《当代亚太》2011年第1期,第139页。

如区域层次的区域大国身份与全球层次的中等强国身份可以形成互构关系。① 因此，规范在不同区域之间，在国际体系与区域之间也将存在着扩散，并且这种扩散也是一种双向扩散。

  本书认为，在理想状态下，这种动态的规范扩散可分为覆盖、渗透与互构三种路径。此外，规范亦存在相对静态状态，即内生，换言之，规范的状态可分为内生、覆盖、渗透与互构四种。其一是"规范内生"，意指规范自产生后始终作用于原生的地域（area）或层次，因该规范不存在跨边界的扩散，所以规范内生是一种相对于扩散的静态。规范内生并非区域层次所特有，国内规范、国际体系规范亦可存在这种不向外扩散的内生状态。② 其二是"规范覆盖"，即规范存在于同一层次的不同地域间或不同层次之间，意指某一规范对其他地域或层次内既有规范的完全取代。具体地说，同一层次的不同地域意指某一规范从 A 国家向 B 国家，或从 A 区域向 B 区域，或从 A 体系向 B 体系的扩散；不同层次之间的扩散意指某一规范从 A 国家向 B 区域或 B 体系的扩散，从 A 区域向 B 国家或 B 体系扩散，从 A 体系向 B 国家或 B 区域的扩散。并且，规范覆盖的作用结果需体现为 A 所倡导的规范完全取代 B 所倡导的既有规范，或 A 所倡导的规范作为一种新兴规范被 B 不加改良地完全接受。其三是"规范渗透"，其作用路径与规范覆盖一致，即同样存在于同一层次的不同地域间或不同层次之间。但是，与规范覆盖所不同的是，其作用结果是在上述 A 所倡导的规范不发生任何变化的前提下，B 接受 A 所倡导的规范的部分内涵，对 B 既有的某种规范加以改良；或者 B 接受 A 所倡导的规范的部分内核，因地制宜地建构一种适用于 B 的新规范。此外，依据分析视角的不同，规范渗透可区分两种相对的路径，即从输出者 A 的视角而言，规范渗透是一种规范外溢，而从接受者 B 的视角而言，规范渗透则是一种规范内渗。当前，国际关系学界已从接受者视角，将规范在同层次之间的扩散，以及规范从高

---

① 李峰、郑先武：《中等强国与区域大国身份的互构——韩国与印度尼西亚的比较分析》，《当代韩国》2016 年第 1 期，第 54—59 页。
② 国际关系中存在着个人、地方、国家、跨境、区域、区域间、全球（体系）等不同的层次，此处举例主要选取其中的国家、区域与全球（体系）这三个代表性层次。

层次向低层次的渗透界定为"地方化"(localization);将规范从低层次向高层次的渗透称为规范从属性(norm subsidiarity)。① 其四是"规范互构",其路径亦与规范覆盖、规范渗透两种模式一致,但是其作用结果,既不是 A 的规范完全取代 B 的既有规范,或 A 的规范完全被 B 接受成为一种新规范,也不是 A 的规范未发生任何改变而被 B 加以改良成为一种新规范,而是 A 所倡导的规范在扩散过程中亦受到 B 的影响,从而使得 A 的规范与 B 的规范都发生部分变化,形成相互影响的互构关系。综上所述,区域合作中的区域规范存在着内生、覆盖、(内渗与外溢构成的)渗透与互构四种状态。②

表一　　　　　　　　规范扩散的具体类型

类型	路径	作用结果
规范覆盖	A 国家→B 国家、A 区域→B 区域、A 体系→B 体系; A 国家→B 区域、A 国家→B 体系、A 区域→B 国家、A 区域→B 体系、A 体系→B 国家、A 体系→B 区域	A 规范保持不变,并完全取代 B 既有的规范; A 规范保持不变,并成为 B 的新兴规范
规范渗透 (内渗与外溢)	A 国家→B 国家、A 区域→B 区域、A 体系→B 体系; A 国家→B 区域、A 国家→B 体系、A 区域→B 国家、A 区域→B 体系、A 体系→B 国家、A 体系→B 区域	A 规范保持不变,B 接受其部分内涵,改良既有的规范; A 规范保持不变,B 接受其部分内涵,建构新兴规范

---

① 国际关系中传统的规范研究强调体系层次"好的"规范"自上而下地"向区域层次的渗透,即规范地方化的一个主要维度。阿查亚提出了规范从属性的概念,这一概念强调地方行为体创造新的规则,在区域语境中对全球规则给出新的理解,或进行重申(reaffirm),进而使区域规范"自下而上地"影响全球规范的进程,详见 Amitav Acharya, "Norm Subsidiarity and Regional Orders: Sovereignty, Regionalism, and Rule-Making in the Third World", *International Studies Quarterly*, Vol. 55, No. 1, 2011, pp. 95 – 123。

② 本书区分了规范扩散的四种状态,这四种状态是相互独立的。近年来,阿查亚在研究规范扩散中,在其原有规范地方化的基础上提出的规范从属性实际上涵盖了本书从区域视角出发的渗透与互构。

续表

类型	路径	作用结果
规范互构	A 国家↔B 国家、A 区域↔B 区域、A 体系↔B 体系； A 国家↔B 区域、A 国家↔B 体系、A 区域↔B 国家、A 区域↔B 体系、A 体系↔B 国家、A 体系↔B 区域①	B 部分吸收 A 规范，改良既有规范或建构新兴规范，同时 B 反作用于 A 规范，使其内涵发生部分变化

资料来源：作者自制。

二 域外行为体的"区域身份地位化"

探究 1945 年至 1967 年英国"东南亚区域合作"政策的产生、发展与影响既是一个国际关系史议题，也是一个国际关系理论议题，这一理论议题的一个主要方面，在于推动英国这一政策产生、变化的根源是英国的身份认知的变化。身份认知背后所体现的身份变迁及"身份地位化"是域内外行为体在特定区域中展开互动的关键，而这种身份变迁及"身份地位化"在区域层面主要寓于区域规范、区域机制等的实践过程。

首先，区域建构是一种由区域认同、规范及机制等要素复合建构的社会进程。作为社会建构的区域，其本质是一种认同，正如阿查亚所指出的，区域是一个观念层面的术语，它展示了一种集体认同、自我繁殖以及被外界的承认。② 此外，区域、规范、机制与认同等要素构成了横向关系，就横向的要素间关系而言，如前所述，区域规范是区域认同在实体层面的首要表现，也是区域机制建立的基础，更是域内外相关行为体获取区域领导权的关键。由于区域认同有助于塑造集体身份、凝聚共识，

---

① 此处存在六种路径而非三种路径（即例如 A 国家↔B 区域与 A 区域↔B 国家不可合并为一种路径）的原因，在于六种路径表明了规范扩散的动力源头不同，即 A 国家↔B 区域表明该规范最初是国家向区域的扩散，而 A 区域↔B 国家最初是区域向国家的扩散。

② Amitav Acharya, "The Emerging Regional Architecture of World Politics", *World Politics*, Vol. 59, No. 4, July 2007, pp. 629 – 652.

推动区域规范与机制的建构,而区域规范与机制的建构又将促使集体认同的塑造与稳定,因此,观念层面与实体层面是"一体两面"的关系。

就纵向的层次间关系而言,区域认同通常形成于国家认同、次国家认同之上,并与后两者构成了纵向关系。其中,区域认同的获取通常是"自下而上"的结果,即来源于国家间区域合作导向的互动。罗伯茨指出,作为共有观念的集体认同是一种基于建构的社会化,它涉及国家间社会、政治、文化与经济的一体化。① 阿德勒和巴涅特认为,国家间的互动能够培育集体的或者跨国的身份。② 而罗伯茨又进一步指出说,一个国家的集体身份主要建构于一体化进程之中。③ 在国家认同与区域认同关系上,后者通常对前者起到补充作用,正如卡赞斯坦所指出的,区域认同并没有取代在通常情况下色彩更为浓重的民族、次民族和地方认同,而是起到了对这些认同的补充作用。④

其次,作为集体身份的区域认同还面临着与区域层面的国家身份间的协调或竞争关系,这种关系集中体现在区域认同与区域身份的互动上。其中,区域认同是区域层面的集体身份,区域身份则是国家所追求的一种区域性身份,因此,区域认同的塑造实际上是国家认知其区域身份,并在区域实践中获取其他行为体对本国区域身份承认的过程。换言之,认同主要阐述了"我(们)是谁,谁是我们,谁是他们",其中,"我(们)是谁"意指两个或多个行为体在实践中所催生的集体认同建构;而"谁是我们"意指先赋的某种集体身份对于行为体的定义,因而它既是集体认同,也是身份认知;"谁是他们"则是集体认同对于非共同体内的行为体的界定,即行为体层面的边界。基于此,区域合作中的身份所要解决的是为什么要合作的问题;而区域实力或影响力所要解决的则是能不能合作的问题;其中,区域规范与区域机制所要解决的是如何合作的问题。

---

① Christopher B. Roberts, *ASEAN Regionalism: Cooperation, Values and Institutionalization*, pp. 21-22.
② [以]伊曼纽尔·阿德勒、[美]迈克尔·巴涅特主编:《安全共同体》,第361页。
③ Christopher B. Roberts, *ASEAN Regionalism: Cooperation, Values and Institutionalization*, pp. 21-22.
④ [美]彼得·卡赞斯坦:《地区构成的世界:美国帝权中的亚洲和欧洲》,第81页。

一方面，区域身份是国家获取区域领导权合法性的关键，也是塑造域内外国家在区域中的互动模式的核心之一。具体地，虽然行为体在区域合作中谋求领导权的根本目标在于获取利益，但是利益本身包含了国家私利与区域公益，合作导向的区域互动需要国家行为体平衡这两种利益之间的关系。而这种平衡则依赖于区域规范与机制的建构，规范与机制是实现利益分配与平衡，并使得这种分配被其他区域行为体所承认；实现规范与机制的分配与平衡，则有赖于具有强制性或领导力的身份的建构。实力是区域大国谋求领导权的核心，而合作进程中实力转变为实际影响力，即领导权的关键在于获取区域身份或地位的合法性，合作进程中的这种合法性主要依靠行为体在区域规范与机制建构中的身份塑造。戴维·麦克唐纳（David MacDonald）指出，实力具有三个层面的内涵。一是它可以概念化为一种关系，即它可以是两个及两个以上的行为体之间的关系，也可以是某一行为体应对他者行为而产生的行为变化。二是意指支配集团将某些特定议程从公众议程（public agenda）中去除，以限制对支配集团选择偏好形成干扰的若干非重要因素的争论。三是意指制度性约束、规范与共同理解。[1] 因此，身份、规范与机制是实力的构成要素。此外，罗伯特·斯图尔特-英格索尔（Robert Stewart-Ingersoll）与德里克·弗雷泽（Derrick Frazier）进一步指出，身份是物质实力与行为的综合，区域层次的区域大国领导有赖于其实践行为。这种实践包含五个方面：一是通过进程的倡议，以解决共同的关切和利益。二是对涉及共同利益和关切的议题和问题的有效框定，这主要包括安全化和界定为安全威胁两方面。三是理解和考虑领导者自己的利益和关切，以及他们是如何将这些与集团内的其他成员关联起来。四是代表了一种视角，即如何实现对这种共同议题的管理以及相关机制的发展。五是对实力资源的利用以推动共识、合作或对关于共同利益及实现共同利益的机制的达成。[2] 而以亚历山大·温特（Alexander Wendt）为代表的体系建构主义

---

[1] David MacDonald, "The Power of Ideas in International Relations", in Nadine Godehardt ed. *Regional Powers and Regional Orders*, London and New York: Routledge, 2011, pp. 34–36.

[2] Robert Stewart-Ingersoll and Derrick Frazier, *Regional Powers and Security Orders: A Theoretical Framework*, London and New York: Routledge, 2012, pp. 69, 75–78.

者,在以身份认同为核心概念的研究中指出,"行为体的身份影响偏好,偏好界定利益,利益决定行为"。① 换言之,某一区域内不同国家的身份差异可能导致各自的行为差异,因而身份差异导致区域合作与竞争的产生。

另一方面,区域身份之所以是区域领导与区域互动的核心,还源于区域合作中身份的意义在于将实力有效转化为影响力,与影响力直接挂钩的则是特定权力结构中基于身份所形成的地位。地位变化不仅是互动与竞争的结果,也是自我身份认知变化与主动调适的结果,因此,地位与身份直接挂钩。本书认为,国家的区域身份的实践实际上是区域身份转变为区域地位的过程,这种"身份地位化"是域内外国家在区域规范与机制建构中谋求区域领导,塑造区域互动的核心。

对于地位以及身份与地位间的关系,T. V. 保罗（T. V. Paul）等人将地位界定为一个给定的国家对其在（财富、强制能力、文化、人口统计学位置、社会政治组织、外交影响等）价值属性上排位的集体信念。他们指出,对国际关系中的地位存在着两种认知路径:一是某一行为体集团内的伙伴关系,二是这一集团内的相对位置（relative standing）。此外,他们还指出,对于地位的追求本身即是一种身份转化现象（an identity-transforming phenomenon）。② 基于某一身份认知基础上的身份实践是国家实现其国际地位的主要途径。对此,蒲晓宇指出,国际关系中的地位非常依赖于他者的承认,对于身份认知的追求以及地位的追求塑造了国际关系中的"地位信号释放"（Status Signaling）,这是指政府或领导人运用一些行为或言辞,传递一个国家希望获得或已经获得的特定国际地位的若干信息。换言之,地位信号释放旨在改变或者维持国内观众和国际观众对相关国家的国际地位所持有的看法。③ 地位信号释放的目的在于表

---

① Alexander Wendt, "Collective Identity Formation and the International State", *American Political Science Review*, Vol. 88, No. 2, 1994, p. 385.

② T. V. Paul, Deborah Welch Larson and William C. Wohlforth eds., *Status in World Politics*, Cambridge: Cambridge University Press, 2014, pp. 7, 194, 198.

③ 蒲晓宇:《地位信号、多重观众与中国外交再定位》,《外交评论》2014 年第 2 期,第 22 页; Xiaoyu Pu, *Rebranding China: Contested Status Signaling in the Changing Global Order*, California: Stanford University Press, 2019, p. 18。

明一个国家在国际社会中所希望或已经获得的地位。①

就区域层次的"身份地位化"而言,造就区域领导权与区域互动的主要"身份地位化"来源,是从区域大国身份向区域大国地位的嬗变。区域大国是相对于域内其他次级国家(subordinate states)具有综合实力优势的国家,② 它们既可以是域内国家,也可以是在本区域有实际影响力的域外国家。托马斯·沃尔吉(Thomas J. Volgy)等人指出,区域大国地位的获得可以经由与域内国家、域外国家的互动。③ 笔者曾指出,区域大国候选国在谋求区域大国意愿的驱使下,基于区域实力优势,通过能力实践来协调国内政治、自我对区域秩序的目标、区域伙伴的态度和因应以及域外大国的认可和影响四者间的关系,在寻获身份认知的同时形成选择偏好,从而从内外双向推动区域秩序的建构。本研究在此进一步认为,在区域层次,观念认同是塑造集体认同并确保区域持续有效存在的关键,塑造区域观念认同的主要过程即是区域性的共有规范建构的过程。与此同时,区域大国的建构伴随着区域认同的塑造,它是凝聚共同意识和利益、塑造集体认同的过程,因此,区域大国的"身份地位化"对区域规范及机制的建构也是催生并巩固区域认同的过程。④

再次,就区域大国与区域规范建构、扩散以及区域机制的建设而言,承前文所区分的域内行为体与域外行为体,两者在规范建构与扩散上所扮演的角色是不同的,这主要源于域外大国往往是体系层次的大国或超

---

① 蒲晓宇:《霸权的印象管理——地位信号、地位困境与美国亚太再平衡战略》,《世界经济与政治》2014年第9期,第41页。

② 丹尼尔·弗莱梅斯(Daniel Flemes)将综合实力界定为包括军事力量、人口、地域、经济等构成的物质实力和基于国家文化、规范和价值等观念的扩散力的非物质实力的综合。参见Miriam Prys, "Hegemony, Domination, Detachment: Differences in Regional Powerhood", *International Studies Review*, 2010, pp. 479 – 504. Daniel Flemes, "Conceptualising Regional Power in International Relations: Lessons from the South African Case", *GIGA Working Paper*, 2007, No. 53, 转引自李峰、郑先武《区域大国与区域秩序建构——东南亚区域主义进程中的印尼大国角色分析》,《当代亚太》2015年第3期,第62页。

③ Kirssa Cline et al., "Identifying Regional Powers and Their Status", in Thomas J. Volgy, Renato Corbetta, Keith A. Grant, and Ryan G. Baird eds. *Major Powers and the Quest for Status in International Politics: Global and Regional Perspectives*, Basingstroke, Hampshire: Palgrave Macmillan, 2011, p. 145.

④ 李峰:《国家身份如何塑造区域认同——以东南亚的区域大国"身份地位化"为例》,《南洋问题研究》2018年第2期,第14—16页。

级大国,而区域大国一般是区域层次的大国或全球层次的中等强国。因此,域外大国的实力与地位往往要强于域内的区域大国,换言之,域外大国可以在所处地域以外的区域建构、扩散规范,从而既扮演规范塑造者(norm-maker),又扮演规范携带者(norm-taker),而区域大国的这种能力则相对较弱,多数时候只扮演规范塑造者。

一方面,就域内区域大国与区域规范建构、扩散而言,在区域规范及机制建设中的领导角色是区域大国地位合法性被域内其他国家及域外国家承认的关键。区域大国建构区域规范可以经由将本国国内规范外溢为区域规范,倡议新的区域规范并寻求该规范被域内其他国家承认,与域内其他国家一起发起并建构区域规范,以及将域外规范通过"地方化"的方式建构为本区域新的规范等具体方式来实现。此外,区域大国还可凭借其中等强国身份与实践将本区域的规范扩散至其他区域或国际体系,从而对所处区域及其周边的广泛领域产生重要影响,在全球的某个特定领域发挥作用,为区域发声、谋利,并由外而内地影响区域共同利益的形成,推动区域规则及制度等的建设。① 目前这种规范扩散在议程上逐渐多元化,从以往重经济发展和对外援助(第二议程)与人权、人类安全、环境保护及健康(第三议程),软安全领域的作为(第一议程),到三项议程兼顾并在第二及第三议程实践中融入和补足第一议程,如在发展援助中关注全球安全。② 此外,区域层次的弱国亦可在规范建构中发挥作用,正如阿查亚所指出的,弱国推动的区域主义旨在通过规范设定(norm setting)来在挑战大国的支配地位。③

另一方面,就域外大国与区域规范建构、扩散而言,域外大国往往是体系层次的大国,其主要角色因而首先体现在国际体系而非区域层次的变革中。在大国与国际体系变革上,罗伯特·吉尔平(Robert Gilpin)指出,国际体系的变革源于行为者进入社会关系并创立社会结构,并为了更多地谋取各种特殊的政治经济利益以及其他各种类型的利益,随着

---

① 李峰、郑先武:《中等强国与区域大国身份的互构——韩国与印度尼西亚的比较分析》,《当代韩国》2016 年第 1 期,第 54—59 页。

② 魏光启:《中等国家与全球多边治理》,《太平洋学报》2010 年第 12 期,第 39—40 页。

③ Amitav Acharya, "The Emerging Regional Architecture of World Politics", *World Politics*, Vol. 59, No. 4, 2007, pp. 629 – 652.

时间的流逝，由于经济、技术和其他领域的变化，各个行为者的利益以及行为者之间权力的平衡状况也必然发生变化，其结果是，那些从这个社会制度的变化中得益最多的个体行为者和那些获得权力来影响这个变化的个体行为者，就会设法以符合自己利益的方式来改变这种制度，由此形成了国际体系的变革。国际体系要素则主要包括三个主要方面：一是多种多样的实体；二是有规则的互动；三是控制的形式。对于一个强国来说，其"统治权"的合法性被认为取决于三个因素。第一，取决于这个强国在最近的霸权战争中的胜利，以及它所表现出来的将其意志强加于他国的能力。第二，由于居支配地位的大国提供了诸如某种有利可图的经济秩序或某种国际安全一类的"公共产品"，故其统治常常为人们所接受。第三，这种大国所据的支配地位可望在意识形态、宗教或其他方面得到与其有共同价值观念的一系列国家的支持。基于此，吉尔平进一步提出了著名了国际体系变革的五个基本假定。[1]

相对于域内区域大国，域外大国在区域规范上的特殊角色主要表现在规范扩散上，即域外大国具有相对更强的规范扩散能力，相较而言，在区域机制建构上，域内区域大国与域外区域大国则没有这种特殊性差异。目前相关研究主要集中在对帝国与霸权这两种国家身份如何扩散规范上，但是，已有研究普遍将帝国与霸权视为一种体系或权力结构，据笔者的理解，帝国与霸权亦可视为国家身份表达上的一种地位追求。如上所及，吉尔平所研究的帝国是一种前现代的体系，民主国家、持续的经济增长和世界市场经济的出现打破了这种帝国的循环，帝国的循环让位于均势和一系列政治经济霸权所控制的国际体系，作为现代概念的霸

---

[1] 吉尔平的五个基本假定，包括：(1) 如果没有哪一个国家相信力图改变一种国际体系是有利可图的话，这种体系就是稳定的（也就是说，处于一种均衡状态）。(2) 如果预期利益大于预期成本的话（也就是说，如果存在一种可获取纯利益的可能性），一个国家就将力图去改变这种国际体系。(3) 一个国家将通过领土、政治和经济扩张的方法来谋求国际体系的变革，这种努力要到为进一步的变革所付出的边际成本等于或大于边际收益的时候才会停止。(4) 一旦达到了为进一步变革和扩张所付出的成本和所得到的利益之间的平衡之后，为维持现状所付出的经济成本的增长就会趋向快于为维持现状所具备的经济能力的增长。(5) 如果国际体系中的失衡状况得不到解决，那么这个体系就会发生变革，并建立一种反映权力重新分配的新的平衡。[美] 罗伯特·吉尔平：《世界政治中的战争与变革》，宋新宁、杜建平译，上海人民出版社2007年版，第15—17、32—34、40页。

权则乐于提供有利于体系全体成员的公共产品。① 由此可见，吉尔平的研究中尚未将霸权在体系变革中的角色与其在区域变革中的角色联系起来。

迈克尔·曼（Michael Mann）将帝国界定为一种集权的、等级制的统治体系，但只有通过胁迫性力量才能获得并维持这种统治体系。在这里，胁迫性力量的主要作用是保持中心地区支配边缘地区，推动中心与边缘的相互作用，引导从边缘到中心以及边缘地区之间的资源流动。曼将帝国分为四种模式：一是直接统治的帝国。这种模式出现在被占领的领土直接合并到核心地区的王国，如鼎盛时期的古罗马帝国和中华帝国那样。二是间接统治的帝国，其要求由帝国核心来主导政治主权，但边缘地区的统治者仍保留某种自主性，在实践上可以与帝国的权威协商统治的游戏规则，如英帝国、美国。以上两种类型都涉及领土的有限占领——殖民地。三是非正式的帝国，它又可分为非正式的"炮舰"帝国、通过代理人来统治的非正式帝国、经济帝国主义。四是霸权，它意味着一种对他人实施制度化控制的支配性权力，如19世纪英镑的统治。因此，在曼的分类和界定中，帝国包含了霸权。② 一般而言，在殖民时代，帝国通常包含或部分包含了霸权，而在后殖民语境中，帝国在使用中已基本上被霸权所取代。

孙兴杰在对帝国、霸权与区域三者之间关系进行分析后指出，帝国与霸权既是国际关系的组织形态，也是国际关系演进的两种逻辑。在漫长的历史进程中，两种形态与逻辑交互出现，并呈现出帝国向霸权转换的趋势。其中，帝国既是一种组织单位，又是一种国际体系，它是一种交叠的权力互动网络；霸权则是一种动态平衡的国际体系。帝国与霸权之间的复杂关系也反映了国际关系的复杂性、多样性。区域则是基于主权国家基础之上建立的国际秩序，虽然区域的兴起不是帝国的回归，但

---

① ［英］巴里·布赞、［英］理查德·利特尔：《世界历史中的国际体系：国际关系研究的再建构》，刘德斌主译，世界知识出版社2015年版，第57页。

② ［英］迈克尔·曼：《社会权力的来源（第三卷）：全球诸帝国与革命（1890—1945）》（上），郭台辉、茅根红、余宜斌译，上海人民出版社2015年版，第22—26页。

是帝国的遗产确实为区域秩序的构建奠定了基石。①

就霸权与区域的关系而言，罗伯特·基欧汉（Robert O. Keohane）指出，霸权是一种状态，在这种状态中，一个国家是足够强大的，能够维持那些管理国家间关系的基本规则，而且它愿意这样去做。国际合作可能通过霸权的存在而培育起来，同样，霸权也需要其他国家给予合作以制定和执行国际规则。霸权与合作并不是可以互相取代的，相反，它们常常是相互的共生的关系。霸权的领导作用有助于产生一种秩序的模式。合作并不是与霸权相对立的，相反，霸权取决于某种非对称的合作，成功的霸主总是支持和维持这种非对称合作。霸权往往在解释国际机制的创立上扮演着重要的地位，甚至是关键的地位。②

西蒙·赖克（Simon Reich）和理查德·内德·勒博（Richard Ned Lebow）梳理了国际关系学界对霸权的若干主要界定。例如，迈克尔·多伊尔（Michael Doyle）认为，霸权是指"在整体上，控制国际体系的领导权"。迈克尔·马斯坦多诺（Michael Mastanduno）宣称，当一个政治单位有"权力依据自身的利益，塑造国际政治的规则时"，霸权便是存在的。斯图尔特·考夫曼（Stuart Kaufman）、理查德·利特尔（Richard Little）和威廉·沃尔弗斯（William Wohlforth）则将等级制度等同于霸权，即一个单元对于"国际体系的大部分"行使政治—军事的"支配"。罗杰·西蒙（Roger Simon）将霸权描述为一种关系，这种关系"并非靠武力统治，而是通过政治、意识形态的领导来达成共识（consent）"。③

在传统的基于权力与体系认知的基础上，赖克和勒博重点阐述了霸权与规范间的关联。他们指出，霸权的首要责任是规范性的（normative）。自由主义者倾向于将霸权设想为权力与规范的混合体，他们假定的"领导"在一定程度上是指塑造全球性机构或者特定联盟的政策议程的能力；现实主义者强调物质实力；建构主义学者则强调劝说而非胁迫，

---

① 孙兴杰：《帝国·霸权·区域：权力边界与东方问题的演进》，博士学位论文，吉林大学，2011年，第1、26页。
② [美]罗伯特·基欧汉：《霸权之后：世界政治经济中的合作与纷争（增订版）》，苏长和等译，上海人民出版社2012年版，第33、44、49页。
③ [美]西蒙·赖克、理查德·内德·勒博：《告别霸权！全球体系中的权力与影响力》，陈锴译，上海人民出版社2017年版，第19页。

他们认为,要想最为有效地践行劝说,就要通过议程设置与呼吁共享规范来塑造政策辩论。此外,许多现实主义者和自由主义者共同把霸权视为国际秩序的先决条件,因为他们相信,唯有霸权国能够领导,并提供公共的经济和安全的产品。这种主张基于如下的假设:权力可以转换为影响力,只有霸权国可以凭借其物质能力来执行特定的职能。赖克和勒博对这两个基本主张表示怀疑,他们认为霸权必须履行三项关键性职能,即议程设置、监管与赞助,其中赞助包括执行规则、规范和协议,决策制定过程,以及安全维护以增进贸易和金融。赞助最终取决于能力,而能力可能是基于军事、经济或知识的能力,对于有效的"赞助",物质资源是一个必要不充分条件,赞助需要对话、谈判,并将区域性或全球性的机制作为平台。因此,即使一个大国并不想建立霸权,它也会成为赞助者,一个处于衰弱状态的国家,希望通过执行普通接受的规范,来重新获得原有的地位。总之,赞助和执行力的动力既可能是自身利益,也可能归因于区域或全球的规范。① 正如约翰·伊肯伯里(John Ikenberry)与查尔斯·库普钱(Charles Kupchan)所强调的那样,"如果霸权国能够建立一套规范,且被他国欣然接受,那么此时霸权就能得到最为有效的运用"。②

综上所述,国际关系学界关于帝国、霸权、区域与规范的已有思考,主要是将区域视为帝国或霸权这一体系中的次级体系,将规范视为帝国或霸权这一体系中的一个基本要素。换言之,这样的帝国与霸权更接近于一种集体认同,而非国家身份。本书将从国家身份认知与实践的视角出发,阐述一种囊括帝国、霸权与域外大国的分析框架,以此分析其"身份地位化"与区域规范建构之间的联系。在构建分析框架的过程中,本书将以东南亚区域合作早期阶段的英国作为主要对象,因这一时期的英国处于帝国、霸权与域外大国三种身份转换与衔接的关键时期,其在东南亚这一区域层次的规范建构中发挥的突出作用,与其体系及区域层

---

① [美]西蒙·赖克、理查德·内德·勒博:《告别霸权!全球体系中的权力与影响力》,第6—7、34—35、40、42页。

② [美]西蒙·赖克、理查德·内德·勒博:《告别霸权!全球体系中的权力与影响力》,第2页。

面的身份转换存在紧密的联系。

三 英国的东南亚"区域身份地位化"

域外大国英国在现代东南亚区域合作起源或建构中的作用，已有研究未能提供全面而系统的分析，更未形成适用于英国的"东南亚区域合作"的分析框架。其原因，主要有两个方面：一是英国与东南亚的互动不足以构成现代意义上的国际互动。国际关系之"英国学派"指出，如果两个或两个以上国家之间有足够的交往，并且对彼此的决策有足够的影响，从而使得它们（至少在一定程度上）作为一个整体的组成部分来行为时，那么国际体系就出现了。而如果一群国家意识到它们具有某些共同利益和价值观念，即它们认为在彼此之间的关系中受到一套共同规则的制约，并且一起确保共同制度的运行，那么国际社会就形成了。① 据此，东南亚殖民地因不具备事实上的主权而无法与英国等域外大国形成国际互动，更难以建构国际体系或国际社会。二是已有国际关系史及区域史视角的研究，未能与区域研究相衔接，因而难以分析英国的区域实践与内生区域合作、东盟合作之间的联系。本书认为，一方面，霸权国在特定区域的撤出在地区事务上往往仍享有延时的影响，尤其在规范、规则及制度等方面。另一方面，帝国与霸权亦是一种身份认知，英国的这一政策是基于战后英国自身身份认知变化及其与东南亚互动关系变化所形成的一种区域政策，这一政策具有建构特定次级国际体系或区域体系的内在目标，规范互动尤其是英国向东南亚的规范扩散，是英国在这一"新型"结构建设中谋求主导权或领导权的关键，因此，从身份变迁与规范扩散视角切入而作出分析，有助于揭示英国这一政策的实质。此外，身份变迁与规范扩散的引入可期将英国的"东南亚区域合作"研究纳入区域合作研究视阈，从而进一步探究这一政策实践的历史意义与现实价值。

首先，如前所述，域内行为体与域外行为体在区域合作中的角色差

---

① ［英］赫德利·布尔：《无政府社会：世界政治中的秩序研究》（第四版），第13—17页。

别主要体现在规范、机制及秩序建构等方面。而在东南亚区域史或区域主义研究中,域内外行为体与东南亚区域建构间的关系一直备受争论,这种争论集中于东南亚的区域建构长期以来是主要受益于域内行为体的作为还是域外行为体的实践,并呈现为两种主要观点。

第一种观点认为东南亚文化由域外文化所建构,它具有极强的外部性。如珍妮特·L. 阿布—卢格霍德(Janet L. Abu-Lughod)指出,"东南亚地区的土著人在文化传播中扮演了一个比普通看法更早也更积极的重要角色,然而,从公元1000年开始,他们更像是成为了外来传统的接受者。"[①] 或如《剑桥东南亚史》第一卷指出的,"在大部分关于战前东南亚史的研究中,学者们都倾向于把该地区的历史视为由外来影响造就而不是源于当地动力的产物。出现这种现象的部分原因,在于许多学者所接受的都是印度学或中国学方面的训练,这就使得他们从印度的或者中国的角度来看东南亚。"[②] 尤其是受印度文化传播及西方殖民的双重影响,东南亚文化的主要渊源被认为来自于印度文化。对此,梁志明指出,西方人曾把东南亚这一地区称为"远印度""外印度"或"东印度群岛",因为西方人的东渐开始以印度为目标,其向东方的航行是为了寻找通往印度的航路,故他们的命名离不开印度。[③]

第二种观点则认为,东南亚与外部行为体尤其是域外大国之间存在着紧密联系,无论是东南亚的文化还是区域建构,它们都是内外结合甚至融合的产物,并且这种内外联系贯穿前殖民时期、殖民时期、二战后以至当代。具体而言,在前殖民时期,东南亚受到周边的印度文化、中国文化与穆斯林文化的深刻影响。马凯硕与孙合记指出,东南亚至少经历了四次文化大浪潮,即印度浪潮、中国浪潮、穆斯林浪潮与西方浪潮,其中,前三次都是和平的,最后一次伴随着暴力。东南亚可能是唯一受到四种不同文化浪潮影响的地区,该区域也是我们地球上最具文化多样

---

① [美]珍妮特·L. 阿布-卢格霍德:《欧洲霸权之前:1250—1350年的世界体系》,杜宪兵、何美兰、武逸天译,商务印书馆2015年版,第286页。
② [新西兰]尼古拉斯·塔林:《剑桥东南亚史》(第一卷),第5页。
③ 梁志明:《源远流长 多元复合——东南亚历史发展纵横》,世界图书出版社2014年版,第2页。

性的区域。① 前三次浪潮对东南亚的影响是深刻的,它们所携带的文化也逐步内化为东南亚自己的文化。

直至殖民时代,东南亚对荷兰、英国、法国等带来的西方文化体现出了既接受又抵制的矛盾。正如欧文指出的,在地方性的理念与制度已经存在几个世纪的情况下,这种土生土长(indigenous)的理念与制度开始受到西方殖民主义的深刻影响,在东南亚的帝国主义高潮(high imperialism)时期(约1850—1940年),一系列冲击随之而来,影响到了人们生活的绝大多数方面。西方殖民主义所带来的不仅有来自外部的统治者,而且还有新的政治与军事架构,以及诸如理性主义、科学、个人主义、民主以及民族主义等新的观念。在殖民东南亚时期,教育及新闻业促进了外部新观念的传播与扩散,同时资本主义也改变了人与生产及商品分配的关系。对于东南亚而言,接受与适应殖民主义与资本主义带来的新观念与新制度有时意味着"协作"(collaboration),尽管它与现代意义上的"协作"含义不全一致。与此同时,抵制也是东南亚对殖民规范、制度与文化应对过程中所持续不断的,但是在这种抵制中也揉进了一种无可避免的(ineluctable)、缓慢而渐进的接受。毋庸置疑,这种反抗或抵制的策略一点也不清晰,并且此类活动在实践上也是零散的、不稳定的,如尝试恢复原有的旧秩序使得1885年后在越南、缅甸出现了"帝王复辟"(restore to emperor)运动。②

两次世界大战期间,中国的辛亥革命思想亦对东南亚区域文化的塑造产生了直接影响。梁志明指出,孙中山的三民主义学说对印尼民族运动著名领袖、印尼前总统苏加诺(Sukarno)的思想产生过重大影响,三民主义是苏加诺主义形成的重要来源之一。苏加诺的思想与孙中山有许多相似点,孙中山的民族主义思想、联合亚洲被压迫民族的大亚洲主义和举民族革命与社会革命于一役的思想,均对苏加诺主义的形成有过重要影响。苏加诺曾自称,他是"在三民主义的影响下,深深地树立了民

---

① [新加坡]马凯硕、孙合记:《东盟奇迹》,北京大学出版社2017年版,第3、21—22、41页。

② Norman G. Owen, "Nationalism and Other Impulses of the Colonial Era", in Norman G. Owen ed., *Routledge Handbook of Southeast Asian History*, London and New York: Routledge, 2014, pp. 56 - 57, 59.

族主义的思想"。"作为印尼的第一个基础,最好是'民族主义',(从)他(孙中山)的著作'三民主义'中,我受到了教育,揭破了巴尔斯教给我的世界主义。我的心,就从那个时候起,在'三民主义'的影响下,深深地树立了民族主义的思想。"①"我把三民主义同我在精神世界里所接触到的伟大人物的理论结合在一起。在这里面,我放进了马克思的理论、恩格斯的理论、甘地的理论、加米尔帕夏的理论;我又把它同印尼的情况结合起来,我把它同宗教结合起来,把它同印尼的风俗习惯结合起来。最后,就成为我在1945年里献给印尼的礼品,它不是三民主义,而是'五民主义'或者是'潘查希拉'。"②

二战期间,传统的西方殖民统治在日本的占领下被颠覆,东南亚在政治、经济领域均迎来了新的规范与制度。在1941年12月8日,日本发动太平洋战争后不到半年的时间内,日本相继占领东南亚各地,取代了美、英、法、荷等欧美殖民地宗主国,成为东南亚最大的域外大国,并将东南亚置于"大东亚共荣圈"之内,建立了所谓"南方共荣圈"。正如毕世鸿指出的,战争期间,日本对东南亚实行的统治是"军政统治",经济领域是"经济统制"。通过实施经济统制政策,日本部分实现了东南亚经济的对日附属化、一体化,使东南亚成为"日元经济圈"内的第二层经济"补给圈",沦为日本以战养战的重要基地,附属化在客观上带来了一体化。③与此前殖民国家的殖民方式相比,日本的统治强制性更强,因而其强加于东南亚的殖民经济体系也会在战争结束后会因战争的非正义性、战争记忆等而被东南亚所排斥。④

在二战后期及战后初期,即英国的东南亚"区域身份地位化"关键期,一方面,东南亚各小国在复杂的世界政治中需要域外力量的支持才能维持国家生存,小国普遍认为可以从这种域外大国参与的区域协调中获益;另一方面,英国等域外大国开始在东南亚寻求与其他大国的共同

---

① 《苏加诺演讲集》,世界知识社1956年版,第9—10、14页。
② "潘查希拉",即印尼建国五项原则。苏加诺引语,《新华半月刊》,1956年第21期,转引自梁志明《源远流长 多元复合——东南亚历史发展纵横》,第178—179页。
③ 毕世鸿:《太平洋战争期间日本对东南亚的经济统制》,社会科学文献出版社2012年版,第1—2、20、293—294、296—304页。
④ 耿协峰:《新地区主义与亚太地区结构变动》,北京大学出版社2003年版,第73页。

政策（common policy）。① 正如郑先武所总结，在东南亚，区域间主义行动与计划早于本地的区域主义，而这种区域间主义又是通过外部行为体驱动的跨区域合作而发端的，② 它最早出现在二战后期。例如，1943 年 8 月魁北克会议上，西方盟国决定建立单独的"东南亚战区"；1945 年 3 月 26 日，美国国务院将原设于远东司（Office of Far Eastern Affair）下的西南太平洋处（Division of Southwest Pacific Affairs）改为东南亚处（Division of Southeast Asian Affairs）；1946 年英国外交部又设立东南亚处、特别专员署，等等。因此，本书倾向于接受第二种观点，即认为域外大国与东南亚的区域建构存在着紧密联系，且前者对后者具有深刻影响，这种影响寓于当时的规范与机制建构中。

其次，目前国际关系学界对域外行为体建构东南亚区域、东南亚区域合作的研究，主要涉及域外行为体在规范、机制等层面作用的分析。其中，机制层面侧重于对各类机制的进程、类型、效用等方面的分析，但尚未形成一个颇有解释力的关于域外行为体与东南亚区域机制建设的理论或分析框架。这种具有普遍意义的域外行为体与东南亚关系分析目前主要体现在规范层面，尤以阿查亚的规范地方化（norm localization）研究最为典型。这也反映出规范层面的分析更具有基础性。

阿查亚指出，世界政治中的规范扩散问题不仅仅关乎规范是否重要、如何重要，也关系到何种规范重要。在规范研究上，建构主义者通常关注"好的"全球规范如何覆盖（prevail over）"坏的"地方信仰与实践（local beliefs and practice）。为弥补现有研究的不足，阿查亚提出了一种解释规范扩散的分析框架，协调规范携带者在动态的一致性建设（即规范地方化）中所体现出的代理角色，进而使用该框架来研究跨国规范如何塑造东南亚的区域机制，以及东南亚区域机制及程序——尤其是东盟在跨国规范扩散中的角色。

地方化始于对外部规范的一种重新阐释（reinterpretation）与展示，它是地方（local）行为体对外部理念的积极建构（active construction），这种建构旨在使外部规范与先前存在的当地规范性秩序相一致。在规范

---

① Nicholas Tarling, *Regionalism in Southeast Asia: To Foster the Political Will*, p. 69.
② 郑先武：《区域间主义治理模式》，第 208—209 页。

地方化进程中，地方行为体的角色比外部行为体的角色更为关键，因为规范地方化是域内有选择地接受域外规范的过程，[1] 其中，域内区域大国是推动规范地方化的关键行为体，由其在协调一致建设（congruence building）中推动的符合自身及区域共同利益的规范，是规范地方化的主要路径。[2] 此外，地方化产生的原因在于当地行为体对新规范的需求，就当地行为体的积极建构而言，地方化并非仅仅是对需要新规范的一种实用主义的反应，它还依赖于这一进程对规范携带者的合法性、权威性的积极影响。规范地方化产生的情形主要有以下四种：（1）如果规范携带者逐渐相信新的外部规范可以被用于强化它们的制度及实践的合法性与权威，那么地方化是可能的。（2）先前存在的本土性规范的强度，本土性规范越强，新的外部规范就越可能地方化而不是被全盘接受。（3）可靠的当地行为体的能力，它们要有足够的散发性影响力（sufficient discursive influence），以使它们在全球层面的实施超越外部的规范。（4）规范携带者的身份意识使得地方化更便利，尤其是如果它们占据了规范发展的较好位置，即在它们的价值及互动上具有独一无二的位置。

在此基础上，出于对地方化概念发展中的东南亚关注，阿查亚的规范地方化主要分析并比较了东南亚的两个案例：一是20世纪90年代初期兴起的建设亚太多边安全机制的尝试，该尝试的核心是"共同安全"（common security）规范，它是东南亚本土性的合作安全规范对外部的共同安全进行规范地方化的结果。二是20世纪90年代后期东盟尝试在各成员国之间的跨国问题上发挥作用，这要求东盟超越其传统的对成员国国内事务的不干预规范，而此种努力从冷战后的人道主义干预与民主援助（democratic assistance）规范出发，在区域语境中变化为"建设性干预"（constructive intervention）和"弹性介入"（flexible engagement）。最终，前一个案例以东盟正式化了内部安全对话，接受了域外大国在区域秩序中日益包括一切事务的姿态，锚定了适用于更广泛的亚太区域的新安全

---

[1] 参见 Amitav Acharya, "How Ideas Spread: Whose Norms Matter? Norm Localization and Institutional Change in Asian Regionalism", *International Organization*, Vol. 58, No. 2, 2004, pp. 239–275。

[2] Martha Finnemore and Kathryn Sikkink, "International Norm Dynamics and Political Change", *International Organization*, Vol. 52, No. 4, 1998, pp. 891–893.

机制为结果；相对地，后一个案例的规范扩散在一定程度上是失败的，仅产生了一些很弱的政策机制。①

在解释英国等域外行为体与东南亚区域合作关系上，由于规范地方化主要揭示域内行为体如何选择性地利用外部规范以建构内部规范，强调内部行为体在规范扩散中的角色，域外规范主要作为被动的角色而存在，因而其并不适用于本书的分析。本书所关注的是英国这一域外行为体在东南亚的实践，而英国的此种实践是主动而非被动的，换言之，英国"东南亚区域合作"政策实践中所携带或扩散的规范，并非被动地由域内行为体选择性地利用。此外，规范地方化的分析框架在时间上强调的是东盟语境，即以东盟区域主义的存在为前提，因而并不适用于解释本书所要研究的"东盟前"的相关现象。

对于英国"东南亚区域合作"政策实践中的规范扩散与机制影响，一方面，这种规范扩散与机制建设是客观存在的，在"东南亚区域合作"这一核心理念下，英国在东南亚实践了从特别专员署到最高专员，再到科伦坡计划等的多边合作方案，并且上述实践是连续的、发展的。但是，该政策实践进程表明，英国的"东南亚区域合作"也已成为一种历史现象，其并未将政策规划诉诸有效的机制载体并保留至今，因此，本书的分析亦将侧重规范层面。另一方面，区域身份变迁是这一时期英国提出、变更其"区域合作"政策的主要动因之一。英国提出并实践其"东南亚区域合作"的过程，是英国全球身份由帝国向霸权过渡的关键时期，但是已有研究并未关注英国身份变化的区域层面，同时，已有的规范扩散理论也并未涉及此类域外大国区域身份转变下的区域规范变迁。因此，本书将在前述规范扩散的三种动态模式，即渗透、覆盖与互构的基础上，着力构建一种强调内外行为体规范互动的分析框架，它主要从两方面切入：一是完善对现有规范扩散的理论阐释，二是将国家身份、地位等因素与区域规范扩散及区域机制建设联系起来。

本书所依据的规范扩散的三种动态模式，源于规范扩散的一般理论，后者主要包含规范本体、扩散载体、扩散路径、扩散效果四个方面。其

---

① Amitav Acharya, "How Ideas Spread: Whose Norms Matter? Norm Localization and Institutional Change in Asian Regionalism," *International Organization*, Vol. 58, No. 2, 2004, pp. 239–275.

中，规范本体意指何种规范被扩散。扩散载体意指何种行为体推动了规范本体的扩散，规范地方化表明，脱离了行为体的推动，规范就无法扩散；但是，规范扩散的载体并不限于国家，机构、个人等非国家行为体亦是规范扩散中的主要载体。扩散路径主要但不限于国家、区域与体系间的单向或双向扩散。扩散效果意指原扩散规范本身有无发生变化，受其影响规范有无发生变化。在这四个方面中，规范的扩散路径与扩散效果相结合，即产生了本书前述的覆盖、（内渗与外溢构成的）渗透、互构三种规范扩散的动态模式。

在三种动态模式的基本框架下，本书将考察1945年至1967年英国的"东南亚区域合作"过程中的规范扩散。在规范本体上，本书将主要考察三类规范的扩散：一是作为体系层面的威斯特伐利亚规范的扩散。在二战结束前，东南亚仍处于国际关系中心—边缘模式的边缘地带，因而国际体系或国际社会规范在理论上仍存在向东南亚扩散的趋势。二是欧洲一体化合作规范。二战后初期在欧洲兴起的一体化合作是区域合作的先导，英国在欧洲一体化兴起与演变的过程中扮演着独特的角色，与此同时，东南亚的区域合作也宣告发轫，处于当代两大区域合作源头的英国是否将欧洲的区域合作规范扩散到了东南亚，因而亦成为本书所要考察的一项内容。三是英国的国家规范及英联邦规范。国家规范扩散并演变为区域规范是规范研究的一个主要方面，英国传统的国家规范尤其是其通过英联邦这一纽带而得到扩散，因而英国与殖民地、自治领关系中所体现出的规范是否扩散到了"东南亚区域合作"实践过程，也是本书所要考察的主要规范本体之一。

在规范载体上，上述三类规范首先指向了作为当时国际社会主要成员的英国，同时还指向了作为殖民体系中的宗主国英国。在分析这一规范载体上，本书将主要考察英国的外交部门、驻东南亚的代表机构如何通过其对外政策，如何通过其英联邦关系与政策执行，在区域合作路径上扩散相关规范。一般地说，区域合作是主权国家间的平等的合作，因合作方式的不同，这种区域性合作对主权让渡程度的要求也不同。而在二战前，东南亚长期处于殖民统治体系之下，到二战后初期，东南亚各国处于完全处于独立状态的还是极少数，但前文分析已表明，这一时期的相关合作亦属于区域合作范畴。在此，本书进一步指出，鉴于战前战后东南亚国家身份的变化，二战后初期的区域合作中所扩散的规范，首先是国际社会规范向东南亚的扩散。但是，在这种规范扩散的过程中，英国仍旧处在殖民体系、英联邦联系的顶端，这表明相关区域合作可能具有不平等性，所以，作为殖民体系内部核心规范的殖民、强制等规范，以及作为英联邦内部核心规范的协商规范，将成为本书的重点考察对象。此外，在分析作为规范载体的英国时，上述规范的存在需要我们超越传统的国家间平等合作的思维定式，转而是将其视为一种特殊的区域合作规范的集合体，这有助于揭示东南亚区域合作早期阶段的特征，从而与当代区域合作构成一项比较分析。

在扩散路径与扩散效果上，英国推动的国际社会规范向东南亚区域层面的扩散，欧洲一体化进程中的区域规范向东南亚区域层面的扩散，英国的外交规范、殖民规范向东南亚区域层面的扩散，以及东南亚的因应及其效果，依次成为本书所要考察的主要对象。同时，在分析规范扩散路径的过程中，本书将以区域主义的基本领域划分为依据，将英国的"东南亚区域合作"过程中所扩散的规范，分为区域经济规范与区域政治—安全规范两大类，进而考察这两类规范的扩散效果。在将扩散路径与扩散效果相结合的基础上，本书将指出，英国的东南亚区域合作中的规范扩散，涵盖了渗透、覆盖与互构三种模式，但不同时期所呈现的具体模式又有所不同，其主要作用领域也不尽一致，但总体上，英国政策作用下的规范扩散经历了以区域经济规范扩散为起点，以区域经济规范与政治—安全规范同时扩散为主要进程，以区域经济规范扩散较为成功而区域政治—安全规范扩散相对失败为基本结果。

最后，基于基本史实的经验分析，本书指出，在英国的"东南亚区域合作"政策的提出及实践过程中，英国在东南亚经历了"从帝国向霸权衰减，在谋求霸权中重振帝国，在英联邦纽带的合作中沦为东南亚地区的普通的域外大国"这一基本的身份或地位变迁的历史进程。本书将进一步分析该进程所呈现的"身份地位化"逻辑，以及在这种逻辑作用下，英国的"东南亚区域合作"政策的基本内涵、实践方式以及规范扩散作用等方面的变化，并通过与同时期东南亚其他区域合作进程和方式的比较，揭示英国的"东南亚区域合作"政策所产生的区域影响，尤其是对东盟区域合作起源的影响。

第三章

特别专员署与英国的"东南亚区域合作"

英国与东南亚的联系始自殖民时代，但英国将东南亚视为一个独立的区域并提出相应的区域政策则始于二战后期。其时，英国殖民部与外交部均提出了"东南亚合作"的理念，不同之处在于，殖民部主张"国际合作"而外交部主张"区域合作"。在外交部的方式被白厅采纳后，盟军东南亚司令部这一军事指挥机构的"民事能力"改革，宣告了英国实践其东南亚政策的开始。此后，特别专员署这一专门层面的区域性组织机构完善并取代了盟军东南亚司令部的职能，成为英国推行其"东南亚区域合作"的专司机构，因此，围绕特别专员署的合作是英国"东南亚区域合作"实践的严格意义上的起点。从盟军东南亚司令部到特别专员署的转变，是英国"重返"东南亚过程中实践其东南亚政策的主要途径，本章主要考察英国的东南亚区域身份变化及其提出的"东南亚区域合作"政策，并借由上述主要机构加以实践过程中的作用。

一 二战后英国的东南亚身份及政策调整的历史背景

二战后初期，英国在战前通过海外殖民确立的东南亚帝国地位已名存实亡。究其原因，这种地位变化既是二战前后英美霸权转移下的实力关系此消彼长的结果，也是英国在二战后反思自身全球与区域身份，主动"身份地位化"的结果。在区域身份重塑上，英、法、荷等战前宗主国在二战后试图"重返"东南亚并恢复战前殖民统治，但此种意图在多种因素作用下迅速破灭，英国旋即调整其东南亚战略并重构自身的东南亚区域身份。此前，英国在东南亚的区域身份始于其殖民扩张，得益于其全球霸权，这可以称为英国在东南亚的第一次"身份地位化"进程；而从二战前到战后，英国在东南亚的身份重构则开启了其第二轮"身份地位化"。

二战前英国的第一轮东南亚帝国"身份地位化"发端于其殖民扩张，继而在全球霸权框架下得到延展，所谓英帝国，指的是隶属于不列颠王室宗主权和不列颠政府管理的一个世界范围内的依附体系，它包括殖民地、保护地和其他领地。[1] 这一英帝国"身份地位化"在时间上可追溯至19世纪初期。1815年，英国同第七次反法同盟在滑铁卢大败法军，之后英国进入"第二帝国"时期，英国政府主管殖民地事务的殖民部建立，殖民地的管理由原来的分散、无序走向集中、有效。[2] 正如H. L. 韦瑟林（H. L. Wesseling）所言："一般来说，除了大不列颠之外，其他国家都不能把整个19世纪看成帝国世纪。"[3] 彼时，英国扼守好望角殖民地和锡兰等通往东方、拱卫印度的海上门户，并将印度建设为第二帝国的基石，[4] 印度也是英国通往东南亚、统治东南亚的枢纽。借由英属印度，英国于1824年至1886年逐渐蚕食东南亚的"阿瓦王国"（今缅甸）。1826年，英国在马来半岛南端正式建立了由新加坡、槟榔屿和马六甲组成的"海峡殖民地"，至1933年，英国正式确立起对整个马来半岛的殖民统治。20世纪上半叶，（英）帝国霸占了世界陆地的四分之一，成为历史上最大的帝国，虽然在某些方面也是支配程度最低的帝国。[5] 但是，整个19世纪时期的东南亚之于英国，仅具有"中等程度（intermediate）而非首要的（prime）重要性"。这体现在两个方面：一是东南亚位于印度与中

---

[1] 张亚东：《英帝国史》（第三卷），江苏人民出版社2019年版，前言第1页。
[2] 郭家宏：《英帝国史》（第四卷），江苏人民出版社2019年版，第349页。
[3] ［荷兰］H. L. 韦瑟林：《欧洲殖民帝国》，夏岩等译，中国社会科学出版社2012年版，序言第2页。
[4] 钱乘旦、许洁明：《英国通史》，上海社会科学院出版社2017年版，第291—292页。
[5] ［英］迈克尔·曼：《社会权力的来源（第三卷）：全球诸帝国与革命（1890—1945）》（上），第38页。

国之间,这使东南亚接近于传统意义上的中等强国(middle power),二是印度与中国在英国亚洲政策中的重要性要优于东南亚。① 虽然二战结束之际,英国、法国、比利时、荷兰、葡萄牙及西班牙等 6 国仍保有自我认知意义上的帝国身份,② 但彼时英国已步入第二帝国末期,即使它"重返"东南亚再也无法沿袭昔日的帝国方式,因为它的威望不再。③

本书认为,自第二帝国兴起至其步入末期,英国全球地位变化在东南亚的映射是从其从"帝国"发展为"霸权",正如盟军东南亚司令部官方文件所指出的,战后初期,英国在东南亚的首要任务是重建霸权区域[rebuilding a sphere of (group undecypherable) harmony in South-east Asia],④ 这一新的身份表述及其"身份地位化"进程主要寓于这一时期英国与其东南亚殖民地关系的变化上。此前,第二帝国时期英国在东南亚的殖民地主要包括英属缅甸和英属马来亚,此外,英属印度与英国统治东南亚又存在直接的联系。然而,这些殖民地与英国的关系在经历了二战后发生了深刻变化。

在缅甸,1824 年的第一次英缅战争开启了英国对缅甸的殖民化,随着 1885 年上缅甸被英国殖民,英国完成了对缅殖民。虽然 19 世纪的东南亚对于英国而言是中等程度的重要,但缅甸对英国而言却是至关重要的,因为它邻近英属印度、马来亚以及北婆罗洲,是英属印度、英属其他东南亚殖民地通往中国的要道。同时,缅甸也是英国在东南亚与荷属印度、西属菲律宾、法属印度支那的缓冲地带,即缅甸是欧洲帝国之间的缓冲。⑤ 为达到分而治之的目的,自 1923 年起,英国在缅甸推行所谓的"二元体制",即将缅甸作为印度的一个省,把行政权分为中央和省两级,外交、国防这类中央职权由英属印度的中央殖民当局管辖,省级职权则下放给缅甸省政府管理。⑥ 直至 1935 年,缅甸政府才从印度分离出来,

---

① Nicholas Tarling, *Britain, Southeast Asia and the Onset of the Cold War, 1945–1950*, p. 2.
② J. M. 罗伯茨:《欧洲史》(下册),李腾等译,东方出版中心 2013 年版,第 712 页。
③ [英]保罗·肯尼迪:《英国海上主导权的兴衰》,第 342—343 页。
④ Paul Preston and Michael Partridge eds., *British Documents on Foreign Affairs*, Part IV, Series E, ASIA, Vol. 1, Far Eastern Affairs, Jan. 1946–June 1946, F9366/296/G, No. 52, pp. 234–235.
⑤ Nicholas Tarling, *Britain, Southeast Asia and the Onset of the Cold War, 1945–1950*, p. 2.
⑥ 王绳祖主编:《国际关系史》(第四卷),世界知识出版社 1996 年版,第 376 页。

自主权有所提升。① 二战期间，英国对缅甸作出了详细了规划，但却并未许诺后者在战后获得独立地位。1945年5月1日，英军重新夺回仰光，5月17日，英国公布了《缅甸白皮书》（The Burma White Paper），其中规定由英国总督直接统治缅甸3年后给予缅甸以"自治领地位"。实际上，英国在许诺给予缅甸自治领地位的同时，极力实施短时期的直接统治，以便利英国的战后东南亚复兴工作。②

在马来亚，英国殖民部在战争期间对马来亚的规划是基于联盟（union）而非联邦（federation）的理念，殖民部助理常务副大臣爱德华·根特（Edward Gent）在1943年5月指出，"战前体制与秩序的重建对于践行英国推动殖民地自治政府的建设是不受欢迎的，包含马来半岛在内的这些领地的当务之急是形成一个紧密的联合邦，其次才是自治政府的建设。"③ 1943年7月5日，英国战时内阁决定成立由陆军少将霍恩（H. R. Hone）领导的马来亚计划小组（Malayan Planning Unit），具体负责制定战后的马来亚计划。该军事小组成立后不久，便以陆军部、外交部和殖民部的讨论为基础，拟定出了战后马来亚宪制草案。1944年5月31日，战时内阁批准了马来亚新宪制计划。④ 但是，日本投降后，马来亚和新加坡出现了两周左右的权力真空期，其时，人民抗日军基本接管并维持着秩序。1945年9月5日，英军重返马来亚并立即成立临时军政府，不久，人民抗日军被缴械并解散。⑤ 1946年4月1日，"马来亚联盟"成立，根特出任马来亚总督。

在印度，维多利亚时期的英属印度被英国奉为"英国东方权势的伟大基地"，但是，1926年的帝国会议（imperial conference）后，英国在印度殖民统治的结束就只是个时间和形式的问题。⑥ 1945年5月，时任印度

---

① Nicholas Tarling, Britain, Southeast Asia and the Onset of the Cold War, 1945–1950, p. 10.
② C. L. 莫瓦特编：《新编剑桥世界近代史》（第十二卷），中国社会科学院世界历史研究所组译，中国社会科学出版社1999年版，第430—431页。
③ A. J. Stockwell ed., British Documents on the End of Empire, Series B, Vol. 3, Malaya, part 1, The Malayan Union Experiment, 1942–1948, No. 15, p. 51.
④ A. J. Stickwell, ed., British Document on the End of Empire, Series B, Vol. 3, Malaya, part 1, The Malayan Union Experiment 1942–1948, p. 7.
⑤ 廖文辉：《马来西亚史》，马来亚文化事业有限公司2018年版，第319页。
⑥ J. M. 罗伯茨：《欧洲史》（下册），第589—590页。

总督阿奇博尔德·韦维尔（Archibald P. Wavell）主张在印度成立一个新的行政会议，其中除总督和总司令外无其他英籍成员。对此，丘吉尔首相倾向于同意，最终内阁同意了由印度委员会重新起草或审查韦维尔的意见。① 1947年3月22日，蒙巴顿抵达印度，成为最后一任英国驻印度总督。② 在工党于1945年7月末上台后，印度的独立便成为工党计划内的议程。著名历史学家保罗·肯尼迪（Paul Kennedy）指出，在1947年印度获得独立后，整个"帝国"防御概念也寿终正寝：英帝国或许会转变成为英联邦，但这个继任机构绝对无法保留两次世界大战期间拼凑在一起的政治上的凝聚力。③ 换言之，英国战前的帝国地位在战后将重构为以印度、马来亚为支点的区域霸权，一轮新的"身份地位化"由此拉开序幕。

纵观上述英属殖民地从战前到战后的变化，英国在东南亚的宗主国—殖民地关系变化，不仅源于二战削弱了英国并迫使其退出东南亚，而且在于二战显著推动英属殖民地民族主义的发展。一方面，战争凸显了英国在东南亚殖民统治的脆弱性，在日本的进攻下，以往主要依靠当地力量、辅之以海外驻军的方式来维持统治的殖民模式，在日本进攻面前被证明不堪一击。1942年4月，驻缅英军被日军击溃而退却至印度，标志着英国迅速撤出东南亚。另一方面，二战又被喻为殖民地世界爆发普遍的民族主义躁动的催化剂，战争起到了在政治上疏远伦敦与海外领地关系的作用。④ 虽然在二战结束之初，英国的"实力和影响力在地理范围上达到了史无前例的巨大"，⑤ 但殖民地民族主义的发展尤其是部分民族主义力量成功执政迫使英国不得不重新审视其政策，"一种新的帝国观"随之产生，即英国需对东南亚民族主义重新评估，并尝试赋予其"区域政策"以新的内涵，同时反思与其他域外大国的关系，英国的"东

---

① [英]罗伯特·安东尼·艾登：《艾登回忆录：清算》（下），瞿同祖、赵曾玖译，商务印书馆2017年版，第573—574页。
② 刘明周：《英帝国史》（第八卷），第74—75页。
③ [英]保罗·肯尼迪：《英国海上主导权的兴衰》，第351页。
④ [英]保罗·肯尼迪：《英国海上主导权的兴衰》，第342—343、348—349页。
⑤ Tilman Remme, *Britain and Regional Cooperation in South-east Asia, 1945 – 49*, p.9.

南亚区域合作"随之浮出水面,并开始付诸实践。①

二战期间,英国殖民部与外交部便已分别构想了战后英国的"东南亚政策"。在英军退出缅甸后,殖民大臣奥利弗·斯坦利(Oliver Stanley)在1943年7月13日向下议院表示,英国会继续履行对殖民地的责任,但也欢迎在这些地区开展国际合作。为此,他还设想建立某种区域层面的委员会,它不仅包括该区域的英属殖民地,也包括在该区域具有重要战略或经济利益的其他国家。1944年12月,殖民部国际关系处的两位官员,即希尔顿·波因顿(Hilton Poynton)和肯尼斯·罗宾逊(Kenneth Robinson),撰写的一份名为《殖民政策的国际层面》(International Aspects of Colonial Policy)的政策文件,正式提出了建立"区域委员会"(regional commission)的建议。他们指出,英国在东南亚的利益具有巨大潜在影响,相比于其他殖民区域,东南亚既包含了殖民地,也包括独立国家或"新兴的当地国家"(emerging native states)。② 其中,东南亚委员会(South-east Asia Commission)的成员应包括大英帝国及其马来亚领地、新加坡、北婆罗洲和中国香港;荷兰及其荷属东印度(印尼);葡萄牙与帝汶;法国与印度支那;美国与菲律宾;作为区域内独立国家的泰国;澳大利亚、中国及印度等相关域外国家。③ 但是,殖民部的国际合作并不等同于区域主义,而是一种"新型的"多个宗主国—殖民地之间的合作。事实上,殖民部明确反对区域主义,因为其认为区域主义会引起美、澳等国对英属殖民地的外部干涉;同时,战略、安全等因素与经济是紧密相关的,因而不存在单纯的经济领域的合作,否则会导致外部干涉更趋强烈。④

英国外交部所构想的东南亚政策的核心,也是其区别于殖民部方案的关键,是所谓的"区域合作"。1945年6月,史班纳(J. C. Sterndale

---

① Nicholas Tarling, *Britain, Southeast Asia and the Onset of the Cold War, 1945 – 1950*, p. 3.

② Peter Lower, *Contending with Nationalism and Communism: British Policy Towards Southeast Asia, 1945 –65*, pp. 17 – 18.

③ CAB 66/59, WP (44) 738, "International Aspects of Colonial Policy", 16 December 1944, 转引自 Tilman Remme, *Britain and Regional Cooperation in South-east Asia, 1945 – 49*, p. 17.

④ Minute, 21/12. CO. 273/677/50908/1, 转引自 Nicholas Tarling, *Britain, Southeast Asia and the Onset of the Cold War, 1945 – 1950*, p. 58.

Bennett）成为外交部远东司新任司长，他尤为关注东南亚事务；与此同时，盟军东南亚司令部政治顾问邓宁（Esler M. Dening）也提出了对盟军东南亚司令部进行改革的建议。邓宁在 1945 年 6 月曾提出一项建议，主张强化盟军东南亚司令部中的民事部门以平衡过于强大的军事部门。为此，他提出了两种方案：一是提升盟军东南亚司令部中政治顾问的地位并强化权力，使其直接对伦敦负责；此外，政治顾问对盟军东南亚总司令蒙巴顿勋爵（Louis Mountbatten）的建议权不仅应该包含外交事务，还应该包含政治、经济及财政事务，但是这种政治、经济及财政事务又不直接涉及英国本土的相关部门。二是任命一位东南亚大臣，该大臣的权力次序位居英国的中东大臣、地中海大臣之前。在这两个方面中，邓宁本人更倾向于第二种。① 显然，史班纳的建议与邓宁的建议有着不谋而合之处。后来，史班纳建议英国任命一位专管东亚与东南亚事务的国务大臣，虽然白厅没有完全接受该建议，但是部分接受了其中的理念。由此，外交部远东司被细分为三个具体职能部门，即一个主管日本与太平洋事务的处、一个主管中国事务的处以及一个主管东南亚（泰国、印度支那、印尼、尼泊尔）事务的处。综合而言，英国外交部所提出的关于东南亚的区域合作倡议实际上旨在把盟军东南亚司令部塑造为英国支配下的东南亚国际组织的基石。在上述两个方案中，1945 年 7 月 27 日新上台的工党政府外交大臣贝文（Ernest Bevin）更倾向于史班纳的方案。因此，英国开始在盟军东南亚司令部基础上拓展其民事能力，以此推动"东南亚区域合作"的展开。

由蒙巴顿执掌的盟军东南亚司令部，在战时部分地充当了英国在东南亚开展"区域合作"的协调工具。盟军东南亚司令部建立的初衷及其实践均表明其是一个军事机构，1942 年 4 月英军撤退至印度后，为应对日本在东南亚的扩张，英国在 1943 年 8 月的魁北克会议上提出了建立联合军事指挥机构盟军东南亚司令部的建议，美英达成一致后，英国牵头同盟国在锡兰的康提（Kandy）建立了盟军东南亚司令部，② 该组织由蒙

---

① FO 371/46328, F 3944, memo by Dening, 26 June 1945.
② Peter Lower, *Contending with Nationalism and Communism: British Policy Towards Southeast Asia, 1945–65*, pp. 12–13.

巴顿任司令，约瑟夫·史迪威（Joseph Stilwell）任蒙巴顿的副手，邓宁任政策顾问。盟军东南亚司令部所辖"东南亚"的范围主要包括缅甸、泰国、马来亚、新加坡及苏门答腊；当时，法属印度支那的安全主要由蒋介石领导下的中国国民政府所负责；东南亚其他地方则处于美国西南太平洋司令部（South-West Pacific Area Command）及其统帅道格拉斯·麦克阿瑟（Douglas MacArthur）的管辖下。① 战争后期，盟军东南亚司令部作为"区域合作"协调者的角色逐渐凸显，在1945年7月至8月的波兹坦会议上，盟军重新界定并扩大了盟军东南亚司令部的管辖范围，同意将印尼由美国的西南太平洋司令部转交盟军东南亚司令部，将北纬16度以南的印度支那、泰国以及婆罗洲也交由盟军东南亚司令部管辖。② 至此，盟军东南亚司令部的管辖范围虽没有囊括东南亚全部，但也已涵盖大部。③ 二战后，盟军东南亚司令部的总部由康堤迁往新加坡，④ 此时，其已发展为一个控制了150万平方英里地域、约1亿2800万人口的军事协调机构。

盟军东南亚司令部之所以在建构东南亚区域，推动英国的"东南亚区域合作"中发挥了先导作用，在于二战期间英国认为在盟军东南亚司令部内开展大国协调（great-power collaboration）是可行的。塔林指出，盟军东南亚司令部实际上是一个大国联盟，其在自我定位上即认可自己具有政治角色，而不是简单的军事角色，因此伦敦的官员认为大国协调在该组织内部是可行的。⑤ 至二战结束之时，盟军东南亚司令部暂时由英国、暹罗、法国及荷兰一同行使领导权，因此，英国外交部仍寄望借由

---

① Russell H. Fifield, "Southeast Asia as a Regional Concept", *Southeast Asian Journal of Social Science*, Vol. 11, No. 2, Ideology in Southeast Asia, 1983, p. 3.

② Paul Preston and Michael Partridge eds., *British Documents on Foreign Affairs*, F5093/87/61, No. 86, p. 540.

③ Nicholas Tarling, *Britain, Southeast Asia and the Onset of the Cold War, 1945–1950*, p. 53; Paul Preston and Michael Partridge eds., *British Documents on Foreign Affairs*, F5093/87/61, No. 86, p. 540.

④ Paul Preston and Michael Partridge eds., *British Documents on Foreign Affairs*, Part III, Series E, ASIA, Vol. 8, *Far Eastern Affairs*, Jan. 1945–Dec. 1945, F11915/296/40, No. 29, pp. 441–442.

⑤ Nicholas Tarling, *Britain, Southeast Asia and the Onset of the Cold War, 1945–1950*, pp. 52–53.

该组织实现英国区域影响力的最大化。事实上，战后初期英国的"东南亚区域合作"也确实建立在盟军东南亚司令部的框架内和基础上。

但是，盟军东南亚司令部在实践英国的"东南亚区域合作"政策上是失败的。在主观原因上，就盟军东南亚司令部方面而言，这一时期英国对东南亚区域的认知尚处于形成阶段，其对东南亚区域范围、区域委员会成员的认知尚不明晰。当时，相关各方不仅对于缅甸、锡兰、中国香港是否应该纳入该区域的范围一直存在争议，而且对于美国、澳大利亚、中国、印度、苏联等域外大国是否也应该包含在该区域内也有不同意见，尤其是印度如果包含进该区域内，那么它是外部成员还是内部成员？① 整体而言，二战期间的东南亚区域建构处于如下一种状态："出于军事方面的需要，一个东南亚地区的概念开始成形。从战略军事观点来看，当时这个区域不是印度，不是中国，也不是太平洋的一部分。"② 其次，盟军东南亚司令部在战时主要是一个军事机构，在战后初期应对相关非军事问题上的改革并不成功。英国自认为该组织包含有履行复兴经济福利、防务与政治行政的责任。③ 但是，由于盟军东南亚司令部本身以及不同人员之间的权力和责任分配带来了许多烦恼和无休止的争执，以至于没有任何人准确地——有时候甚至是没有人接近准确地——知道最高统帅的职权，或应如何行使职权。④ 盟军东南亚司令部在战时并未能有效发挥其政治功能，而仍是主要扮演一个军事机构的角色。

在客观原因上，盟军东南亚司令部在民事化改革并实践"东南亚区域合作"中的失败，主要源于两个方面。一是东南亚民族主义迅速发展及其对殖民势力返回东南亚的抵制。战后初期，英国认为，在其所需面对的战后东南亚政治问题中，如何处置该区域的民族主义运动是"最最重要的"。⑤ 其中，英国首先要面对的是缅甸的民族主义，1945 年 5 月

---

① Peter Lower, *Contending With Nationalism and Communism*: *British Policy Towards Southeast Asia*, 1945 – 65, pp. 17 – 18.

② ［澳］米尔顿·奥斯本：《东南亚史》，第 4 页。

③ William O. Walker III, *Opium and Foreign Policy*: *The Anglo-American Search for Order in Asia*, 1912 – 1954, Chapel Hill, NC.: University of North Carolina Press, 1991, pp. 160 – 161.

④ ［英］菲利浦·齐格勒：《蒙巴顿传》，仲大军等译，新华出版社 1989 年版，第 115 页。

⑤ Tilman Remme, *Britain and Regional Cooperation in South-east Asia*, 1945 – 49, p. 29.

《缅甸白皮书》发布后不久，印度政治领袖人物尼赫鲁在同年 12 月正式提出召开"亚洲关系会议"，以"有助于认识亚洲问题和推动亚洲人民之间的理解"。1946 年 3 月，他在出访东南亚期间与缅甸领导人昂山等人会晤，共同讨论了举行亚洲关系会议的前景。4 月，各方同意这一会议是非官方的，其主要目标是就亚洲国家所面临的共同问题交换意见，邀请的对象包括所有亚洲国家及澳大利亚、新西兰、英国、美国、苏联等非亚洲国家的文化机构和个人学者。[①] 1947 年 1 月，缅甸领导人昂山提出了"亚洲联邦""东南亚联盟""区域经济协会"等倡议，这些内生次区域合作方案均以经济、文化等为主要合作领域，并在事实上因与英国的实践具有共同性而体现出竞争性。

此外，由于 1945 年 8 月日本的投降比英国预料中的要早得多，而盟军又未立即占领法属印度支那和荷属印尼，因而两地的民族主义力量得以掌权。[②] 对此，英国认为，从日本投降起法属印度支那和荷属印尼等非英国（non-British territories）领土的形势便影响了英国领土（British territories）的形势，从而进一步使该区域错综复杂的政治形势影响了军事形势。政治上，印尼被证明是骚乱的中心。1945 年 8 月 17 日，即日本投降两天后，印尼政治领袖人物苏加诺发表了"印尼共和国"独立宣言，提出了建立"爪哇人的爪哇"（Java for the Javanese）。由于荷属东印度主要属于西南太平洋司令部，而此前大多数荷属东印度的荷兰官员纷纷避难至澳大利亚，因此，在 1945 年 8 月 17 日宣布独立宣言时，除了已经宣布投降的日本军队以外，在印尼（西伊里安除外）没有其他的军队，[③] 此时的英国也极度缺乏关于印尼的可靠、必要的情报。[④] 对于印尼的民族主义，贝文在与荷兰大使布兰德（N. Bland）于 10 月 15 日举行关于荷属东印度形势的会谈中指出，英国的主要任务是完成日本投降以及释放盟军

[①] 郑先武：《东南亚早期区域合作：历史演进与规范建构》，载《中国社会科学》2017 年第 6 期，第 191—192 页。

[②] C. L. 莫瓦特编：《新编剑桥世界近代史》（第十二卷），第 430 页。

[③] ［印尼］迪·努·艾地：《印度尼西亚共产党的诞生及其发展》，强明译，世界知识出版社 1959 年版，第 15 页。

[④] Paul Preston and Michael Partridge eds., *British Documents on Foreign Affairs*, F5093/87/61, No. 86, pp. 538 – 541.

战俘及其他被拘留者,当这些任务完成后,伦敦会把领土移交给那些新主权国,如将印度支那移交给法国、荷属东印度移交给荷兰。我们不能承担过于宽泛的责任,如调解主权大国与当地人民之间的矛盾,但我们必须做我们显然必须做的事。①

与此同时,日本投降后,处置约 74 万名驻东南亚日军,安置约 12.5 万名盟军战俘及其他被拘押者,重建相关地区的法律与秩序的责任,落在了盟军东南亚司令部上。为此,蒙巴顿计划调动约 130 万名英国及印度军人,但是最后完成调动的只有约 35 万人。② 对此,贝文解释道,我们面临的主要困难之一是盟军东南亚司令部武装力量构成中的绝大多数是印度人,英国在该地实际上只有很少的力量。此外,我们还面临着在缅甸、马来亚、暹罗、印度支那、中国香港、荷属东印度等地解除日本武装的任务,因此,盟军东南亚司令部的力量很难部署到每个角落。而派遣到关键地区的力量或许足以应对释放战俘等任务,但却远不足以镇压一般规模的起义或执行其他大规模的行动。③

客观原因的第二个方面在于战后初期东南亚各国所面临的粮食、财政等方面的严峻危机,其中,粮食危机是这一时期英国在东南亚所需应对的最突出、最棘手的难题。由于战时东南亚日占区的粮食被运输至海外其他地区以支援日军作战;同时,日本的占领迫使东南亚的城市人口纷纷避难至农村,而战后这些人口又迅速回迁城镇,这使得战后初期东南亚各国的粮食需求陡增以至无法自给。此外,战后各国政府及盟军东南亚司令部还得为盟军、获释战俘、投降日军等提供安置,这也增加了粮食负担。④ 在军管时期,英属婆罗洲、中国香港和荷属东印度普通百姓的每日粮食配额只有 1 盎司至 3 盎司,而国际公认的维持健康的每日最低粮量标准为 12 盎司。总体而言,粮食短缺由此成为东南亚各国在战后初

---

① Paul Preston and Michael Partridge eds., *British Documents on Foreign Affairs*, F8367/6398/61, No. 33, p. 448.

② Paul Preston and Michael Partridge eds., *British Documents on Foreign Affairs*, F8367/6398/61, No. 33, p. 448.

③ Paul Preston and Michael Partridge eds., *British Documents on Foreign Affairs*, F8367/6398/61, No. 33, p. 448.

④ Norman G. Owen ed., *Routledge Handbook of Southeast Asian History*, p. 70.

期面临的普遍难题。① 在 1945 年 8 月 23 日致外交部的电报中，邓宁指出，东南亚未来发展最重要的是经济，鉴于当前形势，他建议成立一个处理粮食短缺、通货膨胀、商品定价等问题的协调机构（coordinating agency）。② 在 1946 年 3 月 25 日致贝文的电报中，邓宁进一步指出，大米是东南亚的主食，缺粮可能会带来最严重的后果。缅甸是所有东南亚国家当中最大的粮食生产者、过剩者，但其可提供的外援量几乎可以忽略不计。暹罗虽也是粮食生产过剩国，但受政治形势影响，其可外援的数量也很少。印度支那与印尼受制于民族主义，在供给粮食上的形势也不容乐观。③

在影响英国的东南亚政策形成的若干因素中，除了上述殖民部与外交部政争这一内政因素、盟军东南亚司令部转型所需面对的民族主义与经济危机等域内因素外，美国（英美关系）的影响亦是重要外部因素。鉴于英国曾经殖民美国的历史，以及长期以来美国自由国际主义外交思想的影响，华盛顿在对待殖民主义尤其是英国殖民主义问题上持鲜明的反对态度，而在盟军东南亚司令部问题上，美国认为英国创制盟军东南亚司令部的原始动机是"自私的帝国主义"，④ 也正因此，上述战争后期英国殖民部的国际合作方案与美国主张的殖民地托管之间存在冲突。此外，二战后期及战后初期，美国在亚洲的战略关注点在于中国及东北亚而非东南亚，而盟军东南亚司令部的战略意图之一是打开马六甲海峡、联通中国。盟军东南亚司令部成为英美战略冲突的一个诱因，因而美国在盟军东南亚司令部中扮演了阻碍者角色。邓宁认为，整体而言，虽然盟军东南亚司令部名义上由英美联合指挥，但其实际上是英美关系中一个恒久不变的摩擦源，美国还经常怀疑英国的远东政策。因此，从这些制约盟军东南亚司令部的美国因素来看，美国对盟军东南亚司令部及其

---

① 杨文娟：《英国东南亚特派员与粮食供应（1946—1948）》，《东南亚研究》2010 年第 2 期，第 57 页。

② Butler and Pelly, *Documents on British Policy Overseas*, Series I, Vol. I, 1945, p. 1256.

③ Paul Preston and Michael Partridge eds., *British Documents on Foreign Affairs*, F5093/87/61, No. 86, pp. 545 – 555.

④ William O. Walker III, *Opium and Foreign Policy: The Anglo-American Search for Order in Asia, 1912 – 1954*, pp. 160 – 161.

力图推动的"区域合作"是淡漠的。[1]

上述盟军东南亚司令部内的英美矛盾事实上是英美霸权转移的体现。一方面,战后初期英美在东南亚的战略与防务上互有所需。就美国而言,二战前美国的主导性观点是,美国的安全只需将西半球与外部影响相隔绝,二战后这一认知发生了剧变,美国认为其战后的首要利益不仅在于保证西半球的安全,还在于保证东半球免遭单一的潜在敌对大国的控制。[2] 对英国来说,被日本攻占前,英国花费4亿美元在新加坡建立了海空军基地,该地被英国战略家誉为大英帝国在东亚构筑的"坚不可摧的要塞",[3] 但这一要塞在日本的进攻下很快溃败。战后的艾德礼(Celment Atlee)工党内阁意识到,英国在东南亚防务上需要依赖美国,远距离空军力量和原子弹等新的军事技术的出现,意味着"英联邦和大英帝国不再是一个可以依靠自己的力量进行防御的整体……当年凭借驻防在岛上的一支舰队就能守卫散落在五大洲一连串领土的条件已经不复存在。"[4]

另一方面,二战期间英美在战后国际秩序重塑与安排上的矛盾已经显现,尤其是在经济层面。二战前,除菲律宾外,美国只是通过欧洲的殖民体系而从东南亚获得有限的贸易和投资利益,英国和荷兰则有效控制了橡胶和锡等原料的世界市场的供应。欧洲殖民国家所采取的旨在保护其利益的措施,如英国在1932年采取的帝国特惠计划,进一步限制了美国获得东南亚的原材料和市场。[5] 战争期间,美国的全球实力逐渐增强,美国起初的战后目标——罗斯福总统在1941年的《大西洋宪章》中首次提出——是将民主国家锁定在一个开放、多边、通过新机制联合运行的经济秩序之中,而英国的帝国特惠制——以及德国和日本的地区集

---

[1] Paul Preston and Michael Partridge eds., *British Documents on Foreign Affairs*, F5093/87/61, No. 86, p. 539.

[2] [美]约翰·刘易斯·加迪斯:《长和平:冷战史考察》,潘亚玲译,上海人民出版社2011年版,第22—23页。

[3] 魏文擎:《"至暗之时"的多米诺逻辑——从新加坡沦陷、英美同盟和"中国渗透"看美国东南亚冷战政策的形成》,彭永福译、韩长青校,载《冷战国际史研究》2016年第2辑,世界知识出版社2016年版,第104—105页。

[4] [英]尼尔·弗格森:《帝国》,第304—305页。

[5] 孙建党:《美国与东南亚经济关系研究(1945–1973)》,第47页。

团、封闭的苏联——与这一秩序存在冲突。① 因此，帝国特惠制成为战后初期美国塑造全球经济秩序的主要障碍之一。与此同时，战后初期英国所面临的严峻的国内及海外殖民地经济危机使其不得不依赖于美国的援助。1945年8月21日，杜鲁门政府在事先未通知英国的情况下，突然宣布停止根据租借法案提供物资，这使英国感到震惊和愤慨。大战期间，美国根据租借法案向同盟国提供的500多亿美元的物资中有60%给了英国。这对于几近枯竭的英国财政不啻是雪上加霜。工党政府指派财政部顾问约翰·梅纳德·凯恩斯（John M. Keynes）飞赴华盛顿，与美国进行谈判以寻求挽救英国财政危机的办法。经过艰苦的讨价还价，双方于同年12月6日签订了《英美政府财政协定》。协定规定，英国所欠270亿美元租借法案物资款，扣除英国反向提供的物资款60亿美元之后为210亿美元，美国仅要求偿付6.5亿美元（合1.62亿英镑），美国以年息2%向英国提供37.5亿美元贷款，英国从1951年开始还本付息，50年内还清，条件是英国必须在1945年12月底前批准《布雷顿森林协议》。这意味着英国必须降低英联邦关税特惠率。② 尤其是1945年，英国国家债务达到35亿英镑，英国不得不向美国开放其殖民帝国，③ 帝国特惠制事实上取消，英国在东南亚不得不对美国全面依赖。由此，美国继英、荷、法、苏等国后，成为东南亚地区的事实上的域外大国。

综上所述，作为对日作战的军事指挥机构的盟军东南亚司令部在战后难以应对东南亚复杂的经济与政治问题，更难以承担实践英国的"东南亚区域合作"重任。④ 为落实其"东南亚区域合作"政策，英国开始调整实践机构。在这种政策及机构调整中，多重因素的共同作用促使英国重新认知其东南亚区域身份，而由战前确立的殖民帝国地位向战后初期的区域霸权身份变化，是这种反思的主要体现，这一区域身份霸权身份认知及其"身份地位化"则主要寓于特别专员署实践"东南亚区域合

---

① ［美］约翰·伊肯伯里：《大战胜利之后：制度、战略约束与战后秩序重建》，门洪华译，北京大学出版社2008年版，第151页。

② 洪邮生：《英国对西欧一体化政策的起源和演变（1945—1960）》，南京大学出版社2001年版，第8页。

③ Tilman Remme, *Britain and Regional Cooperation in South-east Asia*, 1945–49, p.10.

④ Tilman Remme, *Britain and Regional Cooperation in South-east Asia*, 1945–49, p.28.

作"政策上。

二 特别专员署与英国"东南亚区域合作"开端

盟军东南亚司令部在应对战后东南亚主要问题过程中凸显的结构性缺陷，促使英国尝试另立专门的"东南亚区域合作"机构，在此过程中，英国除需面对粮食危机、英美权力转移等因素以外，还需反思其自身的东南亚区域身份的转变，即"全球帝国"地位不再，转为谋求"区域霸权"。这一身份反思及转变，正如汤普森指出的，反映出英国对亚洲认知及政策的变化：1946年1月，英国在亚洲的政策聚焦于海外领土的安全以及英联邦内部、英国与作为整个区域的亚洲、英国与亚洲国家间的良好关系，此时，英国自认为它已难在亚洲重拾其如战前般的影响力与责任，相反，美国在可预见的将来将在（包括中日韩的）"北亚"扮演中心角色（a principal role），英国的影响力则将聚焦于北回归线以南的"南亚"。

英国认为东南亚是重振英联邦实力与威望的最重要互动对象，[1] 英国在该区域的战后政策将主要集中在英国（前）殖民地及锡兰、印度、巴基斯坦、澳大利亚、新西兰等若干英联邦国家的经济重建与发展；此外，英属马来亚、婆罗洲的橡胶、锡和石油等对英国、美国而言具有重要价值。鉴于战后东南亚形势的变化，英国认为其东南亚问题的解决之道，是使该区域有秩序、和平地迈向国家自治（self-government）。[2] 由此可见，在区域霸权身份的调整中，英国需要给予东南亚相关国家以自治，而实现这种自治并确保英国获取区域霸权地位的主要途径，是英国主导的"区域合作"，这种合作企图实现这样一种状态，即该区域的所有国家

---

[1] Paul Preston and Michael Partridge eds., *British Documents on Foreign Affairs*, Part IV, Series E, ASIA, Vol. 2, *Far Eastern Affairs*, Jul. 1946 – Dec. 1946, F 12907/3/61, No. 116, pp. 211–212.

[2] Sue Thompson, *British Military Withdrawal and the Rise of Regional Cooperation in South-east Asia*, 1964–73, pp. 1, 6.

可以在一起讨论问题,并一起解决他们的问题。① 这些国家既包括地理上的域内国家,也包括在该区域有重要利益的域外国家。由此可见,英国外交部的"区域合作"虽然被采纳,但其与殖民部的国际合作具有内在的一致性,即依托于帝国时期所确立的殖民关系这一纽带,两者的主要差别在于对待其他域外大国的态度与措施。

在实践"东南亚区域合作"前,英国国内关于东南亚政策规划的政争仍未解决。塔林指出,至 1946 年 1 月底,白厅对区域合作问题的态度分化为三个不同的阵营。第一阵营是供给部(Ministry of Supply)为代表的保守派,他们认为完全没有必要在东南亚推行区域合作,英国在该地只需回到战前的贸易与殖民模式即可。第二阵营以殖民部为代表,其原则上认可经济协调对于东南亚的繁荣与社会福利的重要性,但又害怕区域委员会的建立会招致外部力量对英国在东南亚殖民地的干涉,尤其是美国。此外,他们认为任何贴上英国标签的区域倡议均会引起法国、荷兰的怀疑,影响彼此间关系。第三阵营是以外交部、生产部为代表的"区域合作"的积极推动者。②

最终,东南亚严峻的粮食危机促使白厅采纳了第三阵营的建议,并加速了特别专员署的建立。基勒恩后来在阐述特别专员署成立的原因时指出,二战前东南亚并不存在可以协调英国与东南亚民政机构的区域机制,或者说英国尚不存在将该区域作为一个整体而纳入本国利益考虑的机制。与此同时,战后东南亚面临着食物尤其是主粮大米短缺的严峻形势。这凸显了对解决这一棘手问题的区域性协调机制的需求。因此,就目的而言,特别专员署需要尽一切可能缓解食品危机,协调该区域食品的最终分配,指导该区域的经济合作。③ 此外,特别专员署还有一项任务,是给处于组织机构生命最后阶段而又正在扮演"区域警察"的盟军

---

① Paul Preston and Michael Partridge eds., *British Documents on Foreign Affairs*, Part Ⅳ, Series E, ASIA, Vol. 1, Far Eastern Affairs, Jan. 1946 – June 1946, F9283/1/61, pp. 483 – 484.

② Nicholas Tarling, *Britain, Southeast Asia and the Onset of the Cold War, 1945 – 1950*, pp. 41 – 42, 48.

③ 在这一时期,英国的相关档案在表述区域一词时普遍使用的是"area",即一种地理区域或地域。

东南亚司令部及最高司令提供政治建议。①

就东南亚的粮食危机这一促使特别专员署建立的直接原因而言，在 1946 年 1 月 31 日的内阁会议上，英国便知悉东南亚有面临饥荒的风险，当时预计当年的粮食实际可供应量为 310 万吨，而需求为 380 万吨，并且东南亚以小麦、大米为主的粮食结构具有不可替代性。② 在此次会议后，贝文向艾德礼提议派遣一位应对东南亚粮食危机的特派员，并建议第一人选是时任英国驻埃及大使基勒恩，艾德礼表示同意。2 月 3 日，贝文给基勒恩发送了任命电报。2 月 11 日，贝文在内阁会议上宣布将向新加坡派驻任期 2 年的特别专员。③ 特别专员直接对外交大臣负责，其任务是协调、应对粮食危机；同时，还需就关于东南亚的外交事务，尤其是该区域的经济协作向英国政府提供建议。此外，特别专员还需要与英国在东南亚的各总督、英国驻暹罗公使、英国在新加坡的代表保持联系，他可以直接指示除了暹罗以外的英国驻该地区的外交官。在经济议题以外，特别专员还需与英印政府、法荷在东南亚的行政机构保持联系，以磋商应对粮食危机。需要指出的是，这里的"东南亚"主要包括缅甸、锡兰、马来亚、婆罗洲、暹罗、法属印度支那、荷属东印度、中国香港及邻近的英印政府的联络官。④

1946 年 3 月 16 日，基勒恩抵达新加坡上任。履职之初，英国在东南亚的区域架构总体上由驻各地总督、盟军东南亚司令部最高司令以及特别专员三者构成，⑤ 并大致形成政治、军事及经济的职能分工。此后，特别专员逐渐组建了其领衔的特别专员署，后者在设立初衷——英国外交部下辖的应对粮食危机的专门机构——的基础上，逐渐发展为一个由英国主导的协调东南亚经济、政治—安全合作的机构。在人员组成上，基

---

① Paul Preston and Michael Partridge eds. , *British Documents on Foreign Affairs*, Part IV, Series E, ASIA 1947, Vol. 4, *Far Eastern Affairs*, Jan. 1947 – Dec. 1947, F6151/6151/61, No. 1, p. 5.

② CAB 129/5, CP (46) 28, memo by the Minister of Food, 29 January 1946, 转引自 Tilman Remme, *Britain and Regional Cooperation in South-east Asia*, 1945 – 49, pp. 43 – 44.

③ FO 371, 54017, F 2478, conclusions of a meeting at the FO, 12 February 1946.

④ Paul Preston and Michael Partridge eds. , *British Documents on Foreign Affairs*, F 12907/3/61, No. 116, pp. 202 – 203.

⑤ Paul Preston and Michael Partridge eds. , B*ritish Documents on Foreign Affairs*, F 6947/333/61, p. 558.

勒恩在4月中旬前完成了其主要职员的任命,设立了副特别专员、政治顾问、经济顾问及食品顾问等职。在部门构成上,特别专员署的组织架构主要包括经济部(the Economic Department)、联络员会议(Liaison Meetings)及特别区域会议(special regional conferences)。其中,经济部充当了事实上的秘书处,它主要由一位主管,一个由农业、渔业、营养及统计顾问们组成的经济处,三个负责处理谷物、大米、食用油、煤炭及运输等食物的特别助理所组成。联络员会议实行月会制,最初联络员月会只有相关英国领地参加,1946年8月后,其他相关国家亦可派员参加。该月会的目的在于通过英属领地间达成的协议来提供物质援助,就有关非政治问题交换意见、交流经验,如每月向国际紧急粮食理事会(International Emergency Food Council)的新加坡分会提交粮食运输计划、各领地间的粮食再分配方案等。事实上,国际联络员月会很快成为基勒恩处理东南亚短期粮食问题的首要工具,尤其是在协调国际紧急粮食理事会在东南亚的粮食公平分配以及其他紧急粮食问题上,联络员会议发挥了关键作用。[1] 特别区域会议则就具体重要问题举行不定期会议,如在1946年,特别区域会议举行了3次一般性食品会议。[2] 因此,特别专员署主要包括经济情报、东南亚货运委员会、交通运输、煤炭及健康情报等具体的职能分支。

特别专员署与英国其他政府机构的东南亚分部存在着协作关系,具体地,在特别专员署及其相关机构所组成的东南亚区域架构中,位于顶端的是英国参谋长委员会下设的战后防务委员会的东南亚分支,即英属东南亚防务委员会(British Defence Committee in South-east Asia)。在盟军东南亚司令部职责期满后,英属东南亚防务委员会于1945年10月成立,该委员会主要由三个部门的主官——最高司令、总督及特别专员——构成。东南亚防务委员旨在建立起一种协调军队与市民权威间的机制,为此,它下设了一个跨部门的秘书处(Joint Inter-Service Secretariat),该秘书处与总督、特别专员平行。东南亚防务委员会成立之初关注的首要议

---

[1] Tilman Remme, *Britain and Regional Cooperation in South-east Asia, 1945–49*, pp. 45–48.
[2] Paul Preston and Michael Partridge eds., *British Documents on Foreign Affairs*, F6151/6151/61, No. 1, pp. 6–7.

题亦是英国在东南亚的未来战略。① 此外，由于英国在东南亚防务问题上依赖于美国的帮助，美国这一主要域外大国及澳大利亚这一主要相关英联邦国家的成员问题，在东南亚防务委员会成立之时便成为一个主要议题。其中，美国在1946年8月的新加坡联络员月会上成为非正式观察员。② 澳大利亚政府在新加坡任命了一个专员和一个政治联络官，前者也作为观察员参加东南亚防务委员会。为在澳大利亚建立一个实体的军事基地，东南亚防务委员会还进一步酝酿将澳大利亚升格为防务委员会的正式成员。③ 至1947年10月，英国参谋长会议决定变更东南亚防务委员会的名称为"英国远东防务协调委员会"（British Defence Co-ordination Committee, Far East），这种变化预示着东南亚防务委员会的职责覆盖范围进一步扩大。④ 英国还在东南亚防务委员会下建立了协调委员会（Co-ordination Committee），后者由副特别专员领导，主要任务是就防务问题进行初步研究，从而为可能的决策奠定基础。⑤ 此外还建立了东南亚政治委员会，由总督及特别专员组成，主要处理一般的政治问题；这是一个非正式的委员会，不定期地召开会议。⑥

在基勒恩到任后，特别专员署的首要实际举措，是重点通过改善供给来应对粮食危机，其具体措施主要有两项。第一项是通过国际合作谋求粮食的"平均分配与供给"。特别专员署虽是外交部的一个外派机构，但其被赋予了国际技术合作的职能。基勒恩的这种技术层面的国际合作首先来自于与国际组织尤其是联合国下设部门的合作，如基勒恩在特别

---

① Paul Preston and Michael Partridge eds., *British Documents on Foreign Affairs*, F6151/6151/61, No. 1, p. 6; F8918/1147/61, No. 2, pp. 17 – 18.

② Paul Preston and Michael Partridge eds., *British Documents on Foreign Affairs*, F11894/25/61, No. 4, pp. 17 – 18.

③ Paul Preston and Michael Partridge eds., *British Documents on Foreign Affairs*, F11894/25/61, No. 4, pp. 23 – 31.

④ Paul Preston and Michael Partridge eds., *British Documents on Foreign Affairs*, Part IV, Series E, *ASIA 1948*, Vol. 6, *Japan, Korea and Southeast Asia, Jan. 1948 – Dec. 1948*, F4787/286/61, No. 1, p. 319.

⑤ Paul Preston and Michael Partridge eds., *British Documents on Foreign Affairs*, F8918/1147/61, No. 2, p. 18.

⑥ Paul Preston and Michael Partridge eds., *British Documents on Foreign Affairs*, F8918/1147/61, No. 2, p. 18.

专员署与华盛顿的"联合粮食委员会"（Combined Food Board）这一负责战后粮食调配的国际组织间建立了联系与合作。① 后来，随着世界食品供应会议的决定而延伸并涵盖了东南亚以外的其他国家。② 此外，基勒恩上任伊始便组织召开了一次关于区域食品的专家组会议，后者建议应对东南亚粮食危机的首要举措是增产减耗。此后，专家组会议形成了在新加坡召开的月会制。至1948年初，参会成员除了缅甸、锡兰、马来亚、中国香港、北婆罗洲、沙捞越、新加坡、印尼、印度支那及暹罗等东南亚国家（或地区）或英联邦国家，还扩展至中国和美国等周边大国，但这些周边大国是非正式观察员。该会议遵循特别专员署牵头的国际合作的一般原则，即严格避免探讨政治问题，在决策程序上实行全体一致原则。

基勒恩及特别专员署的另一项主要措施，是与暹罗开展国际协调与合作。战后初期的英暹关系是微妙的，这一方面是因为，在英法殖民统治时期与日本法西斯侵略扩张期间，暹罗是东南亚地区唯一保持独立的国家，多年以来，它在英国和法国这两个扩张主义的帝国之间维持一种提心吊胆、朝不保夕的生存。③ 另一方面，暹罗在二战期间是通过对日本的绥靖并加入轴心国与日本合作而保持独立地位的，这就使得暹罗在战时同英国形成了事实上的敌对关系。因此，战后初期英国借由暹罗而缓和粮食危机的前提，是解决两国之间的政治关系，即实现英暹和解。

在二战结束至特别专员署成立期间，即盟军东南亚司令部尝试协调"东南亚区域合作"阶段，英国已意识到暹罗在缓解东南亚粮食危机中的特殊地位。时任盟军东南亚司令部政治顾问的邓宁在给贝文的电报中指出，对英国而言，暹罗是整个东南亚最令人高兴和最为和平的地方，美国在暹罗的利益很少，但英国却很多。英国应该确保暹罗有一个友好的政府，因为英国在这里有不断扩展的利益。④ 贝文在1945年8月20日的下议院演讲中，清晰地阐述了英国对英暹关系的认知并释放了和解的善

---

① 该组织在1946年6月被国际紧急粮食理事会（IEFC）所取代。
② Paul Preston and Michael Partridge eds., *British Documents on Foreign Affairs*, F8700/3/61, No. 88, p. 559.
③ C. L. 莫瓦特编：《新编剑桥世界近代史》（第十二卷），第416页。
④ Paul Preston and Michael Partridge eds., *British Documents on Foreign Affairs*, F11538/296/40, No. 28, pp. 440 – 441.

第三章　特别专员署与英国的"东南亚区域合作"　　63

意。贝文指出,英国意识到暹罗在二战最后一年中给予英国的帮助,英国对暹罗政府抱持一种友好态度。回顾过去,1942年暹罗对英国的宣战有一个不可忽视的背景,即暹罗被日本入侵并很快被迫加入日本的联盟,并从日本手里接过了部分原英属领地。① 1945年9月12日,盟军东南亚司令部首席政治顾问邓宁得到英国政府授权,邀请暹罗代表团访问锡兰,并初步公开了同暹罗结束战争状态的条件。② 邓宁与贝文的上述认知和表态,主要源于战后初期的暹罗是英国应对东南亚粮食危机的主要潜在合作伙伴。在盟军东南亚司令部1945年11月2日发给外交大臣贝文的电报中指出,只要英国政府愿意,在重建东南亚霸权区域的过程中,与暹罗间可能的合作应当成为英国政府的优先策略。只有在实现下列粮食供应规模的情况下,东南亚的粮食危机才能大幅缓解,即11月和12月各从暹罗进口15万吨大米,1946年1月起每月从暹罗进口10万吨,因为盟军东南亚司令部辖区的粮食总需求约为每月10.7万吨,其中,7000吨可以从印度支那寻求解决。所以,如果从暹罗进口的计划能成行,那么缅甸的大米就可以全部直接外运到印度,加之联合粮食委员会的控制及其调价,东南亚有可能在接下来的一年内实现粮食供需平衡。③

1946年1月1日,英暹两国签署《和平协定》(即《英暹条约》),规定暹罗政府同意推翻1942年1月25日发表的宣言中的所有反英措施,并采取必要的立法与行政措施予以落实;暹罗从1941年12月7日起获得的英国的领地上撤出一切民事及军事力量;暹罗在1947年9月1日前向英国免费提供其大米年产量的10%,即150万吨大米,这些大米被要求直接运往英属马来亚。④ 但是,暹罗向英国免费提供大米的条款明显是不平等的,这引起了暹罗的不满。此后,英国政府改变了对暹罗政府的强硬政策路线。正如杨文娟所指出,英国政策转变的原因除了暹罗人的坚

---

① Paul Preston and Michael Partridge eds. , *British Documents on Foreign Affairs*, F11915/296/40, No. 29, pp. 441 – 442.

② Paul Preston and Michael Partridge eds. , *British Documents on Foreign Affairs*, F5093/87/61, No. 86, pp. 538 – 557.

③ Paul Preston and Michael Partridge eds. , *British Documents on Foreign Affairs*, F9366/296/G, No. 52, pp. 234 – 235.

④ Paul Preston and Michael Partridge eds. , *British Documents on Foreign Affairs*, F1954/4/40, No. 53, pp. 235 – 239.

决抵制、灵活的外交以及政治变动外，也是因为英国有所顾忌：一是担心对暹罗过度施压可能会加剧东南亚民族主义情绪，二是顾虑美国的态度。① 事实上，在《和平协定》引起暹罗不满后，盟军东南亚司令部的邓宁即建议将免费提供变更为低价采购。他指出，在认真考虑了泰国的大米问题后，我们确信，确保从暹罗有序稳定地采购大米依赖于暹罗货币稳定，我们预感在终战协定签署后实现暹罗的稳定还需要两至三个月。在这期间，我们建议粮食部（Ministry of Food）继续购买大米，同时也建议暹罗政府接受我们的经济发展建议。② 此外，邓宁本人对暹罗内政十分不满，他认为艾德礼似乎认为根据当前签订的政府间协议，暹罗的利益将实现最大化。③ 但就他本人刚从暹罗调研回来的感受而言，暹罗政府充满了腐败，以至于英国从暹罗获取粮食的主要困难，不仅在于采购技术和运输的限制，根本上还在于暹罗政治。④ 就当前现状而言，让暹罗免费供应大米是不现实的，英国最佳的选择从暹罗低价获取粮食。

但是，邓宁的上述建议在盟军东南亚司令部时期并未能付诸实践，粮食危机更未能得到有效控制。这从特别专员署成立之初基勒恩的描述中可见一斑。他指出，东南亚主要大米生产国面临着如下形势：缅甸作为战前主要的大米出口国，因受战争破坏，当前仅能自给自足；暹罗根据《和平协定》向英国及其殖民地免费提供大米；法属印度支那因此前日本占领的破坏，以及当前北部受共产主义严重影响，仅其南部的大米生产有盈余；马来亚、中国香港也因为战争影响，两地大米产量仅为战前的三分之一或者一半。因此，眼下的主要问题是通过各种途径增产大米或者从暹罗获取大米。⑤ 为此，基勒恩着手建立一系列的附属委员会，

---

① 杨文娟：《英国东南亚特派员与粮食供应（1946—1948）》，载《东南亚研究》2010年第2期，第58页。

② Paul Preston and Michael Partridge eds., *British Documents on Foreign Affairs*, F12312/1349/40, No. 30, p. 442.

③ Paul Preston and Michael Partridge eds., *British Documents on Foreign Affairs*, F337/4/40, No. 54, p. 244.

④ Paul Preston and Michael Partridge eds., *British Documents on Foreign Affairs*, F765/4/10, No. 55, p. 245.

⑤ Paul Preston and Michael Partridge eds., *British Documents on Foreign Affairs*, F337/4/40, No. 54, p. 244.

以协调东南亚的粮食供应与经济恢复,其中包括一个以缅甸总督为主席的检验食品生产增产措施的附属委员会和一个以锡兰总督为主席的检验削减及控制食品消费的附属委员会。4月29日,基勒恩飞赴曼谷进行了3天的访问,在此期间英国政府发布声明,表示同意购买120万吨暹罗盈余大米。基勒恩随即向暹罗总理銮巴立(比里·帕侬荣,Pridi Phanomyong)通报了当前东南亚的粮食形势,他指出,当前新加坡、马来亚、中国香港的日均个人谷类存量,仅为满足生存所必须额度的一半。銮巴立对此做出积极回应,表示愿意在短期内最大限度地出口大米。但是,在5月即将召开第一次东南亚联络员会议时,缅甸、暹罗、法属印度支那均宣布不参会。[①] 5月1日,英国与暹罗政府就大米供应达成了最后协定,规定在接下来的12个月泰国至少提供120万吨大米。5月6日,英国、美国、暹罗的代表签署了三边协议,约定即将采取的一项基本措施是,建立一个暹罗粮食联合委员会(Combined Siamese Rice Commission),以推动暹罗大米增产并安排余粮出口。暹罗政府对此表现出积极合作的姿态,接受了拟议价格并签署了三边协议。[②]

但是,至当年10月,从暹罗供给粮食的状况并未得到有效推进。基勒恩指出,英国在东南亚面临的形势持续恶化,从暹罗出口的大米没有增长,而英国所指望的下一个对象缅甸又经历了动荡,从澳大利亚进运粮食毫无进展,从巴西购买大米据悉也因为当地粮食价格混乱被迫停摆,中国虽然报告粮食丰收并脱离了饥荒,但这并不会减少它对世界其他地方粮食的进口需求。尽管英国努力使得大米问题成为一个纯经济问题,但毋庸置疑它可能会产生政治甚至军事后果。[③] 就特别专员署建立后东南亚整体上的粮食产量而言,作为亚洲传统的粮仓,缅甸、暹罗和印度支那三国在1946年的粮食产量也仅为200万吨,这是战前年均产量的三分之一。与此同时,传统粮食进口国,如印度、中国、马来亚及印尼,因

[①] Paul Preston and Michael Partridge eds., *British Documents on Foreign Affairs*, F12907/3/61, No. 116, p. 205.

[②] Paul Preston and Michael Partridge eds., *British Documents on Foreign Affairs*, F8700/3/61, No. 88, pp. 559-562.

[③] Paul Preston and Michael Partridge eds., *British Documents on Foreign Affairs*, F15749/3/61, No. 116, pp. 444-445.

人口快速增长，对粮食的需求也急剧增加。① 尤其是到了 7 月初，形势变得更加严峻，因为巴西从国际紧急食品协会中退出，英国政府粮食部不得不突然暂停从巴西购买大米等农产品。这对于东南亚的打击很大，尤其是马来亚，因为 1947 年马来亚从巴西进口 6.37 万吨大米，荷属东印度从巴西进口 1.91 万吨，印度从巴西进口 5.04 万吨。② 1948 年初，东南亚国家的配合仍不积极，缅甸粮食出口为 40.57 万吨，暹罗则为 19.31 万吨，而缅甸 1948 年上半年用于出口的是 82.5 万吨，暹罗是 25 万吨。③

相对于粮食危机，基勒恩到任后更为关注的是东南亚的政治—安全形势。这一方面反映在基勒恩参与并共同领导了上述特别专员署的关联机构，尤其是基勒恩在相关机构的议题设置上强调区域政治与安全方面。例如，在政治委员会建立后，基勒恩所建议的第一年的主要政治议题是荷属东印度问题。④ 他还冀望将特别专员署的职能从技术合作拓展到更宽泛的区域合作，从而将东南亚打造为英联邦的重要战略堡垒。⑤ 另一方面，基勒恩到任后，还积极调解印尼与荷兰间的争端。事实上，正如雷姆所指出的，基勒恩在区域粮食危机解决上的成就，远不如其在调解印尼—荷兰危机上的功绩。⑥

从就任特别专员伊始，基勒恩就开始关注荷属东印度（印尼）事务中英国的作用。他认为，当时的英国缺乏对印尼问题的基本立场，而只是被动地表现为英国军队履行盟军东南亚司令部经英美协商而下达的命令，包括：释放盟军战俘与其他人员；解除日本武装；确保关键区域的稳定以使得上述两项可以完成；完成上述任务后撤离。基勒恩认为，英国还负有道义上的责任去支持盟友荷兰，但他又指出，既不要卷入荷兰、印尼的国内政治，又要避免被荷兰利用，从而成为其实施或强化印尼政

---

① Tilman Remme, *Britain and Regional Cooperation in South-east Asia, 1945 - 49*, p. 45.
② Paul Preston and Michael Partridge eds., *British Documents on Foreign Affairs*, F15073/1147/61, No. 5, pp. 31 - 32.
③ Paul Preston and Michael Partridge eds., *British Documents on Foreign Affairs*, F8611/286/61, No. 3, pp. 331 - 332.
④ Paul Preston and Michael Partridge eds., *British Documents on Foreign Affairs*, F5076/286/61, No. 2, p. 323.
⑤ Tilman Remme, *Britain and Regional Cooperation in South-east Asia, 1945 - 49*, pp. 51 - 52.
⑥ Tilman Remme, *Britain and Regional Cooperation in South-east Asia, 1945 - 49*, p. 45.

策的工具。① 对此，贝文回应道，虽然英国在撤离前需要完成上述任务，但爪哇的责任也应该尽快交到荷兰人手中；到 11 月或 12 月荷兰可以从欧洲分兵到爪哇时，英国应该无条件撤出在爪哇的 1.9 万人。此外，尽管英国对荷兰盟友有道义上的责任，但伦敦不希望卷入未来的印尼冲突中，这是荷兰与印尼双方的事情。英国非常期望看到事情尽早和平解决，并为此持续发挥英国的影响力以推动双方的尽早解决。② 基勒恩后来在与荷兰驻印尼高级专员范·比兰特（Van Bylandt）的会谈中指出，他希望扮演一个"诚实的中间人"角色，③ 期待东南亚能达到这样一种状态，即该区域的所有国家可以在一起讨论问题，并一起解决他们的问题，如此，荷属东印度的稳定与福祉是绝对必要的。英国军队到年底可以不再留在荷属东印度，以营造有利于达成协定的条件。④ 由此可见，基勒恩在解决印尼问题上也延续了其区域合作的基本理念。

三　特别专员署实践的区域影响

以上分析表明，英国的"东南亚区域合作"是其基于自身全球与区域身份新认知而提出的一项东南亚政策，该政策体现出英国对战后"东南亚""区域"及"区域合作"的反思。作为这一政策实践正式开端的特别专员署，其首要特性是英国政府驻东南亚的一个分支机构，与英国本土的一些政府部门及其向东南亚的派驻机构保持协作关系。但在实践中，该机构既因为应对东南亚粮食危机而呈现出国际技术援助的职能，又因为关注更广泛的东南亚经济和政治—安全事务而具有区域合作的特征。这一时期东南亚内生区域合作亦在兴起与发展，它们同特别专员署及其政策实践一起，从内外两个方面影响了东南亚的区域建构。

---

① Paul Preston and Michael Partridge eds. , *British Documents on Foreign Affairs*, F6291/1/61, No. 54, p. 456.

② Paul Preston and Michael Partridge eds. , *British Documents on Foreign Affairs*, F6291/1/61, p. 458.

③ Paul Preston and Michael Partridge eds. , *British Documents on Foreign Affairs*, F9258/1/61, No. 61, p. 483.

④ Paul Preston and Michael Partridge eds. , *British Documents on Foreign Affairs*, F9283/1/61, pp. 483 – 484.

首先，特别专员署形成了对作为一个区域整体的东南亚的认知，它反映了这一时期英国对东南亚区域认知的基本面貌，而其相关实践则深刻影响了现代东南亚区域的建构。二战前，关于东南亚这一区域的认知亦主要来自外部行为体，其典型表现有"印度支那""南洋"等。19世纪初，印度支那还是"远印度"（Further India）的同义词，意指中国和印度之间的广大的大陆区域。此后，在法国殖民的影响下，尤其是印度支那联邦的影响下，这个词的意义后来仅限于法属印度支那。而当时，东南亚主要被称为"远印度"。① 此后，如前所述，从1944年末英国殖民部规划的东南亚委员会开始，新的东南亚区域的认知逐渐形成，这时，英国设想的东南亚包含大英帝国及其马来亚领地、新加坡、北婆罗洲和中国香港，荷兰及其荷属东印度（印尼），葡萄牙与帝汶，法国与印度支那，美国与菲律宾，泰国，澳大利亚、中国及印度等相关的域内外国家和地区。在盟军东南亚司令部民事化改革时期，英国考虑将英属的缅甸、锡兰、中国香港以及域外的美国、澳大利亚、中国、印度、苏联等国家纳入区域框架。再到特别专员署时期，英国所认知的东南亚则主要包括缅甸、锡兰、马来亚、婆罗洲、暹罗、法属印度支那、荷属东印度、中国香港及其相邻的英印度政府的联络官。

另一方面，在英国重构对东南亚区域认知的同时，东南亚域内国家的区域意识亦在萌发，但是，这种内生区域意识下的东南亚是一种基于文化多元性的统一政治概念。正如米尔顿指出的，虽然从政治上讲，战后初期缅甸、暹罗、印度支那、马来亚、东印度及菲律宾组成了东南亚，但是基于族群、宗教或历史背景，东南亚又往往被分成三个部分，即南部的马来亚—印尼的马来人及穆斯林的地域、北部的缅甸—暹罗—印度支那集团内的泰—安南人和佛教徒、东部的历史上趋向于美国的菲律宾。② 因而，东南亚主要作为一个政治概念而非地理区域存在。在此基础上，东南亚国家也开始了基于内生区域意识的区域实践，如越南提出的"泛亚洲共同体"、暹罗提出的"东南亚联盟""东南亚联邦""区域经济

---

① ［荷兰］H. L. 韦瑟林：《欧洲殖民帝国》，第101—102页。
② Milton W. Meyer, "Regional Cooperation in Southeast Asia", *Columbia Journal of International Affairs*, Vol. 3, No. 2, Spring, 1949, Regional Organizations Their Role in the World Community, p. 68.

协会"等。这些内生区域合作有的是次区域合作,有的则是涉及中国等其他域外大国的跨区域合作。总之,一种内生的区域认知或区域意识正在浮现。

两相对照可知,英国的东南亚区域认知与这一时期东南亚域内国家的区域认知存在差异。在英国的认知中,美、苏、中等域外大国被排除出东南亚,而战前东南亚宗主国英、法、荷依然在内。在当时,即二战后初期,东南亚区域认知仍处于模糊不定的状态,"亚洲"与"远东""东亚""东南亚""南亚"及"西南太平洋"等相关区域概念在地理范围上仍难以界定。"远东"有时指中国、蒙古国、朝鲜和日本组成的东亚,有时则指东亚、南亚和东南亚构成的整体。当时的"南亚"与"东南亚"并无明确界线,"东南亚"与"西南太平洋"亦有交集。[1] 在这些竞争性区域意识并存的情况下,"泛亚洲主义""太平洋主义"和"东南亚区域主义"是当时的主要意识形态。其中,"泛亚洲主义"以整个亚洲为核心地理指向,旨在通过突出亚洲人的观念、感情或立场,促进亚洲内部团结和合作,以避免欧洲和美国的支配和压制,其核心是支持亚洲民族自决,谋求"解决亚洲问题的亚洲方法"。"太平洋主义"是一种微弱的区域意识,旨在凸显太平洋沿岸亚洲国家尤其是东南亚及西南太平洋岛国的政治、经济和安全诉求,在核心地缘和核心议题上,其"底色"也是亚洲的,是"泛亚洲主义"的一个变种。"东南亚区域主义"则是东南亚国家推动的、旨在实现次区域合作和区域联合的思想和观念。[2] 英国的东南亚区域认知事实上仍是传统殖民—宗主体系思维的延续。其中,特别专员署所提出的东南亚区域认知实际上介于以上三者之间,是一种泛东南亚区域认知,[3] 它与越南、暹罗等域内国家提出的东南亚区域认知存在本质上的冲突,并集中在如何对待法、荷、印度等域外国家上。这种区域认知上的差异为英国进一步实践其"东南亚区域合作"、处理其与东南亚内生区域合作中的矛盾与冲突,埋下了伏笔。

---

[1] 郑先武:《亚远经委会区域合作实践与"亚洲方式"初创》,《世界经济与政治》2016年第12期,第43—44页。

[2] 郑先武:《东南亚早期区域合作:历史演进与规范建构》,《中国社会科学》2017年第6期,第190—191页。

[3] Nicholas Tarling, *Britain, Southeast Asia and the Onset of the Cold War, 1945–1950*, p. 46.

其次，在基本合作方式及其区域影响上，"东南亚区域合作"事实上是英国对待欧洲一体化的态度与举措在东南亚的辐射，这尤为明显地体现在政府间政治合作与经济合作这两个方面。特别专员署建立前后，正值战后欧洲试图建立一种联盟并借由"马歇尔计划"实现复兴之际。洪邮生将1945年至1949年英国的欧洲政策分为两个阶段：1945年至1947年初期试图建立以西欧各国的联盟为内容、与美国和苏联平起平坐的"第三种力量"；1947年以后，西欧联盟计划日益成为冷战的工具，"第三种力量"式微，"北约"逐渐崛起。[①] 在英国的"第三种力量"构想中，英联邦是第一支柱，而欧洲国家间的合作则主要是基于政府间合作的方式来实现的。尤其是在1948年初"马歇尔计划"提出后，美国主张建立一个强有力的、具有超国家性质的欧洲组织，这招致了英国的强烈反对。英国认为，建立超国家的机构很有可能将很多国家排斥在"马歇尔计划"之外，并不利于欧洲国家维护自己的主权，英国所主张的是以政府间合作的形式来推行"马歇尔计划"。[②] 而随着1948年3月《布鲁塞尔条约》的签订，贝文认为西欧国家间旨在对抗苏联所形成的区域合作也将拓展到东南亚等区域，加之当年初荷兰与印尼签署了《伦维尔协定》（Renville Agreement），强化了贝文对西方国家在东南亚关系上将有所缓和甚至能够团结一致以共同对抗苏联在该地影响的认知。

东南亚建立的以特别专员署为核心的区域合作计划以及欧洲确立的以英联邦政府间合作为核心的欧洲合作政策，这两大核心同步影响了英国的"东南亚区域合作"。如上所述，英国对东南亚的区域认知实际上是传统英帝国思维的延续，而随着英帝国逐渐转向英联邦，关于东南亚的区域认知也随之出现变化。此外，由于特别专员署建立于战后初期东南亚民族主义日益高涨之时，传统上英国在东南亚的殖民地逐渐地向自治领或独立国家发展，这也使得英国在其"东南亚区域合作"实践中更为强调平等的主权国家间的属性，而在合作的主要方面，特别专员署在议题设置上更为倾向于经济、民生等当时东南亚面临的主要问题。

---

① 洪邮生：《英国对西欧一体化政策的起源和演变（1945—1960）》，第25页。
② 李昀：《经济合作署与战后初期西欧重建（1947—1951年）》，中国社会科学出版社2014年版，第49—50页。

另一方面，在英国的"东南亚区域合作"由理念到实践的过程中，东南亚内生区域合作也在从观念走向行动。如上文所及，在盟军东南亚司令部民事化改革时期，即1945年5月《缅甸白皮书》发布之后的同年12月，印度的尼赫鲁正式提议召开"亚洲关系会议"，以"有助于认识亚洲问题和推动亚洲人民之间的理解"。1946年3月，尼赫鲁与缅甸领导人昂山等人会晤并达成共识，各方同意这一会议是非官方的，其主要目标是就亚洲国家所面临的共同问题交换意见，邀请参会的对象包括所有亚洲国家及澳大利亚、新西兰、英国、美国、苏联等非亚洲国家的文化机构和个人学者。[1] 在此之前的1945年9月，即越南"八月革命"后，胡志明提出了"泛亚洲共同体"理念，设想建立一个包括越南、柬埔寨、老挝、泰国、马来亚、缅甸、印度、印尼和菲律宾在内的"泛亚洲共同体"，借此推动越南的独立事业。[2] "泛亚洲共同体"并不包含中国、日本及朝鲜半岛。这一构想的主要目标是促进相关国家间的政治、经济合作，同时保持这一共同体与美国、法国及英国等域外大国间的良好关系，以推动相关域外大国在东南亚的去殖民化。[3] 因此，"泛亚洲共同体"实质上是在亚洲民族独立运动中推动区域主义以对抗殖民主义，其最终指向的是亚洲民族及国家独立。当年11月，胡志明向时任印尼总理苏丹·沙里尔（Sutan Sjahrir）提出这一设想，但后者未予回应，该倡议也未能付诸实践。[4]

在特别专员署实践英国的东南亚区域合作时期，1947年1月，缅甸的昂山进一步提出将东南亚联合起来组成一个实体，然后与印度、中国另外两个实体一同创建一个"亚洲联邦"。随后，他又建议成立一个包括缅甸、印尼、泰国、马来亚和印支国家的"东南亚联盟"，以促进东南亚国家彼此间良好的理解；实现它们"完全民族性"的愿望；提高各国的

---

[1] 郑先武：《东南亚早期区域合作：历史演进与规范建构》，《中国社会科学》2017年第6期，第191—192页。

[2] 郑先武：《安全、合作与共同体：东南亚安全区域主义理论与实践》，第187页。

[3] Amitav Acharya, "Asia is not One", *The Journal of Asian Studies*, Vol. 69, No. 4, November 2010, p. 1006.

[4] Anthony Reid, "A Saucer Model of Southeast Asian Identity", *Southeast Asian Journal of Social Science*, Vol. 27, No. 1, 1999, p. 17.

经济、社会和文化水平，促进和平与和谐，尊重人权和联合国原则；研究、调查和交换关于东南亚的信息；建立一个将东南亚人民联合起来的邦联。① 4月17日，昂山在仰光的一次演讲中，建议成立一个缅甸与东南亚其他国家间的经济协会，以开展区域经济合作。② 但是由于昂山在1947年7月被暗杀，这一区域合作探索戛然而止。③ 1947年7月，泰国提出建立"东南亚联盟"的构想，在反殖民主义的初衷以及遵循联合国宪章的宗旨及基本原则的基础上，这一非政府间组织拟通过文化交流与经济协调，推动建立"东南亚联邦"。④

因此，特别专员署与同时期的东南亚内生区域合作在合作方式上存在差异，前者体现出借由传统宗主国—殖民地关系模式推动合作，而缅甸、泰国、越南等方面的倡议均基于民族主义而发展区域主义，并对抗殖民主义；在东南亚内生区域合作方案之间，相较于越南的倡议，缅泰两方的倡议对东南亚的区域认知更强，因而更强调东南亚区域合作而非跨区域合作。但是，域内外的实践在这一时期并未产生直接的交锋或交集，其主要原因在于域内的倡议多因各种原因而付之东流，这一方面使得英国的"东南亚区域合作"在实践中对东南亚的区域影响更强，另一方面又为此后域内外实践的冲突埋下了伏笔。

正是由于这一时期以英国为代表的域外行为体驱动的"东南亚区域合作"强于越南、缅甸和泰国等域内行为体推动的多边合作，英国的政策实践因而在更重要的规范、制度等层面，对现代东南亚的区域建构及区域合作产生了影响。由于这一时期特别专员署实现了英国的"东南亚区域合作"的机构化但又未实现机制化，因此，这里主要从规范层面探究这种影响。可以肯定的是，英国的"东南亚区域合作"形成了显性的合作规范，其中，若干核心规范并非东南亚的本土性规范，可以认为，这种由外部扩散而来的规范，与二战前英国在东南亚的殖民有着直接的

---

① Nicholas Tarling, *Regionalism in Southeast Asia*, p. 71.
② Paul Preston and Michael Partridge eds., *British Documents on Foreign Affairs*, F8918/1147/61, No. 2, p. 21.
③ 郑先武：《安全、合作与共同体：东南亚安全区域主义理论与实践》，第187—188页。
④ Milton W. Meyer, "Regional Cooperation in Southeast Asia", *Columbia Journal of International Affairs*, Vol. 3, No. 2, Spring, 1949, Regional Organizations Their Role in the World Community, p. 71.

联系，而在特别专员署时期具体表现为三个层面上的规范，即技术（功能领域）规范、威斯特伐利亚体系规范以及英帝国体制规范。

首先，英国在二战前建立东南亚帝国的过程中，通过殖民主义深刻影响了东南亚的国内与国际政治规范，这种规范影响在二战前后具有连续性，尤其是战前英国对东南亚国内规范的影响为其战后通过特别专员署影响东南亚区域规范奠定了基础。在殖民时代，殖民活动对东南亚的深刻影响并非英国所特有，荷兰、法国等对东南亚殖民中亦存在规范影响。如荷兰在殖民印尼时与爪哇统治者之间建立了紧密的关系，这种关系创造了一种新的皇家文化，即在荷兰的间接统治下，印尼的统治者及其他贵族成为公务员系统的成员或文官服务人员（civil servants）。[1] 对英帝国而言，新加坡及马来亚是这种规范扩散的主要对象，在"海峡殖民地"建立之前，新加坡从 16 世纪初到 19 世纪初曾被葡萄牙殖民，但相较而言，此后英国对新马地区实施的百余年的殖民统治，在规范层面的影响更为深刻。具体地，在 1874 年英国殖民各马来土邦之前，马来社会基本上分为两大阶层，即统治阶层和被统治阶层。其中，统治阶层由拉惹（Raja）或苏丹（Sultan）、大臣（Pembesar）和村长（Penghulu）所组成，拉惹或苏丹是传统马来政治的权力中心所在，对其辖下臣民拥有绝对的权力，处于社会等级的最高层；一般地，苏丹或拉惹所在地就是中央政府所在。村长负责乡村，是传统马来地方行政最低级别的领袖，一般由村中有财力、名望或为村民所信服者担任，职责是仲裁纷争、维持治安和指示分派上头下达的工作，其薪俸则从其村民所收取税收中偿付；相对应的，被统治阶层由平民和奴隶所组成。[2]

英帝国在东南亚的殖民首先向新马等地外溢了"民族国家"这一威斯特伐利亚体系规范。殖民体系中的被殖民者由于不具备事实上的主权，因而无法形成国际体系或国际社会。但是，殖民体系之间存在相互影响，尤其是规范扩散，这是毋庸置疑的。这种规范扩散的主要内容之一，就是宗主国的某些规范因强制或非强制的力量扩散至被殖民国，进而在去

---

[1] Adrian Vickers, *A History of Modern Indonesia* (Second Edition), Cambridge: Cambridge University Press, 2013, pp. 36–37.

[2] 廖文辉：《马来西亚史》，第 259—260 页。

殖民化后形成了事实上的国际规范扩散。正如哈珀（T. N. Harper）所指出，东南亚现代化进程的核心是民族国家的兴起，① 而近现代民族国家建立的基础则是国界的确立，东南亚国界的确立在 19 世纪的东南亚历史中具有本源性的地位，国界的确立是作为殖民者的欧洲国家与作为被殖民者的东南亚国家相互作用的产物。其中，就英国的作用而言，以民族意识和民族观念为主要内涵的民族主义是推动英国早期海外殖民扩张，进而建立海外殖民贸易帝国的重要精神力量。在民族国家形成时期，英国人推行海外扩张的最初动机，是想通过强调主权至上的英国民族主义，来否定中世纪以来一统天下的教权主义，打破以宗教普世主义为核心的基督教世界体系，挑战伊比利亚国家在海外殖民扩张中的霸权垄断地位，在国际舞台上为英国争取平等发展的机会。② 19 世纪东南亚国家之间新国界的确立在某种意义上是由英国的权力与决策所决定的。相应地，它们受到英国在世界范围内的最基本的经济利益、英国欲保持欧洲均势秩序稳定的愿望以及它在印度获得统治权等多重影响，同时还受到英国与中国贸易的重要性的影响。③ 此后，日本侵略所建构的所谓的"大东亚共荣圈"实际上消融了此前殖民者建立的"国家"边界，但战后政治版图重新建立很快回到殖民者确立的旧边界，这种边界因战后东南亚的民族主义运动而愈发稳固。

但另一方面，在殖民者到来之前，东南亚事实上存在着国家这一形态，虽然其政治体制不同于当时的西方国家，但西方的殖民则部分改变了相关东南亚国家的政体，并同时外溢了国界和边界等威斯特伐利亚国际体系规范。此外，西方殖民还向东南亚扩散了作为国家的基础性概念的"民族"，这一规范在塑造东南亚"民族国家"这个该地区此前从未有过的政治形态的同时，也激发了当地的民族主义，后者对于西方殖民的抵制与对抗态度，使得民族国家规范在东南亚的渗透，整体上呈现出规范外溢的特征。正如欧文所指出，自 18 世纪末，西方人及西方观念深刻

---

① T. N. Harper, *The End of Empire and the Making of Malaya*, p. 1.
② 姜守明：《英帝国史》（第一卷），江苏人民出版社 2019 年版，前言第 6—7 页；第 17 页。
③ ［新西兰］尼古拉斯·塔林：《剑桥东南亚史》（第二卷），第 6—11 页。

影响了整个东南亚地区。其中,民族的概念是在欧洲发展起来的,用以充实国家这一概念。但是,在东南亚国家,这个概念是既有分裂性又有统一性的。[1] 东南亚国家具有多民族的特征,并且这种多民族又近似于多个部落,即使在相对统一的王权或中央权威的统治下,东南亚国家又具有普遍的多元文明特征。东南亚地区是当代世界上民族分布最复杂的地区之一,该地有多少个民族,至今并无精确的数字,即使在二战前后该地区各国脱离西方殖民体系之后,东南亚面临的首要问题仍是如何在各民族中形成主权国家的观念,而各民族之间文化传统、语言、风俗习惯等的差异加剧了民族—国家形成的艰巨性。[2] 但是,毋庸置疑的是,英国等西方国家在殖民东南亚的时候已意识到,塑造东南亚国家的民族国家属性不仅需要相对权威的政治力量,更需要有效的社会生活及教育等基础性改变。大约在 1850 年至 1940 年,帝国主义在东南亚地区达到高潮,在此期间,西方的殖民主义不仅强加了新的外部统治者,也带来了新的政治、经济及军事架构,其中,资本主义改变了人与生产及商品分配的关系,使得自给自足的东南亚乡村也受到政府及市场的改变;同时带来的诸如理性主义科学、个人主义、民主以及民族主义等新的观念,也在西方推广的教育及新闻业的促进下广泛传播。

因此,殖民时期英国在向东南亚的规范扩散上体现出了渗透模式,这主要源于东南亚地方性的理念与制度在殖民到来前业已存在了几个世纪,而地方性规范在接受与适应殖民主义与资本主义带来的国家、民主等新观念与新制度的时候,主要采取了协作(collaboration)的方式。[3] 协作的主要特征是,在保留传统规范的基础上,吸收外部力量带来的新规范,并在外部新规范的制度框架内运行。但是,这种运行在政治上表现为,殖民者需要当地的地方性权威的配合方才能实现统治与治理,而当地的地方性权威需要接受或承认对西方的依附关系方能得以继续生存;在文化上表现为,地方性风俗、习惯部分吸收外部理念,而非全面内化

---

[1] Norman G. Owen ed., *Routledge Handbook of Southeast Asian History*, p. 71.
[2] 王正毅:《边缘地带发展论:世界体系与东南亚的发展》(第二版),第 190—192 页。
[3] Norman G. Owen ed., *Routledge Handbook of Southeast Asian History*, p. 57.

(comprehensive internalization)。① 因此，总体而言，殖民时代英国对东南亚的规范扩散，是一种"外力"大于"内力"但又不至于完全覆盖的渗透。这里所讨论的协作，实质上即是一种规范渗透。

其次，在上述殖民时代向东南亚渗透民族国家规范的基础上，在战后出台和实践"东南亚区域合作"过程中，英国不断向该地区渗透"区域""区域合作"等规范。特别专员署向东南亚渗透的区域合作规范，首先是以"全体一致"的决策方式为典型的技术层面的规范，之所以如此，是因为特别专员署的第一属性是技术性（功能领域）的合作组织。特别专员署及其下设机构在决策程序上遵循的基本原则是全体一致，而全体一致的基础则在于协商，协商是战后初期英国重新调整与东南亚国家关系的首要规范，也是其推动的东南亚区域合作的基本操作规范。此外，英国在以协商为核心规范处理英联邦事务中形成了著名的英联邦协商制，后者主要是英国内阁或外交大臣——殖民部（自治领司）——地方长官或总督——自治领总理和内阁之间依次往返协商。② 由于特别专员署及其区域合作涉及英国在东南亚及其周边的众多英联邦成员，因而英联邦规范对相关合作具有直接的影响。又由于特别专员署建立于战后初期东南亚民族主义日益高涨的进程中，传统上英国在东南亚的殖民地逐渐地向自治领或独立国家发展，这就使得这种英联邦的协商制在特别专员署内部的实践更趋于国际体系化，即平等的主权国家间的属性表现得愈益明显。

此外，协商也是这一时期英国应对亚洲"区域合作"所奉行的基本规范，在特别专员署成立前，覆盖东南亚的主要战后国际合作组织是联合国的亚洲和远东经济委员会（Economic Commission for Asia and Far East，以下简称"亚远经委员会"），由于该委员会客观上推动了包含"东南亚"在内的区域经济合作，因而与特别专员署具有竞争关系。③ 亚远经委员会源自 1946 年 6 月联合国经济社会理事会（简称"联合国经社理事

---

① Norman G. Owen ed., *Routledge Handbook of Southeast Asian History*, p. 56.
② C. L. 莫瓦特编：《新编剑桥世界近代史》（第十二卷），第 499 页。
③ Bernard K. Gordon, "Problems of Regional Cooperation in Southeast Asia", *World Politics*, Vol. 16, No. 2, 1964, p. 222.

会"，ECOSOC）成立的战灾区重建临时委员会，1947年3月19日，联合国经社理事会全体一致决定成立亚远经委员会。在此过程中，英国即极力尝试使该组织对特别专员署的影响和干预最小化，并表现为英国向亚远经委员会大力推销协商这一基本规范。1947年3月，联合国经社理事会在起草亚远经委员会任务规定时对其所辖地理范围进行了明确界定，即"亚洲及远东"首先应包括英属北婆罗洲、文莱和沙捞越，缅甸，锡兰，中国，印度，法属印度支那联邦，中国香港地区，马来亚及新加坡，荷属东印度，菲律宾和暹罗。可见，这与一年前成立的特别专员署的地区成员构成上具有很大的重叠，但是，亚远经委员会是联合国框架内的政府间国际组织，在1947年6月亚远经委员会正式运行时，它是当时着眼于亚洲整体的唯一的政府间区域组织，相较而言，特别专员署的国际属性要弱得多。1947年7月，在亚远经委员会在纽约召开的一次全体委员会会议上，印度、菲律宾、英国等国代表就成员资格问题提出了不同意见。印度代表主张亚洲国家在亚远经委员会中拥有多数；菲律宾代表在支持印度主张的同时，建议亚远经委会地理范围内任何领地，经过经社理事会选举均可成为正式成员，未被选定的领地应可以通过协商方式参与委员会的工作；英国代表建议非自治领亦有资格成为没有投票权的"联系成员"（associate member）。最后，亚远经委员会通过了一个"共同意见"，即那些非自治的领地有资格经过申请获得联系成员的资格，并在成为联合国成员后自动获得亚远经委员会的完全成员资格。这些联系成员可以参与亚远经委员会的一切活动，并享有与完全成员同样的权利，包括在亚远经委员会任职，但不拥有投票权。[①]

因此，在二战前英国业已向东南亚扩散民族国家以及相关的基本规范的基础上，二战后特别专员署又向东南亚渗透了区域、基于政府间合作与协商的国际合作等规范，其中，全体一致又是协商与合作的基本操作规范。因此，这一时期，在英国倡导的区域合作规范不发生任何变化的前提下，东南亚接受了英国倡导的以上区域规范的部分内涵，并基于东南亚自身的社会、文化特性，对东南亚既有的一些规范加以改良，从

[①] 郑先武：《亚远经委员会区域合作实践与"亚洲方式"初创》，《世界经济与政治》2016年第12期，第45页。

而因地制宜地建构了适用于东南亚的区域认知、区域合作规范。

综上所述，英国的"东南亚区域合作"政策的提出及其从盟军东南亚司令部到特别专员署的实践，相较于法、荷、美、苏、中等其他东南亚主要域外大国，其在区域层面对东南亚的影响是持续的。特别专员署使得英国的"东南亚区域合作"实现"机构化"。但是，特别专员署的"区域合作"并非现代意义的区域合作，这主要体现在两个方面：一是特别专员署的国际性主要是借由其作为英国外交部的分支机构以及应对东南亚粮食危机而得以体现；二是特别专员署合作的国际性的主要特征，是基于传统的英帝国纽带而非真正意义上的国际联系。然而，特别专员署的实践体现了英国对自身东南亚区域身份的重新认知，即由战前确立的殖民帝国转变为战后的区域霸权，由此开启了英国在东南亚的第二轮"身份地位化"进程。在新一轮"身份地位化"的过程中，英国的"东南亚区域合作"面临着东南亚内生区域合作及区域意识同步兴起的局面，只是由于内生区域合作主体的实力普遍较弱以及各种倡议未有效付诸实践，因而英国的区域实践影响强于内生合作并体现在规范扩散上。在殖民时代所渗透的民族国家等威斯特伐利亚体系规范的基础上，特别专员署进一步向东南亚渗透了区域及区域合作这两大核心规范，而构成这两大核心规范的若干子规范，则主要体现为技术层面的全体一致规范及英帝国体制内的协商规范。无论是民族国家、区域、区域合作，还是全体一致、协商，这些规范都是东南亚本土性规范中所缺失的，但是，这些外部规范在向东南亚扩散的过程中，都受到了本土性规范的影响，它们在东南亚"落地生根"的同时，其原有内涵及功能均发生了部分变化，因而构成了规范扩散的渗透模式。

第 四 章

最高专员与英国的"东南亚区域合作"

作为英国的"东南亚区域合作"政策实践正式开端的特别专员署之建立，也开启了英国在东南亚的第二轮"身份地位化"进程。但是，在特别专员署建立前后，英国国内和东南亚乃至全球的形势都发生了急剧变化。英国的东南亚身份认知及其实践也随之转变，这集中表现在英国试图在区域霸权基础上重构一种帝国地位，由此，英国在尚未完成第二轮"身份地位化"之时便开始新一轮"身份地位化"。第三轮"身份地位化"以1948年5月最高专员麦克唐纳取代特别专员基勒恩为开端。1955年5月，麦氏被任命为英国驻印度高级专员（High Commissioner），1960年底，麦氏离任驻印度高级专员，不久后赴非洲任职。麦克唐纳任最高专员时期，既是英国的"东南亚区域合作"政策的转向期，也是一个通往新政策的过渡期。

一 东南亚最高专员与英国的区域身份变化

最高专员与特别专员在东南亚的交集，在于前者下辖于殖民部，而后者则隶属外交部，而两个上级部门在战后初期的东南亚政策上存在着明显的矛盾。特别专员的职务如前章所述。最高专员是英帝国向英联邦发展的产物。加拿大在1867年成为英帝国的第一个自治领，但彼时尚未出现"自治领"一词，[1] 1907年帝国会议才首次使用自治

---

[1] 张本英：《英帝国史》（第五卷），江苏人民出版社2019年版，第143页。

领一词。① 一战爆发前，澳大利亚与新西兰已获得事实上的自治领地位，一战爆发后，英国在未经这些自治领动议的情况下，就完全地、毫不含糊地将其裹挟进世界大战之中，因而引起自治领的不满。② 在自治领强烈要求获取与英国平等地位的诉求下，1926 年帝国会议通过了《贝尔福报告》（Balfour Report），首次对"自治领地位"（dominion status）作出官方界定，即自治领独立于英国、效忠英王、完全控制内外事务。③《贝尔福报告》也肯定了"地位平等"是指导英国与各自治领关系的根本原则，同时又强调各成员的"自愿结合"。此后，1931 年《威斯敏斯特法案》（Statutes of Westminster）从法律上确认了这种帝国内部关系，④ 该法案规定："英国君王是英联邦的象征，各成员国通过对君王的共同效忠而联合为一体。根据规定，未经过自治领议会同意，英国议会通过的法律将不再适用于任何自治领。自治领拥有制定具有治外法权效力的法律的权力。"⑤ 自治领由此在英联邦内部获得了与英国平起平坐的完全国家地位，英联邦也正式形成。

就高级专员的产生而言，如前所述，英国内阁或外交大臣——殖民部（自治领司）——地方长官或总督——自治领总理和内阁之间依次往返协商形成了联邦协商制，⑥ 这表明英联邦既不是一个统一的政治或经济集团，也不是一个军事联盟，而是一个松散的联合体。英联邦内部没有具体的组织法规，它通过召开定期或不定期的会议来加强外交等方面的联系，其中重要的有英联邦总理会议和英联邦部长会议等。⑦ 联邦协商制也表明，英联邦仅是维系英国与自治领的脆弱纽带，其关键即在于总督、最高专员等人发挥的作用。在《威斯敏斯特法案》通过之后，英国控制各自治领的筹码已经很少了，仅剩的手段就是要求各自治领都效忠于英

---

① 刘明周：《英帝国史》（第八卷），第 290—291 页。
② C. L. 莫瓦特编：《新编剑桥世界近代史》（第十二卷），第 499 页。
③ J. M. 罗伯茨：《欧洲史》（下册），第 589—590 页。
④ 文学：《英法在东南亚的殖民模式及影响研究——以马来地区和印度支那地区为例》，第 60—61 页。
⑤ 王振华：《英联邦兴衰》，中国社会科学出版社 1991 年版，第 178—181 页。
⑥ C. L. 莫瓦特编：《新编剑桥世界近代史》（第十二卷），第 499 页。
⑦ 王绳祖主编：《国际关系史》第五卷，世界知识出版社 1996 年版，第 323—324 页。

王。为体现英王的权威，英国在各自治领都设置了英王的代表——总督，①但总督的设置须征得各自治领政府的同意。总督既是自治领、殖民地宪法上的首脑，也是对英国负责的行政和外交官员。自1928年起，英国开始与各自治领互派外交代表——高级专员。在高级专员与总督的关系上，一般而言，前者是联合王国政府的代表，而后者只是英王在自治领的象征，但是两者的行政权强弱会因时因地而有所不同。通过高级专员这一外交代表，英国与各自治领建立了一种日常的外交磋商和互相交流情报的正式联系制度；此外，这种联系还借由英国首相和自治领总理之间的直接交往，以及自治领外交部和英联邦关系部的联系及协商处理外交问题等渠道而得到维系。②

在此背景下，在1946年3月基勒恩成为特别专员后不久，5月21日，麦克唐纳被任命为马来亚联邦及新加坡的大总督（Governor-General），③麦克唐纳对特别专员的行动表现出"慷慨支持"。④至1948年5月，特别专员署被合并进英国驻马来亚大总督府（Malayan Governor-General's office）后，麦克唐纳改任英国驻东南亚最高专员。最高专员的职权范围不再限于对英国在该地的五个领地——马来亚、新加坡、沙捞越、北婆罗洲、文莱——的政治、经济及防务政策进行协调，而是旨在建立英国对除菲律宾以外的整个东南亚地区的政治影响，塑造英国在东南亚的"精神领导"地位。⑤虽然最高专员在行政上并没有超越总督的权力，但其设立实际上是合并了特别专员署，因而其职权势必有所增强。更重要的是，最高专员的设立也意味着英国在处理东南亚问题上更具区

---

① 刘明周：《英帝国史》（第八卷），第292—293页。
② 王绳祖主编：《国际关系史》（第五卷），第323页。
③ 当时，马来亚联邦的总督为爱德华·根特，新加坡的总督为查尔斯·吉姆森（Charles Gimson）。David Lea, Colette Milward, and Annamarie Rowe, eds., *A Political Chronology of Southeast-East Asia and Oceania*, First Edition, London: Europa Publications Limited, 2001.
④ Paul Preston and Michael Partridge eds., *British Documents on Foreign Affairs*, F6151/6151/61, No. 1, P5 – 13.
⑤ 最高专员职权内的东南亚涵盖上述五个领地以及缅甸、暹罗、印支三国（越南、老挝、柬埔寨）、荷属东印度（印尼）及中国香港等地。参见 Clyde Sanger, *MacDonald: Bring an End to Empire*, Buffalo: McGill-Queen's University Press, 1995, p. 342；[新西兰] 尼古拉斯·塔林：《剑桥东南亚史》（第二卷），第471页。

域性。此外，成为最高专员后，麦克唐纳还身兼特别专员署时期成立并仍在运作的英国远东防务协调委员会的主官，这为英国的"东南亚区域合作"转向埋下了重要伏笔。

英国的"东南亚区域合作"主要推动者由从外交部派驻的特别专员署转为殖民部管辖的最高专员，这种变化首先源于特别专员署设立之后英国政府内部政争的继续。在特别专员署设立之前，英国外交部与殖民部在东南亚政策规划方面就有着显著分歧，这种部门间竞争与矛盾在特别专员署建立后依然如故，为英国"东南亚区域合作"政策的第一次转变埋下了伏笔。特别专员署建立后，一系列内外因素的变化导致殖民部所提出的区域规划的重要性得到提升。首先，英国面临着严峻的财政危机，而特别专员署的规模与开支又日趋庞大。1947年，英国国内爆发了经济危机，政府面临着严重的财政赤字问题。从特别专员署建立至1946年7月末，特别专员署的人员规模约200人，机构运行的年度支出约15万英镑。至1947年3月，其人员规模已增加至500人左右，1946年2月至1947年6月30日该机构的支出总计约42.43万英镑，支出总额为预算总量的两倍多。[1] 在东南亚区域层面，1945年5月发布的《缅甸白皮书》规定，英国总督直接统治缅甸3年后将给予缅甸以"自治领地位"；1947年7月，自治领事务部更名为英联邦事务部；[2] 1948年2月4日，锡兰正式成为英联邦的自治领。英国在该地面临的自治领事务压力日增。东南亚自治领的增加也意味着自治领事务部、殖民部权责的同步提升，外交部的事权相应削弱。就这种内部政争所体现的自我身份认知差异而言，外交部对英国在东南亚的区域身份认知是区域霸权，而殖民部试图在英联邦基础上恢复战前殖民模式，同时排斥域外国家卷入并干涉英国在东南亚的事务。这表明，殖民部对英国在东南亚的区域身份认知仍是帝国，但殖民部与外交部有一点是共同的，即英国仍希望依靠原有的帝国联系来推动其"东南亚区域合作"的实施。

---

[1] A. S. B. Olver, "The Special Commission in South-east Asia", *Pacific Affairs*, Vol. 21, No. 3, 1948, p. 29.

[2] 钱乘旦主编、刘明周著：《英帝国史》（第八卷），第299页。

第四章　最高专员与英国的"东南亚区域合作"　　83

　　另外，域外大国在东南亚的地位关系，推动了英国派驻东南亚机构及其职权的变化，即从外交部的特别专员署转为殖民部的最高专员。这种东南亚大国竞争关系的变化，主要反映在由美国主导的亚远经委员会的建立及其与特别专员署日益突出上的区域主导权竞争。如前章所述，特别专员署与亚远经委员会在成员构成及职能上存在很大的重叠，而后者因其作为联合国内部的准政府间国际组织且所辖范围大于特别专员署，因而对特别专员署的实践构成强烈竞争关系。此外，由于亚远经委员会属于联合国框架，战后初期美国又在联合国内享有高度话语权，亚远经委员会也因此成为美国影响亚洲及远东的主要工具之一。亚远经委员会与特别专员署的竞争，折射出战后初期英美在东南亚的身份转换与地位之争。

　　如前章所述，英国起初并不支持设立亚远经委员会，因为这会影响英国的全球利益，但是，在1947年亚远经委员会建立后，英国又转而支持该组织，在这个转变中，基勒恩的意见发挥了重要影响。基勒恩指出，英国如何最好地利用亚远经委员会在短时间内还不明朗，但他本人支持英国在其中发挥一定的领导角色，并欢迎该组织与特别专员署建立友好而紧密的联系。白厅随后成立了一个关于亚远经委员会的部门间特别工作组。但是，英国建议在亚远经委员会与特别专员署之间建立正式联系的意见，在一开始便被亚远经委员会中众多的亚洲国家以及苏联和美国所否决。英国的这一外交努力，直至1947年11月至12月在菲律宾举行的亚远经委员会第二次会议上才取得了初步成果。在此次会议上，亚远经委员会同意建立与特别专员署的友好工作关系，两个组织将交换联络官，并在各自举行经济会议前知会对方。由此可见，亚远经委员会客观上推动了包含"东南亚"的区域经济合作，[①] 但也因其准政府间国际组织的地位高于作为英国外交部派驻机构的特别专员署，因而在与特别专员署的竞争中占据优势。尽管基勒恩对亚远经委员会逐渐持积极态度，但亚远经委员会则对特别专员署持怀疑、消极甚至反对态度，因而阻碍了特别专员署的运作。

---

① Bernard K. Gordon, "Problems of Regional Cooperation in Southeast Asia", *World Politics*, Vol. 16, No. 2, 1964, p. 222.

在上述不利的国内及国际环境下,1947年初,英国外交部派遣理查德·艾伦(Richard Allen)到新加坡调研特别专员署的裁员可能性及具体方案。艾伦返英后,提交报告强烈支持继续特别专员署的工作。他指出,特别专员署有利于强化英国的区域影响力及应对粮食危机,该组织也是建立区域委员会的理想起点,而且,基勒恩在上任至今亦展现出卓越的组织能力。艾伦认为,总体而言,特别专员署是英国影响东南亚的焦点。此外,就特别专员署与东南亚其他域外大国的关系,艾伦在报告中指出,法国与荷兰似乎认为特别专员署是一个良好的开端,并愿意与其协作,联合国经社理事会计划建立亚远经委员会,但它不能取代特别专员署已有的多项行政职能。事实上,艾伦看到了特别专员署与马来亚大总督府之间的诸多重叠之处,他认为最佳的解决办法是合并这两个机构。① 作为特别专员署建立过程中的主要策划者,邓宁一开始极为反对合并这两个机构,但财政部在1947年4月末的部门间会议上坚信认为,有效削减英国在新加坡的开支是降低英国在东南亚财政负担的唯一有效出路,并且所有的参会人员都认为,合并两个机构并不是放弃对东南亚政治的、经济的、文化的事务的协调政策,尤其是外交部代表也认为合并意味着英国在东南亚政策协调能力的提升。邓宁最终同意合并。在争论特别专员署去留的过程中,基勒恩则被指示其职权暂时限于在管控大米、煤炭、食用油领域采取行动。但是,基勒恩在获悉合并决定后仍坚决反对,因此白厅不得不在1948年3月将其召回,而不是让他继续留任至5月与麦克唐纳交接。

1948年5月1日,特别专员署被合并进马来亚大总督府,麦克唐纳被正式任命为英国驻东南亚最高专员,次日,麦克唐纳赴新加坡履新。② 由于隶属于殖民部的最高专员合并了特别专员署,而不是后者自动终结,因此,最高专员将在很大程度上需要延续特别专员署的区域合作职能,这就意味着最高专员将不能一味地受此前殖民部东南亚方案的影响而排

---

① Nicholas Tarling, *Britain, Southeast Asia and the Onset of the Cold War, 1945 - 1950*, pp. 190 - 191.

② Paul Preston and Michael Partridge eds., *British Documents on Foreign Affairs*, F11767/286/61, No. 4, p. 339.

斥"区域合作"。两个机构合并之后，最高专员在东南亚的职责主要包含两个部分：一是殖民事务，二是外交事务。此外，最高专员还继续身兼特别专员署时期特别专员在英国驻东南亚其他政府派出机构如英国远东防务协调委员会、政治委员会等机构的职位。后来的实践表明，与特别专员署相比，最高专员在延续其区域职能的同时，尤为强调区域政治—安全建设。

区域政治—安全并非最高专员上任后的新起领域，而是体现出从特别专员署到最高专员之权责的延续和发展。虽然特别专员署主要是一个经济部门，但在其建立之初，基勒恩便寄望从技术合作拓展到更广泛的区域合作，通过区域合作将东南亚建设为英联邦的重要战略堡垒。基勒恩的这一理念契合了时任外交大臣贝文的想法。在基勒恩向贝文提出这一看法后不久，贝文在战后首次英联邦首脑会议上与澳大利亚、新西兰政府官员的对话中，借机提出了开展"东南亚区域合作"的重要性，而贝文这种合作的初衷即是区域防务合作。[①] 此后，基勒恩对东南亚民族主义发展的认知，进一步强化了其在特别专员署基础上拓展更广泛的合作的意愿。1946年12月，基勒恩在给外交部的电报中反映了他对当时东南亚民族主义发展的观察与认知。他写道，当年10月，一支小规模的苏联军事代表团抵达印度支那，而更早前一艘苏联军火船也通过了新加坡海域。但是，没有明确证据表明苏联试图联系周边沿岸的颠覆性力量。此外，苏联还在曼谷和新加坡设立公使馆和一些广播电台。基勒恩认为，菲律宾有的民族主义有国内外双重来源，印度支那、马来亚、缅甸、泰国以及荷属东印度也多多少少受到影响，但是很难有明确的证据表明，该区域民族主义的活动受到苏联的影响或指示。[②]

至1947年7月，基勒恩的认知已发生变化。他在一份电报中指出，自今年1月以来，他没有再收到苏联官员访问东南亚的报告。苏联在东南亚唯一的扩张行动是广播。因此，基勒恩仍认为，此时东南

---

① Tilman Remme, *Britain and Regional Cooperation in South-east Asia, 1945 – 49*, pp. 51 – 52.
② Paul Preston and Michael Partridge eds., *British Documents on Foreign Affairs*, F18057/87/61, No. 118, pp. 447 – 448.

亚与苏联没有直接的领导或被领导关系，此外，在东南亚各国民族主义力量的起源与性质均不尽相同。在缅甸的民族主义起源于本土，并对本国安全构成了直接威胁，并没有证据表明其与外界存在直接联系。在马来亚和暹罗则恰恰相反它们受到了外部力量的直接影响。在荷属东印度及法属印度支那，民族主义是土生土长的。① 1947 年 8 月，基勒恩主导的英国远东防务协调委员会对东南亚共产主义的认识发生突变，他和委员会认为，在当前状态下，民族主义的兴起是防务压力最大的问题，英国需要与美国、澳大利亚、新西兰就防务问题开展更紧密的协作。②

麦克唐纳赴任最高专员后，由于身兼英国远东防务协调委员会的主官，自然而然地，英国派驻东南亚的主要机构倾向于更加关注英国在东南亚领地的安全利益以及区域防务安全，此前基勒恩对东南亚民族主义发展的认知转变至最高专员时期对区域安全的重视，这是英国区域政策重心转移的重要契机。1948 年 12 月 8 日，英国外交部发布的《共产党在东南亚的战略大纲》(*Draft Outline of Communist Strategy in South-east Asia*) 指出，东南亚是西方的利益攸关场所，一是因为这涉及相关国家的防务利益问题，二是因为这关乎苏联的战略问题。在东南亚的绝大多数地方，虽然苏联尚未完全准备好，但它正在尽其所能地发展力量。大纲还引述了麦克唐纳的新认知，即在过去两年里，马来亚民族主义力量试图掌控贸易联盟的领导权，并渗透进政治集团以获取权力。随着时间的推移，他们取得的成功越来越少。③

1951 年 6 月末，史班纳发布了一份评估东南亚形势的备忘录。他指出，1950 年 5 月，东南亚激进民族主义支持的革命运动尚是零星的，但此后形势便发生了转折。1950 年 6 月，朝鲜战争爆发，东北亚"冷"战突然变"热"战。东南亚多国可能面临现政权被颠覆，泰国、缅甸

---

① Paul Preston and Michael Partridge eds., *British Documents on Foreign Affairs*, F9979/90/61, No. 3, pp. 21 – 23.

② Paul Preston and Michael Partridge eds., *British Documents on Foreign Affairs*, F11894/25/61, No. 4, pp. 28 – 29.

③ Paul Preston and Michael Partridge eds., *British Documents on Foreign Affairs*, PR1231/860/913, No. 5, pp. 345 – 349.

及印尼均可能面临此种威胁。从安全的角度来看，东南亚在朝鲜战争的结局中有关键利益，在围绕对日本和平条约的外交斗争中也有关键利益，同样在中国内外政策的发展中也有关键利益。当前，尤其是在马来亚，英国需要动用军事与政治的手段来挫败当地的激进民族主义。对于英国在东南亚的经济政策，其指向长期以来是不言而喻的，此即对当前形势的最根本的回应就是经济发展，必须提高欠发达地区的生活水平。维持稳定的另一个更深层次的重要因素是粮食贸易管控，东南亚的生产国可以通过卖出粮食获得可观的利润，消费国可以获得这些基础食品的稳定供给。去年，这项尝试已经通过最高专员加以实践。对于史班纳的认知，麦克唐纳指出，他非常同意上述认知，同样认为英国有时面临着激进民族主义的"军事威胁"，英国必须采取措施加以对抗。①

综上所述，从特别专员署到最高专员，英国的"东南亚区域合作"中将东南亚本土兴起的民族主义势力或政权，从一个非主要安全威胁上升为一个主要安全威胁，从一个国家安全威胁上升为一个区域安全威胁。这一变化的主要转折点并非出现在最高专员的任命上，而是出现在最高专员上任后在1948年发生的马来亚"紧急事件"上。马来亚"紧急事件"的发生与最高专员的职权及麦克唐纳本人的认知有着直接的关系，该事件也是英国"东南亚区域合作"政策的实践重心转向的风向标，即从此前的应对粮食危机及经济领域的"技术性合作"，转向区域层面的政治—安全合作。

二 马来亚"紧急事件"与英国东南亚政策转向

最高专员上任之后，英国对东南亚民族主义的态度较之此前发生了显著变化，英国对马来亚政策的转变是这一变化的主要体现。史班纳在

---

① Paul Preston and Michael Partridge eds., *British Documents on Foreign Affairs*, Part V, Series E, *ASIA 1951*, Vol. 2, *Siam, Burma, Indo-China, Indonesia, Nepal and Philippines*, 1951, FZ1015/63, No. 9, pp. 129 – 130.

1950年5月17日给贝文的电报中指出，东南亚这一区域有两个关键点，即印度支那和马来亚：前者的关键在于，如果它们的现政权被取代，泰国和缅甸也将难以幸免；后者的关键在于，它既是英国向美国出口原材料获取美元的重要收入来源，更是检验英国在东南亚实力和决心的关键，马来亚可以成为当前东南亚政治进程与经济稳定的中心，并形成对区域的辐射作用。① 从特别专员署到最高专员履职初期，英国越来越关注东南亚的区域政治—安全事务，其中，1948年7月发生的马来亚"紧急事件"，对英国在东南亚区域战略重心转移及其"东南亚区域合作"政策转向均有关键作用。

英国对马来亚的政策变化，完全是由于形势发展所致。二战前，英国对马来亚的殖民统治主要由三个部分构成：一是新加坡、槟榔屿、威斯利省、马六甲所组成的海峡殖民地，该殖民地于1867年改隶为英国直辖殖民地；二是霹雳、雪兰莪、森美兰、彭亨所组成的马来联邦；三是吉打、玻璃市、吉兰丹、丁加奴、柔佛所组成的马来属邦。其中，马来联邦由海峡殖民地的派驻官所统治，而马来属邦则由海峡殖民地派出的政治顾问所控制。② 二战爆发后，英国当局不得不重新考虑其在马来亚的殖民政策。英国殖民部承认，战前英国在马来亚的殖民统治存在诸多缺陷，马来半岛的迅速陷落很大程度上是由于马来亚分散的统治方式。因而麦克唐纳于1946年4月被委任为马来亚联邦和新加坡的大总督之时，其首要任务便是推动马来亚的联邦进程。

但是，英国的马来亚计划的形成与实施，面临着英国国内政治与马来亚方面的双重阻力。③ 二战期间，英国国内相关方面提出了一个关于马来亚的初步方案，建议将马来诸邦、海峡殖民地、北婆罗洲、沙捞越和文莱合为一个实体，以新加坡作为"天然的贸易和通讯中心"。但是，该方案被以不成熟为由遭到否决。不久，根特又提出一个替代性方案，即将海峡殖民地予以拆分，把原来4个加入联邦的马来土邦和5个没有加入

---

① Paul Preston and Michael Partridge eds., *British Documents on Foreign Affairs*, Part IV, Series E, ASIA 1950, Vol. 11, South-east Asia and the Far East, Indonesia, Nepal and Philippines, Jan. 1950 - Dec. 1950, FZ10114/17, No. 8, p. 89.

② 张祖兴：《英国对马来亚政策的演变（1942—1957）》，序言第2页。

③ 庞卫东：《新加坡与马来（西）亚的合并于分离研究：1945—1965》，第70页。

联邦的马来属邦、霹雳以及马六甲合成为一个马来亚联盟,而把新加坡单列出来,作为负责协调英国对该地区所有领地政策的大总督驻地。① 对于将新加坡分离出来,张祖兴认为,英国的真正动机是打算长期占领新加坡这一战略要地,作为英国继续在远东发挥影响的桥头堡。② 英国战时内阁同意将新加坡分离出来之后,就不再细致考虑其未来前途,而殖民部则专心致志地处理马来半岛上的复杂事务。在经历了长时间的军事统治之后,英国期望新加坡成为"一个哥伦比亚特区",即英国在东南亚的大总督驻地,并拥有自己的地方政府。③ 1944 年 5 月 31 日,英国战时内阁批准了马来亚计划小组提交的马来亚新宪制计划。该计划包括两项主要内容:一是迫使各邦苏丹交出统治权,并将 9 个土邦、槟榔屿和马六甲组成中央集权的马来亚联邦,新加坡分离出来成为皇家殖民地,直属殖民部管辖。此举既有对日占马来亚时期苏丹与日本合作从事反英活动的惩罚之意图,也有通过将一切政治权力集中到英国总督手中以强化英国对马来亚控制之企求。二是打破公民身份只授予马来人的传统,将公民权广泛授予华人和印度人,非马来人将与马来人享有同等的政治权利。④

二战结束后,马来亚及新加坡的民族主义与共产主义迅速发展,打乱了英国原有的计划。日本投降后,马来亚和新加坡曾出现为期两周左右的权力真空期,其时,人民抗日军基本接管权力并维持着秩序。1945 年 9 月 5 日,英军"重返"马来亚并即刻成立临时军政府,不久,人民抗日军被缴械并解散。⑤ "重返"马来亚的英国意识到,当前马来亚和新加坡人最关心的不是政治变革,而是粮食问题。但是,英国在第一时间并未着手解决粮食危机,而是带来了一个激进的政治重组新计划。1946 年 1 月 22 日,英国工党政府正式公布了《马来亚联邦计划白皮书》,意

---

① [英]康斯坦丝·玛丽·藤布尔:《新加坡史》,第 297—298 页。
② 张祖兴:《英国分离新加坡之动机考》,载《厦门大学马来西亚研究所成立暨"马来西亚与中马关系"国际研讨会论文集》,厦门大学,2005 年,第 170—177 页。
③ "Constitutional Reconstruction in the Far East", 21 July 1943; and revised Colonial Office memorandum, 30 July 1943, CO 825/35 I, 转引自[英]康斯坦丝·玛丽·藤布尔《新加坡史》,第 301 页。
④ 庞卫东:《新加坡与马来(西)亚的合并分离研究:1945—1965》,第 70 页。
⑤ 廖文辉:《马来西亚史》,第 319 页。

欲彻底颠覆马来亚的政治秩序，因而激起了当地的族群冲突。① 2月7日，英国下议院通过了《废止海峡殖民地法案》，正式将新马拆分，新加坡成为英国直辖殖民地。英国"重返"新加坡时，也设立了英国军政府，由蒙巴顿负责。1946年4月1日，英国取消军政府，改设所谓的民事政府，任命拉尔夫·霍恩（Sir Ralph Hone）为马来亚首席民事官（Chief Civil Affairs Officer for Malaya）；帕特里克·麦克伦（Patrick McKerron）为副民事官，后者接替蒙巴顿负责新加坡事务。② 塔林指出，至1947年末，英国已经解决了准许缅甸独立的问题；英国还决定维持其在婆罗洲的新殖民政策以对抗沙捞越内部和北婆罗洲外部的反抗力量；英国或多或少地放弃了印度支那地区大国协调的期望，开始逐渐与越南保大政权保持一致；英国还事实上放弃了对暹罗的要求，接受暹罗政治不稳定的现实，以展示其盟友姿态；英国开始与菲律宾商谈友好条约；英国还终止了在印尼扮演主要调解人的角色。这表明，英国下定决心把主要精力放在马来亚，以建立一种马来亚人能够接受的联邦架构。对马来亚的政策调整，成为英国的东南亚政策转变的关键。③

由于"马来亚联邦计划"招致了各方的强烈反对，1946年12月，时任马来亚联邦及新加坡大总督的麦克唐纳公布了"马来亚联合邦计划"。1948年1月31日，马来亚联合邦（不含新加坡）正式建立，根特任总督。此后，麦克唐纳前往加拿大、英国度假，5月，麦氏转任最高专员。④ 短短两个多月之后，1948年7月12日，英国殖民政府颁布了《紧急状态条例》（Emergency Regulation），宣布全马来亚进入"紧急状态"。此间的主要变化源于英国对马来亚乃至整个东南亚的民族主义的认知发生转变，而麦克唐纳向英国所反馈的信息及其本人凭借最高专员职权在东南亚的举措，在其中发挥了关键作用。

马来亚"紧急事件"之所以发生，马来亚共产党及其活动是一个重要因素。在战后东南亚民族主义发展的浪潮中，马来亚民族主义积极推

---

① ［英］康斯坦丝·玛丽·藤布尔：《新加坡史》，第297页。
② 陈鸿瑜：《新加坡史（增订本）》，第46页。
③ Nicholas Tarling, Britain, *Southeast Asia and the Onset of the Cold War, 1945 – 1950*, C p. 267.
④ Clyde Sanger, *MacDonald: Bring an End to Empire*, p. 293.

动去殖民化。1945年8月15日至1948年6月20日被称为马共史上的"和平宪制斗争时期",① 当时,马来亚联合邦虽然已经成立,但基本上仍然是作为英国的殖民地,政治上并没有太大的改变,加上马共的活动经常常遭英殖民当局的镇压,无法取得当政者的认同。② 于是在1946年至1947年间,马来亚爆发了300场至600场的罢工,仅1947年就有219次大罢工。③ 随着英国殖民政府与马共的矛盾进一步激化,马共认为自己迟早会被英殖民政府取缔,于是决定改变策略,放弃以宪制手段达到政治目标的方式,马共中央激进派建议,与其坐以待毙,不如主动采取行动,转而积极准备武装起义。④ 马共的抗英斗争随之进入"武装斗争期"。1948年4月,马共实施动员,组织"民运"、提供物资援助和情报,并招收志愿军,将未缴付的武器捡出,组织马来亚民族解放军(Malayan Races Liberation Army),在丛林打游击、攻击警局、刺杀欧洲种植园主和国民党人员、发动罢工。⑤ 1948年5月,马来亚发生了6个橡胶园工人被民族主义者杀死事件;6月16日,霹雳州和丰县的3名欧洲种植园主及其2名华人助手共5人被杀。⑥

麦克唐纳本人的政治权力动机,对马来亚"紧急事件"的发生起到了推波助澜的作用。麦克唐纳虽然在5月初就任最高专员,但他在行政上没有超越根特和吉姆森这两个总督的权力。然而,在目睹了5月的形势变化后,麦克唐纳主动推动根特对马来亚形势予以强硬应对。6月6日,麦克唐纳发表了题为《国际共产主义的无休无止的导演》的广播讲话,对共产主义大加指责,同时又将矛头对准了"态度犹豫又软弱"的根特。同日,1300名中国及印度工人被从柔佛州的住所中驱离,麦克唐纳于是飞赴香港及南京,向中国解释马来亚为何要驱逐成百上千的民族

---

① 陈剑:《冷战与东南亚共运的兴衰:马共革命沉浮录 1948年马来亚共产党武装起义的回顾——马来亚共产党是否有起义的计划》,载《冷战国际史研究》2009年第1辑,世界知识出版社2009年版,第351—352页。
② 张祖兴:《英国对马来亚政策的演变(1942—1957)》,序言第4页。
③ 庞卫东:《新加坡与马来(西)亚的合并于分离研究:1945—1965》,第82—83页。
④ 陈剑:《冷战与东南亚共运的兴衰:马共革命沉浮录 1948年马来亚共产党武装起义的回顾——马来亚共产党是否有起义的计划》,第357—358页。
⑤ 廖文辉:《马来西亚史》,第325页。
⑥ 庞卫东:《新加坡与马来(西)亚的合并于分离研究:1945—1965》,第82页。

主义分子。但在麦克唐纳返回前，霹雳州发生了种植园主被射杀事件。6月17日，在种植园主代表们的集体施压下，根特宣布霹雳州及柔佛州部分地区进入"紧急状态"。6月18日，《海峡时报》发布社论，宣布马来亚进入"紧急状态"。6月24日，吉姆森宣布新加坡进入"紧急状态"。此后，麦克唐纳又与根特在如何实施"紧急状态"上产生了分歧。麦克唐纳主张每一个被认定的颠覆分子，对其住所需派10人加以警戒，在特殊警察部队组建前，由军队加以警戒。根特强烈反对动用军队。此外，麦克唐纳还提出，应在所有州都建立安全委员会，并组建一个由英国远东防务协调委员会负责的"中央计划委员会"，以协调各州安全委员会与英国远东防务协调委员会的工作。由于麦克唐纳身兼英国远东防务协调委员会主席之职，因而这个旨在强化麦氏职权的建议招致根特的强烈反对。根特认为，在马来亚的相关行动，完全属于总督职权范围之内。但是，麦克唐纳的建议得到了英国远东防务协调委员会的支持。6月26日，伦敦电报通知根特，召其回国。在7月4日飞回伦敦途中，由于其所乘坐的飞机与另一架飞机相撞坠毁，根特不幸身亡。在此后的3个月中，白厅始终没有确定根特的继任者，因此，麦克唐纳的职权事实上得到强化。①

在根特遇难后的7月12日，马来亚的英国殖民政府受麦克唐纳意见的影响，在全马范围内实施《紧急状态条例》，宣布"左翼政党和左翼团体为非法组织，禁止它们从事激进民族主义活动；可以未经审讯而扣留任何涉嫌激进民族主义者；将干扰或破坏国家安全者驱逐出境；凡是与激进民族主义者串谋、非法拥有武器、恐吓公众人士以及援助激进民族主义者都将被判处死刑"。张祖兴指出，"紧急状态"是英国官方的说法，指的是英国殖民当局以《紧急状态条例》对付马来西亚的武装斗争，其实质就是内战。英国殖民当局实施紧急状态长达12年之久，直到马来西亚独立时仍未结束。② 在军事上，进入"紧急状态"后，英国对马共的围剿进一步升级。1948年7月15日，英国"恩尼斯基伦燧发枪团号"（Royal Inniskilling Fusiliers）军舰从中国香港驶向新加坡，进一步强化

---

① Clyde Sanger, *MacDonald*: *Bring an End to Empire*, pp. 293–296.
② 张祖兴：《英国对马来亚政策的演变（1942—1957）》，第19页。

"围剿"。① 此外，英国殖民当局还调动英军、廓尔喀佣兵、英联邦国家军队、马来兵团及警察部队，在各地进行"剿共"行动，但是初期成效并不显著。不久后，英国开始实施哈罗德·布里格斯（Harold Briggs）制定的"布里格斯计划"，将散居在森林与矿区边缘的居民集中在所谓的"新村"中，以切断马共的情报来源。这样，"围剿"初步取得成效。②

因此，马来亚"紧急事件"是英国东南亚政策的转折点，它标志着麦克唐纳上任后将英国政策的直接目标从应对粮食危机调整为遏制区域安全威胁。该事件后，英国认为东南亚共产主义不再是马来亚及东南亚个别国家的问题，而是一个区域性问题，共产主义是英国在东南亚恢复帝国地位的一大主要障碍。

麦克唐纳对于中国与东南亚民族主义之关联的认知，有着特定的历史背景，即中国与东南亚在民族主义革命上有着长期的联系，而随着中国解放战争的形势变化，这种联系与影响逐渐被夸大化。二战前，中国对东南亚的革命意识形态输出确有其情其事，这主要体现在辛亥革命及其革命思想的影响上。林金枝指出，辛亥革命对东南亚的影响，最直接、最迅速、最深刻的对象是越南，其次是印尼和马来亚。在越南，辛亥革命的爆发直接鼓舞了越南人民坚决走上民族解放斗争的道路，如越南维新会就受到辛亥革命的直接而深刻的影响。同时，孙中山领导的辛亥革命和中国革命党人对20世纪初越南民族解放运动，提供了有利条件和许多帮助，无论在政治上、思想上、组织上、行动上，都起了相当的影响作用。这具体表现在：提供越南革命活动的经费；提供越南光复会在广州的活动据点；成立振华兴亚会；推动越南反法殖民主义斗争的高涨。在印尼，辛亥革命对印尼民族解放运动起到了比较明显的影响。正是印尼的华侨把中国同盟会及辛亥革命的革命思想传入印尼，促使印尼民族觉醒和民族解放运动的发展。如上文所及，二战后，苏加诺"建国五基"的形成也受到了孙中山三民主义思想的直接影响。在马来亚，20世纪初，该地的民族解放运动与孙中山领导的中国革命曲折起伏有着直接联系。在辛亥革命不断高涨的影响下，马来亚、新加坡等地

---

① 陈鸿瑜：《新加坡史（增订本）》，第49页。
② 廖文辉：《马来西亚史》，第326、328页。

出现了许多政治组织，革命性质的俱乐部和书报社四处可见。为了防止革命思想的传播和马来亚人民的反英斗争，英国殖民政府当局实行政党登记制度，禁止国民党在新加坡的活动。但殖民者的这些措施已不能制止马来亚的革命活动。马来亚第一批民主职工会即是在孙中山的直接影响下组织起来的。①

正如雷姆指出的，1948年马来亚"紧急事件"成为战后亚洲历史的分水岭，它标志着冷战从欧洲和中东扩展到东南亚地区。② 事实上，这种扩展不只是全球冷战覆盖东南亚，而且是东南亚冷战与全球冷战的两相接轨。到麦克唐纳赴任最高专员之时，中国的解放战争态势已开始逆转，新中国成立后，英国将中国视为一种意识形态领域与现实力量层面的双重安全威胁。③ 对于苏联在东南亚的影响，英国认为，虽然没有直接证据表明苏联在指挥和协调东南亚的共产主义，但这种可能性依然很高，至少苏联向东南亚输出了意识形态与革命。对于东南亚共产主义的新形势，麦克唐纳建议：相关各国进一步交换安全情报；英国远东防务协调委员会吸纳东南亚当地的荷兰及法国代表加入；英、法、荷三个东南亚主要的域外大国应强化已有对话机制。④ 这是英国进一步强化其东南亚政治—安全合作的一环。更为重要的是，在这种区域政治—安全转向过程中，英国主动将东南亚引入冷战。进入20世纪50年代后，随着美国在东南亚地位的日益提升，英国的"东南亚区域合作"的机制化进程进一步强化，在东南亚的区域合作逐渐形成了两大主要路径：一种以经济—社会为主要合作领域，同时也带有明显的政治目的；另一种以直接的防务建设为主要领域。在这两种路径中，前者以英国倡议并领导的科伦坡计划为典型，后者以美国倡议并领导、英国参与的东南亚条约组织为典型。

---

① 林金枝：《辛亥革命与孙中山思想对东南亚民族解放运动的影响》，《华侨大学学报》（哲学社会科学版）1992年第1期，第47—54页。

② Tilman Remme, *Britain and Regional Cooperation in South-east Asia, 1945–49*, p. 126.

③ CAB158/9, "Communist Influence in South and S. E. Asia and the Far East", Chiefs of Staff Committee, Joint Intelligence Committee, 1950. 3. 8.

④ Tilman Remme, *Britain and Regional Cooperation in South-east Asia, 1945–49*, pp. 129–130, 133.

三　东南亚政策转向的区域影响

最高专员时期，英国的"东南亚区域合作"政策实践实现了运行机构与政策重心转向的两大主要变化，其动因，一方面在于英国殖民部与外交部政争的延续以及该时期殖民部权势的强化，另一方面则在于英国对其东南亚区域身份认知发生了变化，即由区域霸权向帝国变化。事实上，英国的区域身份内核并未因区域实践改变而改变，其东南亚政策依旧保持在此前的"区域合作"轨道内，变化的主要方面在于"区域合作"的侧重点。此外，英国"东南亚区域合作"政策的两大主要变化在区域影响上的主要表现是，一是建立了东南亚区域性政治—安全政策，二是东南亚冷战与全球冷战相对接。

首先，由特别专员署到最高专员，英国的东南亚区域身份内核并未发生改变。特别专员署所着眼的区域霸权，事实上是传统英帝国关系在战后的延续，彼时英国处于从帝国向英联邦变化的过渡时期。最高专员所认知的帝国身份事实上已不再依托于战前的殖民帝国，或"帝国主义联邦"，[①] 而是依托战后成员间更趋于平等关系的英联邦。这个时期，英国内阁的基本意见是放弃英国在南亚和东南亚的殖民地，推动英帝国转变为英联邦。[②] 由此可见，前一种身份即殖民帝国，是英国受战争影响而被动调整的结果；后一种身份即英联邦或区域霸权，相对来说具有主动性。但是，两者的内核并未发生改变，它们都不是基于英国所建构的新的东南亚区域认知，而是依托战前英国在东南亚的帝国纽带所建构的那个区域的重现。换言之，英国与东南亚各地的联系仍是殖民主义式的"中心—外围"模式，这就决定了无论是特别专员署还是最高专员，其"区域合作"都是旨在实现英国自我利益的一项区域政策，而不可能成为指向区域公益的区域架构建设。

此外，麦克唐纳担任东南亚最高专员后，英国的东南亚区域政策仍保留在"区域合作"的轨道内。但相较于特别专员署时期，麦克唐纳时

[①]　[英] 尼尔·弗格森：《帝国》，第216页。
[②]　刘明周：《英帝国史》（第八卷），第112页。

期英国的"东南亚区域合作"表现出两个新的主要特征：一是最高专员及其附属机构推动的"区域合作"，其国际合作属性更加明显，这主要源于最高专员兼具殖民部、外交部、国防部等多个部门的部分职能，尤其是在英联邦事务的处理上，最高专员的话语权显著增强。二是最高专员时期的"东南亚区域合作"对区域政治—安全事务的关注，远远超过此前的特别专员署时期，尤其集中于共产主义"威胁"上。1948年马来亚"紧急事件"表明，英国将着手建立其区域性政治—安全政策。

其次，最高专员时期，英国的"东南亚区域合作"政策在机构重组中实现了合作重心的转移，其直接表现即是将东南亚共产主义的"威胁"由国家层面上升到区域层面。这个变化在区域层面对东南亚最大的影响，是将全球体系层面的冷战与东南亚区域层面的冷战对接起来。最高专员推动英国的"东南亚区域合作"的初期阶段，正是美苏冷战的兴起之时，因此，冷战在东南亚的形成、最高专员时期的东南亚"区域合作"政策及实践，与美苏冷战的爆发和展开、英国在全球冷战兴起过程中发挥的作用，有着直接而密切的联系。但是，前述分析表明，英国在应对东南亚区域安全威胁的过程中，并没有强调其与冷战的直接联系，最高专员在处理马来亚"紧急事件"等过程中鲜有直接提及冷战。而且，关于冷战的传统研究也普遍认为，美苏冷战的兴起覆盖并支配了东南亚，东南亚去殖民化与民族主义的发展只是冷战兴起的主要历史背景之一。[①] 换言之，东南亚在冷战兴起中是被动的接受者和受影响者。

在欧洲与冷战的起源上，英国发挥了特殊而关键的作用，这种作用已为现有研究所揭示，其主要代表即冷战起源研究的"英国学派"。正如洪邮生指出，在冷战起源研究上，20世纪50年代和60年代前期，美国的所谓"传统派"（Traditionalism）或"正统派"（Orthodoxy）占据主导地位。这一学派将苏联刻画为冷战的主要责任者。在60年代越南战争期间，美国知识界则认为冷战的主要责任在美国，从而形成冷战史学的"修正派"（Revisionism）。到70年代，冷战起源研究又形成了所谓"后

---

① 徐天新、沈志华主编：《冷战前期的大国关系：美苏争霸与亚洲大国的外交取向（1945—1972）》，世界知识出版社2011年版，第52页。

修正综合派"（Post-revisionist synthesis），其主要代表认为苏联的目标比"传统派"所断言的更为复杂和机会主义，美国外交也对冷战的爆发负有责任。20世纪80年代以后，英国学者提出，英国在冷战起源中起到了不可替代的重要作用甚至是主要作用，挑战了美国学者的主要观点和方法，形成了所谓冷战起源研究的"英国学派"。英国学者有关1945年到1946年研究成果的要旨表明，在推动与苏联的对抗过程中，英国与美国起到了同样——如果不是更加重要——的作用。英国对苏联的官方看法在1946年发生了实质性的变化，如1946年3月，丘吉尔发表了著名的"铁幕演说"。1946年春，英国外交部提出要重新考虑德国的困境。贝文于5月3日向内阁提出的一份文件中建议，要考虑一种"西方"方案，即将英国的或者西方国家的占领区作为单一的经济单位来重建德国工业和对付严重的经济危机。这份文件也被人称为"英国遏制政策的主要来源"。[①] 但是，无论是传统派、修正派、后修正派还是英国学派，他们在拓展国别视阈的同时，仍普遍将目光聚焦于欧洲、东北亚等地，将这些地区视为冷战的主要博弈场所及对外辐射中心。

在东南亚与冷战的起源上，目前主要存在两种主要观点。第一种观点与上述冷战研究若干流派的观点一致，即认为东南亚冷战是全球冷战对区域格局覆盖的结果，是美苏两国将冷战引向了东南亚。英国在其中固然发挥了一定的作用，但它主要是将体系层面的两极对抗引向了东南亚。这种认知有一定的合理性。上文从特别专员署到最高专员的分析表明，英国认为共产主义是东南亚各国普遍面临的"威胁"。基勒恩在担任特别专员的前期即认为，东南亚共产主义的发展主要是内源性的，而不同国家的共产主义之发展各有原因，其与苏联并不存在直接的联系。但后来，他逐步认为存在潜在的外部联系。而最高专员则直接将矛头指向中国与苏联。正如塔林所指出，英国对东南亚政策既受冷战转移的影响，也受东南亚自身现实变化的影响，英国在东南亚所面临的外部威胁，主要源于全球两极趋势、捷克斯洛伐克"二月事件""柏林危机"以及中国解放战争等，这些都使得英国在实现其东南亚目标时表现得更

---

① 洪邮生：《冷战起源中的"英国学派"》，载张宏毅等主编《世界现代史新论》，重庆出版社2001年版，第266—283页。

为谨慎。①

　　第二种观点则认为，东南亚的冷战主要是由域内行为体所驱动的。相对于冷战起源研究的"英国学派"，这种观点可以称为冷战起源研究的"东南亚内生学派"。卡尔·哈克（Karl Hack）与杰夫·韦德（Geoff Wade）指出，"东南亚冷战"（Southeast Asian Cold War）的兴起并不是欧洲冷战扩展所产生的新前沿，已有研究所秉持的这种扩展认知，并未充分重视国际共产主义与东南亚当地国际与地区之间的复杂互动。与"传统派"的观点所不同的是，他们认为，没有明确的证据表明1947年至1948年间苏联在东南亚开辟一条新的冷战战线，相反，东南亚冷战是内部驱动的，即主要是当地力量在意识形态及物质上借助外部行为体而形成的，而不只是大国在当地寻求联盟和战争代理人的结果。② 在马来亚"紧急事件"这一促成"东南亚冷战"兴起的关键事件上，国际、地区与国内发生了复杂的互动，马共在1948年初感受到了来自英殖民政府的强大压力，但马共当时也很清楚，时下的客观环境并不利于发动起义。但是当年3月，马共还是决定诉诸武力，并宣称起义是在国际上两大阵营形成的背景下发动的，马来亚形势由此与国际形势形成了直接联系，进而促使英国方面尤其是麦克唐纳形成了上述民族主义内外互动的认知。但是，直至1949年末，英国仍在试图避免使东南亚成为冷战的主要舞台，其在东南亚的主要政策目标仍是推动该区域的自我发展，尤其是借由西方支持的"区域合作"来实现这种发展。③ 但是，中国形势的变化、美国在东南亚日益强大的影响力以及东南亚本地共产主义与国际共产主义的互动，使得英国的"东南亚区域合作"将共产主义视为主要区域安全威胁，进而决定诉诸遏制政策。

　　因此，综合上述两种观点以及前述马来亚"紧急事件"所带来的英国东南亚政策的转向，可以得出结论认为，最高专员上任后英国东南亚

---

① Nicholas Tarling, Britain, *Southeast Asia and the Onset of the Cold War, 1945 – 1950*, pp. 132, 265, 309 – 310.

② Karl Hack and Geoff Wade, "The Origins of the Southeast Asian Cold War", *Journal of Southeast Asian Studies*, Vol. 40, No. 3, Asian Cold War Symposium, 2009, pp. 443 – 448.

③ Karl Hack, *Defence and Decolonization in Southeast Asia*, Richmond: Curzon, 2001, pp. 56 – 71.

区域政策的转向是冷战在东南亚兴起的主要原因之一。换言之,冷战在东南亚的兴起既有国际体系覆盖区域的因素,也有相对独立的区域格局自身作用的动力。英国在东南亚冷战的兴起中发挥了核心角色,因为英国主动将其对东南亚政治—安全态势的认知与冷战挂钩,同时通过"英美特殊关系"影响了美国的认知。因此,冷战的兴起不止来源于体系层面,或者说来源于美苏冷战,还来自于区域层面,尤其是英国在东南亚区域层面的作为。

最高专员的区域实践促使全球冷战与东南亚冷战相对接,还表现为最高专员直接影响美国"多米诺逻辑"的形成。这也是规范扩散的一种表现,即全球冷战与东南亚冷战的规范互构。"多米诺逻辑"或"多米诺骨牌理论"一般是指1954年时任美国总统德怀特·艾森豪威尔（Dwight Eisenhower）就印度支那地位及形势所提出的一种夸大其词的主观判断:如果印度支那"落入"共产党的手中,那么,泰国、缅甸和印尼也将受到威胁;"如果印度支那失掉了,共产党就可以转向由日本、中国台湾与菲律宾结成的岛屿防御锁链,并将成为澳大利亚与新西兰的威胁"。[①] 此后不久,美国牵头组建了东南亚条约组织。

关于英国在美国冷战政策的"多米诺逻辑"中的角色,魏文擎在一项初步研究中指出,日本占领东南亚证明了该地区所有殖民地的安全都是相互关联的,而英美两国关于日本在新加坡胜利的记忆迅速强化了美国冷战战略中的"多米诺逻辑"。上述不安全感便是美国冷战政策中的多米诺逻辑的关键所在。英国在"多米诺逻辑"发酵的过程中扮演了重要角色,因为英国官员不断与美国同僚讨论他们对中国扩张主义的悲观预测,其中马来亚"紧急事件"是加深英国这种悲观情绪的主要因素。此外,麦克唐纳在影响美国对东南亚形势的认知中也发挥了关键角色。他不厌其烦地向美国官员介绍了自己的想法,以至于美国官员有关马来亚和新加坡的访问记录要比在该地区的其他地方详细一些。当然,美国官方也情愿用英国方面的观点来给他们的观点贴上合法性标签,如1949年9月美国政府向东南亚派遣的东南亚调查团团长格里芬（Allen Griffin）上校公开表示,他组织撰写的《格里芬报告》主要受益于英国,尤其是他

[①] 王绳祖主编:《国际关系史》(第八卷),第172页。

"最为尊敬"的麦克唐纳先生关于美国如何应对东南亚安全形势的观点。格里芬表示,"如果你要了解东南亚就必须向英国人请教","你永远找不到一个如此了解东南亚的美国人"。《格里芬报告》在美国初步介入越南事务时起到了重要作用。①

事实上,在格里芬调查团抵达东南亚之前,麦克唐纳对东南亚共产主义的认知,已清晰表明他将影响此后"多米诺逻辑"的形成。1948年12月,麦克唐纳认为,"我想我们必须认识到东南亚是冷战主战场的现实,这种现状在这一时期会一直持续下去"。"我们必须尽我们所能集中我们的力量与美国一同反击这一趋势"。② 1949年5月4日,麦克唐纳赴伦敦参加外交部、殖民部、英联邦关系部的部门间会议,在会上进一步阐述了他对东南亚形势的悲观看法,而他的观点被认为构成了后来"多米诺逻辑"的核心。麦克唐纳认为,中国的形势变化使其可能在接下来半年时间里将触手伸到印度支那,泰国、缅甸到时很可能抵挡不住这种攻势。如果印度支那、暹罗、缅甸这三个国家"沦陷",那么马来亚和印度也将直接暴露于外部"威胁"之下。对此,麦克唐纳提出了一系列的区域性应对措施,其核心是形成一项涵盖政治、经济及防务等诸领域的东南亚区域政策,在巴基斯坦、缅甸、印度支那、中国香港及菲律宾之间建立起一条"反共产主义"的防线。③ 但是,东南亚民族主义的发展使得英国的英联邦构想实践面临重重困难,原殖民地的独立情绪与运动不断高涨。然而,麦克唐纳仍以一种帝国思维思考并处理英国与东南亚国家间的关系,试图通过综合领域的领导权建设,重构英国在东南亚的帝国式的领导。这一时期,英国在东南亚的区域性政治—安全领导力建设即基于这种逻辑。

现有研究对于英国如何将其东南亚区域合作中的遏制作为一种规范扩散至全球冷战格局,促成东南亚冷战与全球冷战相对接,即对于英国在东南亚冷战起源中的作用,关注颇为不足。上述美国冷战思维中的东

---

① 魏文擎:《"至暗之时"的多米诺逻辑——从新加坡沦陷、英美同盟和"中国渗透"看美国东南亚冷战政策的形成》,第103—134页。

② Norman G. Owen ed., *Routledge Handbook of Southeast Asian History*, p. 88.

③ Tilman Remme, *Britain and Regional Cooperation in South-east Asia, 1945 – 49*, pp. 183 – 184.

南亚以及英国的麦克唐纳在其中的作用表明，英国的"东南亚区域合作"实践机构及合作重心变化，对于美国的东南亚的认知，以及美国将冷战扩展至东南亚，发挥了重要作用。如果将上述冷战起源研究的"东南亚内生学派"的观点与麦克唐纳在"多米诺逻辑"形成过程中的作为相结合，可以初步勾勒出英国驻东南亚机构在全球冷战与东南亚冷战的对接中发挥的独特作用。

在规范层面上，在以所谓"遏制共产主义"为核心规范的全球冷战向东南亚扩散的过程中，英国的东南亚区域合作直接影响了基于遏制共产主义的东南亚冷战规范的形成。在这种相互影响中，英国的规范影响了全球冷战的兴起与发展，而全球冷战规范也被英国部分改变，服务于其实现帝国地位的"东南亚区域合作"政策。英国将全球冷战引向东南亚的主要目的是服务于其正向政治—安全领域转向的"东南亚区域合作"，因此，这种规范互构不仅体现在冷战对接这一层面，还进一步体现在此后英国的"东南亚区域合作"发展中。事实上，英国此后"东南亚区域合作"的发展的确融入了遏制等规范，但是，其区域合作的发展难以完全按照英国的意志或规划进行，更难以服务于其恢复帝国地位的目的，其主要原因在于，随着冷战扩散至东南亚，美国在东南亚实力与影响力进一步提升。英国的"东南亚区域合作"在最高专员时期的变化对于全球冷战与东南亚冷战的对接具有重要作用，而遏制与对抗规范在东南亚的互构实际上将直接与间接的对抗糅合进东南亚事务，因而英国在将冷战的遏制规范引向东南亚的同时，也将对抗、遏制等区域规范注入冷战之中，从而形成了规范互构。

最高专员时期英国的"东南亚区域合作"政策实践所产生的区域影响的另一个方面，是英美区域竞争的加剧。英国的"东南亚区域合作"向区域政治—安全领域重心的转移，不仅受到此前特别专员署及当前最高专员职能及机构建设的影响，也受到美国在东南亚日益强大的实力对英帝国地位恢复的阻碍，由此，英美在东南亚的区域地位竞争不断加剧。马来亚"紧急事件"后，英国并未完全将其"区域合作"彻底转向政治—安全领域，这一方面是由于"紧急事件"很快被平息，东南亚其他国家的共产党并未直接插手干预，因而英国难以找到在区域层面遏制的口实。另一方面的原因是，随着全球冷战的兴起，美国在东南亚实力与影响力急剧提升，而英国主动将全球冷战与东南亚冷战相对接，最高专员在政策实践上又同时追求英国在区域经济、政治—安全领域的领导权，从而无可避免地加剧英美在东南亚的竞争。

最后，最高专员合并特别专员署之后，英国的东南亚政策依旧保留在此前确立的"东南亚区域合作"的轨道上，但是，最高专员时期英国的"东南亚区域合作"政策实践具有显著的转向期与过渡期特征。转向期主要体现在最高专员在坚持"区域合作"的同时，在实践上由经济领域的技术性合作转向广泛的经济及政治—安全合作，并以政治—安全合作为重点。过渡期则主要体现在两个方面：一是英美在东南亚的关系基调由最高专员署时期的协调逐渐过渡为此后的竞争；二是英国的"东南亚区域合作"逐渐由国家机构化向国际机制化转变，科伦坡计划的建设即为向国际机制发展的典型，其实质是英国的"东南亚区域合作"政策属性出现转变，因而最高专员时期也是英国的"东南亚区域合作"政策的过渡期。转向期与过渡期的相结合，为英国的"东南亚区域合作"政策在区域经济、区域政治—安全领域的不同命运埋下了伏笔。

第五章

科伦坡计划与东南亚区域经济竞合

合并特别专员署后,英国驻东南亚最高专员试图通过既有别于战前英帝国海外殖民,又不同于战后特别专员署的方式,来挽救英国在东南亚的帝国地位。麦克唐纳担任最高专员期间及去职后,英国的"东南亚区域合作"继续推进,但这一区域经济合作在行为体、合作方式等方面,与此前的实践有明显变化。这种变化的基础在于英国对自身东南亚区域身份的两点认知:一是英国自视有能力领导东南亚区域经济合作,二是在承认自身实力有限的基础上积极拉拢美国来实现这种合作。与此同时,英美在东南亚的经济地位竞争也愈益加剧,这集中表现在20世纪50年代初科伦坡计划的形成过程中,尤其在科伦坡计划与亚远经委员会的竞合关系上。最高专员麦克唐纳参与了科伦坡计划制定的主要过程。科伦坡计划标志着英国的"东南亚区域合作"更趋机制化,更接近于现代意义上的区域合作。科伦坡计划也向东南亚扩散了以"科伦坡规范"为核心的诸多区域经济规范。

一 英美经济地位竞争与科伦坡计划产生

塔林将1945年至1947年称为英国战后政策的调整期,[1] 洛威尔将

---

[1] Nicholas Tarling, *The Fall of Emperial Britain in South-east Asia*, p. 174.

1945年至1948年称为英国在东南亚殖民主义的"重返期"。① 这种政策调整以1948年特别专员署并入最高专员办公室为节点，此后英国的东南亚政策的稳定性显著增强。如前所述，麦克唐纳履职最高专员后，英国亚洲政策的首要影响因素是亚洲的民族主义，其次是东南亚试图在冷战中寻求自身的中立，最后是共产主义在东南亚的兴起这一不争的事实。② 为此，麦克唐纳试图通过开展综合的区域性经济、政治—安全合作加以应对。鉴于英国的实力地位变化，此举实际上意图挽救英国在东南亚的帝国颓势。防务建设是麦克唐纳所认知的英国在亚洲的首要任务。为此，麦克唐纳建议召开仅限于英联邦成员的国际会议，显然，这与此前特别专员署试图将法荷两国一并纳入东南亚区域合作之中的做法存在明显差异。这一政策在经济领域的主要落脚点是20世纪50年代初开始的科伦坡计划，这是英国通过附带政治目的的区域经济合作挽救自身在东南亚帝国地位的主要途径。

首先，科伦坡计划的提出是英国东南亚区域经济身份认知变化的体现，即英国再次实现在东南亚帝国地位的主要途径是附带政治—安全目的的区域经济合作，其关键是发挥英联邦的纽带作用，实现英国对区域经济合作的领导。在经历了从特别专员署向最高专员的区域机构转变后，英国意识到其领导的东南亚区域经济合作，既需要应对域内粮食危机、民族主义、美国在东南亚地位提升等因素，又要避免在东南亚国家中形成帝国主义、殖民主义及经济扩张等的认知。

在1949年1月25日英国内阁经济政策委员会（Economic Policy Committee）会议上，贝文指出，英国应使该区域免于苏联控制，否则我们的政策将陷入"灾难"。③ 贝文相信，虽然欧洲是美国在发挥经济领导作用，但在亚洲，英国足可凭借英联邦伙伴关系担当经济领导职责，并进一步

---

① Peter Lower, *Contending with Nationalism and Communism: British Policy Towards Southeast Asia, 1945 – 65*, p. 18.

② Guy Wint, *The British in Asia*, pp. 235 – 236.

③ Matthew Foley, *The Cold War and National Assertion in Southeast Asia: Britain, the United States and Burma, 1948 – 62*, p. 47.

捍卫英国在亚洲的政治领导。① 在麦克唐纳履职之初，史班纳在1949年5月11日给贝文的电报中指出，对于东南亚而言，安全、共产主义还不是当前的主要威胁，大米与经济才是当务之急。经济欠发展是该区域共产主义兴起和反对英国的主要诱因，它使得该区域的民族主义能够轻而易举地谴责"资本主义殖民大国"的"帝国主义""殖民主义""经济扩张"。②

因此，英国需要通过合作改变东南亚当地民族主义对英国身份的认知。而以英联邦为联系的关键纽带，又使得英国的"东南亚区域合作"政策将主要受到英联邦关系发展趋势的影响，因此，随着英联邦关系日益向国家间关系发展，英国的"东南亚区域合作"政策相比于此前基于传统殖民联系的合作要更具现代意义。

1949年11月，贝文决定于次年初在锡兰的科伦坡组织一次英联邦外交部长会议，之所以选定科伦坡，是因为贝文认为锡兰不同于英联邦的其他国家，锡兰作为"直辖殖民地"，拥有更多具有较强影响力的英国公民。③ 随即，邓宁被派往新加坡向麦克唐纳转达贝文的建议。1950年1月9日，会议在锡兰召开，这是首次在亚洲召开的英联邦会议。英国派出了超过30人的会议代表团，包括从新加坡赶来的麦克唐纳，以及不顾心脏疾病长途跋涉于1月8日抵达锡兰的贝文，足见英国对此次会议的重视。④

在会议的政治—安全议题上，与会的英联邦外长讨论了包括欧洲形势、中国形势以及对日媾和等广泛议题，但最主要的议题是远东形势。与会外长直指苏联已成为当前东南亚的主要安全"威胁"，而区域合作是应对这一"威胁"的主要方式。贝文在会上指出，苏联现已将注意力转

---

① Matthew Foley, *The Cold War and National Assertion in Southeast Asia: Britain, the United States and Burma, 1948 – 62*, p. 47.

② Paul Preston and Michael Partridge eds., *British Documents on Foreign Affairs*, FZ10114/17, No. 8, p. 86.

③ Paul Preston and Michael Partridge eds., *British Documents on Foreign Affairs, Part IV, Series E, ASIA 1949, Vol. 9, Burma, India, Pakistan, Ceylon, Indonesia, The Philippines and South-east Asia and the Far East (General), Jan. 1949 – Dec. 1949*, C. R. O. ref.: G 2072/35, pp. 147 – 152.

④ Tilman Remme, *Britain and Regional Cooperation in South-east Asia, 1945 – 49*, pp. 200 – 201.

向东方,有关国家对此的最佳回应,是以团结和互助的方式,去抵御任何阻碍民主阵线和平发展的因素。经济合作是消解这种威胁的理想方式,而西方愿意为此提供财政援助,并在提供这种援助之时不附带任何的政治支配。与此同时,贝文排斥通过直接的军事途径来应对东南亚的共产主义,他认为依照《大西洋条约》(Atlantic Pact)去缔结一个"太平洋公约"(Pacific Pact)的方式,对于该区域的某些新兴国家是不适合的。对此,尼赫鲁表示同意,他认为这只会增加侵略的威胁,尼赫鲁主张通过相互协商与合作的方式来加以应对。事实上,尼赫鲁的主要顾虑是,如果没有美国参与的担保,那么在当前区域平台上的军事或防务互助行动是不可取的。[1]

在经济议题上,在英国的鼓动下,锡兰财长贾亚瓦德纳(J. R. Jayawardene)在会上提出了一个为期10年的长期经济合作计划,该计划旨在发展东南亚的农业和工业,同时确保商品价格稳定。锡兰的提议被澳大利亚外长珀西·斯彭德(Percy Spender)所接受。澳大利亚代表团也提交了一份关于南亚及东南亚经济政策的草案文本,该草案认为需要振兴经济以防止东南亚各国意识形态变化。此外,在援助方式上,澳大利亚建议通过双边技术扶助,并鼓励美国等域外国家提供财政支持。[2] 在这样的气氛下,贝文在1月12日的会议上适时地提出了与会各国能够向东南亚地区提供的财政援助。对此,尼赫鲁表示,印度最多只能提供100万英镑;巴基斯坦声称"有一些财政困难",大概只能提供50万英镑;斯里兰卡虽态度积极,但一开始并未给出具体的援助数额,后来承诺援助25万英镑。澳大利亚表示对东南亚"有强烈的兴趣",斯彭德承诺援助50万英镑。据此,会议获得的财政援助总额为225万英镑,这与英国预期的375万英镑的目标差距甚远。[3] 但是,本次达成了各方都认可的"联合备忘录",这是此次英联邦外长会议确立的英联邦关于东南亚合作的基

---

[1] Tilman Remme, *Britain and Regional Cooperation in South-east Asia, 1945 – 49*, pp. 181 – 182.

[2] Nicholas Tarling, *Regionalism in Southeast Asia: To Foster the Political Will*, 2006, pp. 75 – 76.

[3] Matthew Foley, *The Cold War and National Assertion in Southeast Asia: Britain, the United States and Burma, 1948 – 62*, p. 56.

本框架,并成为此后实施的科伦坡计划的直接来源。

其次,英国对自身东南亚区域经济身份的反思,还源于英美在东南亚的身份互动及地位竞争,这是两国全球霸权转移在东南亚区域层面的映射。二战及战后初期是塑造英美地位的关键时期,而该时期英美霸权转移在经济领域的表现,相关研究主要集中在马歇尔计划上。马歇尔计划是欧洲一体化的主要动力,也是塑造英美特殊关系的主要动力,英国本可以在西欧一体化的形成和发展进程中发挥与其地位相称的作用。但是,在从20世纪50年代到60年代初西欧一体化发展的最初10多年里,英国却选择了置身其外的方针。[1] 但与此同时,英国却在东南亚积极推动其区域合作构想与实践。在此,科伦坡计划是东南亚区域合作的强劲推动力,也是塑造英国在东南亚新身份的主要途径。虽然科伦坡计划被比喻为"亚洲版的马歇尔计划",但已有研究普遍认为这一时期的西欧一体化与英国的"东南亚区域合作"并无直接联系。[2]

可以说,科伦坡计划的提出既有其独立性,即英美在东南亚的区域经济地位竞争相对于马歇尔计划的提出与实施有一定的独立性,同时科伦坡计划的提出又是与马歇尔计划以及后来的第四点计划有着直接的联系,即科伦坡计划实际上是英美在欧洲乃至全球的竞合在东南亚地区的体现。在已有相关研究中,马歇尔计划及第四点计划与科伦坡计划、英美特殊关系的形成与科伦坡计划间的联系,并未得到充分呈现;本书试图指出,英国在以上这些联系的形成过程中,发挥了关键的纽带作用。

在战后初期的英国对欧洲政策上,贝文执掌外交部时期经历了从"宏伟计划"(Grand Design)到"第三种力量"(the Third Force)的转变。1945年8月13日,贝文在参加波兹坦会议返回伦敦后,旋即召集外交部官员讨论战后英国的欧洲政策。会上,贝文强调,"长期政策是建立本国与地中海和大西洋沿岸国家——具体地说,譬如希腊、意大利、法国、比利时、荷兰以及斯堪的纳维亚国家——的密切联系。他希望看到联合王国与这些国家既在政治问题上又在商业和经济事务上的密切交往。"贝文的这种以英法合作为核心、建立西欧联盟的构想,被称为"宏

---

[1] 洪邮生:《英国对西欧一体化政策的起源和演变(1945—1960)》,第1页。

[2] Guy Wint, *The British in Asia*, p. 205.

伟计划"。而在美国取消租借方案、打压英联邦特惠制后，贝文转而更加看重欧洲的经济合作，产生把西欧建设成为美国和苏联之间的"第三种力量"的想法。①

　　1947年5月，美国国务卿乔治·马歇尔（George C. Marshall）针对战后欧洲现状提出一个预期4年的援助计划——欧洲复兴计划。约翰·刘易斯·加迪斯（John Lewis Gaddis）指出，有几个基本的判断决定了1947年马歇尔计划的制定：第一，对西方在欧洲利益构成最大威胁的，不是苏联军事干涉，而是饥饿、贫困和绝望等社会因素；第二，美国的经济援助将首先发挥心理作用，然后是物质作用，从而扭转欧洲可能倒向苏联阵营的趋势；第三，苏联不光自己不会接受美国的经济援助，也不会让其东欧卫星国接受美国援助，从而使苏联和东欧国家之前的关系出现紧张；第四，美国若完成援助计划，届时就可以在日益扩大的冷战中处于地缘政治和道德上的有利地位。② 其他一些研究者也指出，推出欧洲复兴计划的根源，在于欧洲战后经济复兴缓慢带来的政治危险性。③

　　对于英国及欧洲大陆国家而言，马歇尔计划可解它们在经济层面的燃眉之急。在马歇尔计划提出前，1945年至1947年，欧洲以双边形式从美国获得的援助为83亿美元；1948年4月，美国国会通过了欧洲复兴计划，批准发放133亿美元贷款和物品（通常是商品而不是现金），按年度分期支付，第一批为50亿美元。④ 事实上，在计划实施后，1948年至1952年，欧洲通过多边的马歇尔计划共获得141亿美元的美国援助。⑤ 马歇尔计划实际上是美国战时所制定的战后世界经济蓝图的一种实践，如上所述，英镑区成为美国计划的主要障碍。马歇尔计划延续了美国对英国主导的世界经济体制的挑战，正如彼得·卡赞斯坦（Peter J. Katzenstein）所指出的，1947年至1949年欧洲经济的稳定表明，三角贸易是有

---

① 洪邮生：《英国对西欧一体化政策的起源和演变（1945—1960）》，第2—3、9页。
② ［美］约翰·刘易斯·加迪斯：《冷战》，翟强、张静译，社会科学文献出版社2016年版，第31页。
③ ［美］德比·昂格尔、［美］欧文·昂格尔、［美］斯坦利·赫什森：《乔治·马歇尔传》，夏海涛译，世界知识出版社2018年版，第257页。
④ ［美］德比·昂格尔、［美］欧文·昂格尔、［美］斯坦利·赫什森：《乔治·马歇尔传》，第264页。
⑤ 孙建党：《美国与东南亚经济关系研究（1945–1973）》，第27页。

好处的，可以促成英镑区对接美国市场，从而挽救英国日趋衰退的经济地位。①

英国对马歇尔计划的态度，大致经历了从犹豫不决向部分接受的转变。在经济领域，贝文是"第一个理解马歇尔计划含义的欧洲政治家"，他和法国一道敦促西欧国家接受马歇尔计划的援助。② 但在1948年10月之前，贝文的建议尚未受到白厅重视。③ 在马歇尔计划正式实施后，英国对美国力主的实施方式持有异议，即美国主张战后欧洲的复兴需建立一个强有力的、具有超国家性质的欧洲组织，使之有权审查和调整国民经济计划。英国认为建立超国家的机构很有可能将很多国家排斥在马歇尔计划之外，并不利于欧洲国家维护自己的主权，英国所主张的是政府间合作的形式来推行马歇尔计划。④ 在英国的抵制下，欧洲经济合作组织并没有像美国所设想的那样成为推动欧洲一体化的工具。⑤ 同时，英国还对法国推动的欧洲一体化方式疑虑重重。1950年，法国外长罗贝尔·舒曼（Robert Schuman）建议法德两国建立"煤钢联营共同体"以推动欧洲一体化。在法德双方的巴黎商谈过程中，英国首相艾德礼公开表示反对，他声称高级机构（High Authority）如同它所表现的那样，是"没有人任命、不向任何人负责的不负责的机构"。⑥ 英国的这种态度，实际上是想将马歇尔计划引向有利于恢复自己在欧洲与全球地位的发展方向。在政治领域，英国也积极寻求超过马歇尔计划的更大政治目标，其最终目标是实现西欧在一定程度上摆脱对美国的经济依赖，建立一个处于苏联和美国之间的稳定的集团：除了英法两国之外，这一集团还应当包括比利

---

① [美] 彼得·卡赞斯坦：《地区构成的世界：美国帝权中的亚洲和欧洲》，第53页。
② J. M. 罗伯茨：《欧洲史》（下册），第710页。
③ Daniel Oakman, *Facing Asia: A History of the Colombo Plan*, p. 19.
④ 李昀：《经济合作署与战后初期西欧重建（1947—1951年）》，第49—50页。
⑤ [美] 约翰·伊肯伯里：《大战胜利之后：制度、战略约束与战后秩序重建》，第177页。
⑥ Clement Attlee, in Paul Van de Meerssche, *De Europese intergratie, 1945 – 1970*, Louvain, Davidsfonds, 1971, p. 122, 转引自吕克·范米德拉尔《通向欧洲之路》，任轶、郑方磊译，东方出版中心2016年版，第59页。

时、荷兰、意大利和爱尔兰。①

1949年初,美国提出"第四点计划",这既为英美在东南亚的政策协调提供了新契机,也为科伦坡计划的出台奠定了基础。马歇尔计划也因"第四点计划"及英国的"东南亚区域合作",将其触手伸到了东南亚。1949年1月,杜鲁门在就职演说中提出,美国将扩大对不发达国家的技术和资金援助,即"第四点计划",这标志着战后美国对外援助的重点转向了亚非拉等不发达国家。此后,一方面,在英国的推动下,马歇尔计划的援助直接惠及东南亚国家。孙建党指出,1950年前后,美国开始重视在东南亚的政治和经济、安全等利益,希望通过军事介入和经济努力把东南亚纳入战后的资本主义世界体系。1948年至1952年,美国主要通过马歇尔计划的间接援助和"第四点计划"的直接援助而进入东南亚,其中,美国的对外援助以技术援助为主要形式,旨在援助亚洲国家实现经济重建,以抵御共产主义的扩张。到1949年底,美国对东南亚及其他远东国家(不包括印尼)和殖民地的赠款及贷款总额达26.76亿美元,而英国向缅甸、英属婆罗洲、中国香港和马来亚提供的赠与和贷款总额为4.19亿美元。更重要的是,由于英法荷等国内经济受到战争的严重摧毁,如果没有马歇尔计划的援助,它们在这个时期很难如此大规模地向东南亚提供资金援助,因此,东南亚从英法荷得到的大部分援助,也可以看作通过这些欧洲国家流入东南亚的美国经济援助。② 另一方面,最高专员积极推动亚洲版马歇尔计划的进程。麦克唐纳认为,英国应将东南亚视为一个整体,在区域层面上实施一项连贯的政策。这种亚洲版的马歇尔计划不同于在欧洲的安排,但原则上,英国需要在经济、政治以及必要时在军事层面,援助亚洲各国政府及人民,以帮助他们"抵御"共产主义。③

最后,科伦坡计划的实施以双边技术合作为主要方式,这一是由于在科伦坡计划形成过程中美国偏好的合作方式对英国的影响,二是因为

---

① [美]约翰·伊肯伯里:《大战胜利之后:制度、战略约束与战后秩序重建》,第177页;洪邮生:《英国对西欧一体化政策的起源和演变(1945—1960)》,第17页。
② 孙建党:《美国与东南亚经济关系研究(1945–1973)》,第49、217页。
③ MacDonald telegram, 22 Mar. 1949, PRO DO 35/2796, see Clyde Sanger, *MacDonald*: *Bring an End to Empire*, p. 346.

战后初期东南亚国际关系的实际状况需要区域合作以双边方式而非多边方式切入。解决粮食危机，延续并拓展特别专员署在应对粮食危机上的功能，应对印度支那日益"严峻"的意识形态变化态势，是麦克唐纳担任最高专员后英国东南亚"身份地位化"的主要切入点。[①] 围绕解决粮食危机，最高专员主政下的英国东南亚区域政策，延续了英国与东南亚国家间的协调与合作，在经历了英国与泰国的双边合作、应对解决缅甸财政与政治危机后，科伦坡计划逐渐从双边合作发展为区域多边合作。

麦克唐纳担任最高专员后，英国试图再次实践其"区域合作"计划，并重点通过基于英联邦的合作来谋求帝国地位，缅甸成为实践这种构想的契机。在缅甸与东南亚区域合作上，英国试图将缅甸问题塑造为一个区域问题，以此推动英联邦内针对缅甸问题的区域合作。继 1945 年《缅甸白皮书》发表后，缅甸于 1948 年 1 月 4 日获得独立，但独立之初的缅甸面临着克伦邦冲突等一系列的政治危机以及财政紧缺等一系列的经济问题。鉴于此，贝文试图以解决缅甸问题为突破口，推动英联邦合作。1949 年 9 月，贝文指出，缅甸构成了一个"实践问题，这一问题可以成为一个共同关注的问题，在此过程中将该区域的国家聚拢到一起。"[②] 由此可见，援助缅甸与继续推动英国的"东南亚区域合作"的内在联系的关键，在于通过凝聚英联邦来恢复英国在东南亚的领导地位。此外，英联邦与美国的合作表明，这种区域合作将不再仅仅是包含西方大国的联系，[③] 而是更接近于现代意义上的区域合作。1950 年 4 月，麦克唐纳访问了缅甸，他得出结论认为，缅甸有志于与民主国家一起，而英国应成为缅甸的一个好伙伴。[④] 但是，缅甸对科伦坡计划的态度仍犹豫不定，怀疑能否从中收益。当时，缅甸主要寄望从美国获取援助，即从国际银行及经济合作署（Economic Cooperation Administration）获取贷款。在麦克唐

[①] Paul Preston and Michael Partridge eds. , *British Documents on Foreign Affairs*, FZ1107/1, No. 3, pp. 82 – 83.

[②] Record of a meeting between Acheson and Bevin at the State Department, 13 September 1949, FO371/76032/F14114/1072/61G, UKNA, see Matthew Foley, *The Cold War and National Assertion in Southeast Asia: Britain, the United States and Burma, 1948 – 62*, pp. 35, 43.

[③] Nicholas Tarling, *Regionalism in Southeast Asia: To Foster the Political Will*, pp. 70, 73.

[④] Paul Preston and Michael Partridge eds. , *British Documents on Foreign Affairs*, FB1053/24, No. 7, pp. 28 – 31.

纳访问期间，缅甸国家发展部官员表示当前首要的是建设正确的规划机制，其言下之意，科伦坡计划并非理想的机制。出于政治原因，缅甸政府并不愿意将自己与英联邦的计划捆绑在一起，况且在当前，美国是缅甸的主要援助来源。[1]

由于通过国家间合作推动科伦坡计划落实难度较大，因而该计划在实施中的首要特征是一种技术合作方案，即通过向南亚和东南亚各国提供技术专家，提供技术训练学生名额，提供技术训练和科学研究的专门设备的方式进行的。[2] 而英国与缅甸的协调也表明，这种区域合作难以从区域的多边层级开始，因此，科伦坡计划最主要的特点是它"在视角上是多边的，而在行动上是双边的"。这种双边行动是由于援助的协议不是通过任何的国际机构，而是直接通过援助国和受援国之间的协议来进行。[3] 在英联邦外长会议后，麦克唐纳积极走访东南亚各国，开展双边协调，推动计划落实。1951年11月初，麦克唐纳对泰国进行了为期4天的访问，但泰国在是否参与科伦坡计划上展现出犹豫，泰国总理在与麦克唐纳会谈中，在诸多问题上均不表态。[4]

综上所述，1950年英联邦外长会议的召开及此后科伦坡计划的实施，首先源于英国对自身区域身份及"身份地位化"实现路径的反思，即英国不再自认为是东南亚的殖民帝国，但变动中的英联邦关系促使英国试图挽救在其中的帝国地位。为此，英国需要转变领导方式，在自视有能力担纲亚洲区域领导的同时，重点以英联邦为纽带推动其"东南亚区域合作"。这种身份反思在实践中主要体现在两方面：一是如何在传统宗主国—殖民地身份互动上寻求突破，以获取对原殖民地的领导地位，因此科伦坡计划的缘起与实践均首先要立足英国与东南亚国家间的互动，借由这种区域互动重构东南亚对英国的身份认知。这是英国实现区域经济

---

[1] Paul Preston and Michael Partridge eds., *British Documents on Foreign Affairs*, FZ1102/178, No. 1, pp. 45–48.

[2] L. P. 古纳蒂勒克：《"科伦坡计划"组织和执行情况》，《东南亚研究》1960年第1期，第46—50页。

[3] L. P. 古纳蒂勒克：《"科伦坡计划"组织和执行情况》，《东南亚研究》1960年第1期，第46页。

[4] Paul Preston and Michael Partridge eds., *British Documents on Foreign Affairs*, FS1051/7, No. 8, pp. 30–34.

领导的主要方式之一。二是英美在全球以及东南亚的身份变化与地位竞争。英国对欧洲一体化、马歇尔计划及第四点计划的态度与应对举措表明，英国在实践其东南亚区域政策中主动将美国引入东南亚，尤其是参与科伦坡计划的实施，而英国推出和实施的科伦坡计划在很大程度上借鉴了马歇尔计划，① 因而也被称为"亚洲版的马歇尔计划"。但是，这一时期的美国并未将东南亚视为一个整体的区域，其对东南亚的政策因国别而不同，② 加之英国发起科伦坡计划的目的之一，是抵制美国垄断资本侵入东南亚，③ 因此，英美在东南亚区域经济合作上并非因上述政策的承接而一拍即合。由于马歇尔计划与科伦坡计划在东南亚并不存在直接的交锋，英美在东南亚的经济地位之争，主要因科伦坡计划与亚远经委员会的竞合关系而有所加剧。

二 科伦坡计划与亚远经委员会在东南亚的竞合

科伦坡计划是英美在欧洲的经济竞合向东南亚蔓延的产物，也是英美在东南亚的区域经济地位直接竞争的体现，它主要体现在英国推动的科伦坡计划与美国主导的亚远经委员会的竞争上。这里将在前述英国对科伦坡计划的态度与因应的基础上，进一步从美国对亚远经委员会的态度与因应、英国对亚远经委员会的态度与因应、美国对科伦坡计划的态度与因应三个方面，剖析这两个组织的产生与实践过程中所体现出的英美在东南亚区域经济中的身份互动与地位竞争。

首先是美国对亚远经委员会的态度和因应。亚远经委员会成立于1947年6月，这是美国推动建立的包含东南亚的跨区域合作组织，其出发点是在联合国框架内开展协调与合作。在当时美国所推动的亚洲区域合作中，至关重要的，有5个区域、跨区域组织和2个次区域组织，即亚

---

① ［美］沃伊切克·马斯特尼：《冷战的历史遗产：对安全、合作与冲突的透视》，朱立群主编，聂文娟、樊超译，社会科学文献出版社2015年版，第13—14页。
② Nicholas Tarling, *Britain, Southeast Asia and the Onset of the Cold War, 1945–1950*, p. 411.
③ 史一涛：《论"科伦坡计划"》，《世界知识》1955年第22期，第13页。

远经委员会、亚洲开发银行（Asian Development Bank）、湄公委员会（Mekong Committee）、东南亚联盟、亚太理事会（Asia Pacific Council）、科伦坡计划和亚洲生产力组织（Asian Productivity Organisation）。对于亚远经委员会，1949 年 9 月，美国国务卿艾奇逊（Dean Acheson）与英国外交大臣贝文牵头在华盛顿举行了英美关于远东形势的会谈，在谈及区域合作问题时，艾奇逊指出，该区域可以抗衡苏联影响的主要力量，是发展中的民族主义。他认为鼓励亚洲国家谋求在该地域的领导殊为重要，尤其是印度可以在其中发挥更大的作用。在谈到亚远经委员会时，美国国务院远东事务司司长威廉·沃尔顿·巴特沃斯（William Walton Butterworth）强调，美国当前不得不阻止亚远经委员会成员正为马歇尔计划在亚洲落地生根所做的基础性努力，这不仅是因为美国认为在亚洲实施马歇尔计划是不切实际的，而且美方还觉得亚洲人应该提升自我解决经济问题的能力，如果需要必要的财政援助，那也应该通过世界银行来实现。① 所以，美国拒绝使马歇尔计划与亚远经委员会产生直接的联系，以免不得不实施亚洲的马歇尔计划。因此，到了 20 世纪 50 年代末，亚远经委员会已成为上述美国在亚洲 7 个制度工具中最重要的一个。美国尤为重视亚远经委员会的原因在于，美国认为该组织聚焦于经济发展而不关注政治问题，这种议题设置的优势为亚洲国家发展基于经济发展的"亚洲集团"而不是一个"反西方集团"提供了良好的平台。此外，当前美国借由该组织对亚洲经济发展的承诺与支持，起到了强化美国与该组织所辖区域成员之间积极沟通的作用。②

其次是英国对亚远经委员会的态度和应对。从特别专员署到最高专员，亚远经委员会和科伦坡计划这两个区域经济倡议的发展，本身即体现了英国对东南亚区域政策的变化，其中最为显著的，是最高专员推动下形成的科伦坡计划表现出英国谋求东南亚区域领导的意愿变得愈益强

---

① Paul Preston and Michael Partridge eds. , *British Documents on Foreign Affairs*, *Part IV*, *Series E*, *ASIA 1949*, *Vol. 9*, *Burma*, *India*, *Pakistan*, *Ceylon*, *Indonesia*, *The Philippines and South-east Asia and the Far East* (*General*), *Jan. 1949 – Dec. 1949*, F14114/1072/61 G, No. 9, pp. 334 – 335.

② Memorandum, President's Asia Trip, 12 October 1966, Box 6, National Security Files, International Meetings and Travel File, Lyndon Baines Johnson Library (LBJL), see Sue Thompson, *British Military Withdrawal and the Rise of Regional Cooperation in South-east Asia*, *1964 – 73*, pp. 10 – 11.

烈，其途径与方式更趋区域化。英国还试图通过科伦坡计划，使马歇尔计划与东南亚产生联系，而美国明确否决了亚洲国家借由亚远经委员会推动建立亚洲版马歇尔计划的尝试。因此，科伦坡计划与亚远经委员会的竞争关系要比此前特别专员署与亚远经委员会之间更为强烈。

正如雷姆所指出，亚远经委员会的成立最早可追溯至1946年，当时，英国、美国和波兰为应对战争破坏及战后挑战，提议建立欧洲经济委员会（Economic Commission for Europe，ECE），该组织拟隶属于联合国善后救济总署，其目的是整合现存的欧洲经济组织，如欧洲应急经济委员会（the Emergency Economic Committee for Europe）、欧洲煤炭组织（the European Coal Organisation）以及欧洲中部内陆组织（European Central Inland Organisation）等。1946年末，联大第二次会议再次提出并讨论欧洲经济委员会的建立问题，但是，英国认为没有必要在亚洲建立类似于欧洲经济委员会的组织。然而，联合国的亚洲成员，尤其是中国和印度指出，只有在亚洲建立相似的组织，他们才会支持建立欧洲经济委员会的倡议。在中国与印度的积极努力下，荷兰、菲律宾、苏联均表示支持这两个亚洲国家的建议。[1] 1947年3月19日，联合国经社理事会决定在亚洲建立经济委员会，并把远东作为欧洲经济委员会的平行分支。[2] 6月，亚远经委员会正式成立。

对于亚远经委员会即将成立的消息，基勒恩在1947年2月才获悉，他对此感到震惊，并建议白厅尽可能阻止该组织的建立，因为该组织将会与特别专员署在粮食供给协调上形成竞争关系，[3] 而且可能导致苏联由此介入东南亚。[4] 到3月联合国经社理事会决定成立该组织后，基勒恩仍

---

[1] Tilman Remme, *Britain and Regional Cooperation in South-east Asia*, *1945 – 49*, pp. 103 – 104.

[2] Paul Preston and Michael Partridge eds. , *British Documents on Foreign Affairs*, F8918/1147/61, No. 2, p. 21.

[3] Matthew Foley, *The Cold War and National Assertion in Southeast Asia: Britain, the United States and Burma, 1948 – 62*, p. 105.

[4] FO 371, 62257, UE 1265, Singapore to FO, tel. 495, 28 February 1947; FO 371, 62257, UE 1265, FO to New York, tel. 813, 12 March 1947, repeating tel. 113 from Governor of Burma, n. d.

对其前景表示怀疑。① 但他很快发觉,亚远经委员会有助于英国谋求在东南亚的领导地位,因而其鼓励英国积极参与其中。② 1947 年 11 月,亚远经委员会的执行秘书访问了新加坡的特别专员署,与特别专员讨论了时下两个组织的工作关系。很快,英国官方层面转而支持亚远经委员会的态度,并成立了一个关于亚远经委员会的部门间特别工作组。此外,鉴于自身相对于美国在经济实力上的劣势,英国在亚远经委员会主要通过影响权力结构及规范、机制等方式而发挥作用。在亚远经委员会成立之初、科伦坡计划提出之前,英国努力推动并提升英联邦在其中的话语权,这突出表现在 1947 年 12 月举行的亚远经委员会碧瑶会议上。在会上,亚远经委员会投票表决,同意与特别专员署持续展开合作。③ 缅甸、锡兰、马来亚(含新加坡)、英属婆罗洲、中国香港地区、柬埔寨和老挝被接受为联系成员,巴基斯坦因已加入联合国而成为区域成员,新西兰被批准为非区域成员。1948 年 6 月,缅甸也被接纳为区域成员。④ 在麦克唐纳担任最高专员后,两个组织间的联系进一步机制化。1948 年 6 月,亚远经委员会在印度的乌塔卡蒙德召开了第三次会议,讨论了最高专员办公室下设的经济组织与亚远经委员会建立联系的问题,会议赞同维持现存的工作关系,两个组织应该继续交换关于各自活动的信息,建立联络员制度,继续在对方召集重要会议时派出代表,而最高专员的经济组织在召开特定议题的区域会议前应与亚远经委员会磋商,亚远经委员会的执行秘书可以与最高专员下设的经济组织的主管进行磋商。⑤

最后是美国对科伦坡计划的态度和应因。科伦坡计划的提出及实施表明,最高专员领导下的英国的"东南亚区域合作"与亚远经委员会形

---

① Paul Preston and Michael Partridge eds. , *British Documents on Foreign Affairs*, F8918/1147/61, No. 2, p. 21.

② FO 371, 62473, UE 2576, Singapore to FO, tel. 833, 8 April 1947.

③ Milton W. Meyer, "Regional Cooperation in Southeast Asia", *Columbia Journal of International Affairs*, Vol. 3, No. 2, Spring, 1949, Regional Organizations Their Role in the World Comminity, pp. 75–76.

④ 郑先武:《亚远经委员会区域合作实践与"亚洲方式"初创》,《世界经济与政治》2016 年第 12 期,第 45—46 页。

⑤ Paul Preston and Michael Partridge eds. , *British Documents on Foreign Affairs*, F11767/286/61, No. 4, p. 342.

成了直接竞争关系。英国建立科伦坡计划的初衷之一，是借由美援实现英国在东南亚区域经济中的领导地位。然而，在亚远经委员会事实上影响东南亚区域经济合作以及美国在规范与机制层面深度影响了科伦坡计划的现状形成后，英国在东南亚与美国的区域经济竞争中面临着极其不利的局面，尤其是在美国试图将日本引入科伦坡计划之后。1954年8月23日，美国国务院召开会议讨论科伦坡计划，会议指出："日本不是科伦坡计划的成员，但任何计划都应该认真考虑最终包括日本。"[1] 于是美国开始施压，要求英国同意日本加入该计划。在日本与亚远经委员会的关系以及战后初期美英日关系上，美英两国有着不同的考虑。其一，在经济领域，英国在战后初期一直采取打压日本复苏的举措，避免其与东南亚过度接触。在美国提出上述要求后，英国担心日本会在东南亚市场上与英国形成竞争关系，从而削弱英国在东南亚的影响力。其二，在政治—安全上，战后初期美国长期占领着日本，在日本实施了间接统治，虽然1952年4月在美国主导下完成对日媾和，但在《旧金山对日和约》签订的同时，美日还签订了《美日安全保障条约》，因此，在1952年后美国对日本的政治—安全影响依然巨大。在处理日本与东南亚关系上，美国认为，东南亚是连接从日本到澳大利亚和新西兰这一遏制战略"大新月地带"上的至关重要的部分，推动日本进入东南亚市场是美国战后政策中的优先考虑，这也是美国实施冷战政策的阶段性重点之一。[2] 因此，日本加入科伦坡计划会强化美国对东南亚的政治—安全影响。其三，由于日本经济在战后迅速得到恢复和发展，日本的加入可以缓解科伦坡计划运行中财政援助来源紧缺的困境，客观上可以强化该计划的生命力，对英国来说，日本的加入一定程度上可以削弱美国在该计划中的影响力。

在美国推动下，日本积极谋求加入科伦坡计划。二战期间日本对东南亚的侵略及其给当地人民造成的战争记忆，使得日本在战后初期很难

---

[1] Jeffrey C. Kitchen, Deputy Director of Executive Secretariat Reported a Discussion of the Colombo Plan, August 23, 1954, The United States Department of State, *FRUS, 1952 – 1954*, Vol. XII, Part I, pp. 780 – 781, 转引自张德明《从科伦坡计划到东盟——美国对战后亚洲经济组织之政策的历史考察》,《史学集刊》2012年第5期, 第99页。

[2] James Llewelyn, "Japan's Return to International Diplomacy and Southeast Asia: Japanese Mediation in Konfrontasi, 1963 – 66", *Asian Studies Review*, Vol. 30, No. 4, 2006, pp. 355 – 356.

缓和与东南亚国家的关系,因而在日本的对外政策中,获取现存国际及区域机制中的伙伴关系,相较于提出自己的区域架构更具有优先性。① 也正因此,这一时期日本并不倾向于单独与东南亚国家合作,而是谋求通过国际组织与东南亚国家展开合作,这样可以避免让东南亚国家回忆起日本的侵略。因此,加入科伦坡计划符合日本的利益。对此,时任日本首相吉田茂(Shigeru Yoshida)认为:"东南亚还没有开发,居民的生活水平还很低,……但是,东南亚各国天然资源丰富,只要努力开发资源,使当地民族丰衣足食决不是难事。为了达到这个目的,必须有效地运用美国的第四点计划以及以英国为中心的科伦坡计划,特别是后者。"② 在1954年10月的科伦坡计划渥太华会议上,日本正式加入其中。

美国之所以积极推动日本加入科伦坡计划,当然有着打压英国的考虑,而更为重要的是,科伦坡计划在建设目标与运行方式上,均有违这一时期美国的亚洲政策。美国决策者认为,欧洲盟友相对来说是同一个共同体的平等成员,而潜在的亚洲盟友则不同,这些国家要比欧美国家低一个等级,它们属于另外一个陌生的社会。因此,在战后初期,美国在欧洲主要是建立多边机制,而在亚洲则主要是双边机制,意图通过双边关系来确立美国在这一地区的主导权。③ 所以,即使美国对于东南亚的双边援助的目的是出于遏制,但该时期美国并未将其拓展到多边层面,如美国对缅甸的双边发展援助计划,其核心考量是基于战略层面的,即通过经济与技术援助、政治支持实现在仰光维持一个独立的、或多或少是亲西方的政府。④ 美国并未像英国那样,将缅甸问题拓展为一个区域问题。

美国积极推动将这种双边合作方式纳入科伦坡计划,即鼓励亚洲国家间进行区域合作。在英联邦外长会议召开前,贝文于1949年3月访问

---

① Shintaro Hamanaka, *Asian Regionalism and Japan: The Politics of Membership in Regional Diplomatic, Financial and Trade groups*, p. 30.

② [日]吉田茂:《十年回忆》,韩润棠译,世界知识出版社1963年版,第177—178页,转引自陈巍《战后日本"重返"东南亚与英国的应对》,《日本问题研究》2014年第3期,第37页。

③ [美]彼得·卡赞斯坦:《地区构成的世界:美国帝权中的亚洲和欧洲》,第53—54页。

④ Matthew Foley, *The Cold War and National Assertion in Southeast Asia: Britain, the United States and Burma, 1948–62*, p. 165.

了美国，后者表现出对援助东南亚的很大兴趣。这进一步鼓励了贝文和艾德礼去继续推进英国的东南亚区域合作计划。但是，在后来与贝文的会谈中，艾奇逊指出，最佳的合作方式是印度等亚洲国家出来承担相应合作的领导权。[1] 会谈备忘录写道："美国同意成为科伦坡计划的成员的主要条件之一是：所提供的任何援助应完全以双边关系为基础。该组织不应该试图指明在两个受援国之间谁最优先需要开发援助，也不要指明任何受援国应得的援助数额。此举旨在为使美国能保持对所提供的援助的'控制'和在决定特定项目之需时保持行动自由。"[2] 由此可见，美国无法容忍英国通过推动科伦坡计划而实现其恢复英国在东南亚的领导地位的目的。[3] 所以，美国强势扭转科伦坡计划的方向与手段，推动东南亚合作以达到遏制目的，其主要途径是经济层面的合作，主要纽带是联合国的框架和体制。正如有论者所总结的那样，美国意欲使科伦坡计划成为一个咨询组织，而不是正式的有实权的区域经济组织。也正因此，该计划最初的名称"南亚和东南亚合作发展经济的科伦坡计划"，在美国的建议下改为"南亚和东南亚合作发展经济的协商委员会"。在1951年加入科伦坡计划后，美国在其中主要起到了两方面的作用：一是主导了该组织的建立，使其结构、功能和性质等与美国的主张基本一致；二是促成了该组织按美国意愿演变和发展，使它从最初由英国主导的英联邦组织变为美国主导的非英联邦组织。[4]

概言之，英国对亚远经委员会的态度由抵制到接触，再到建立制度化合作关系，意在使亚远经委员会服务于挽救英帝国的目标，这与其推动科伦坡计划的建立是相辅相成的。英国在亚远经委员会从成立到发展过程中的态度与因应，表明其试图阻止该组织成为削弱英国在东南亚地

---

[1] Paul Preston and Michael Partridge eds., *British Documents on Foreign Affairs*, F14438/1024/61 G, No. 11, pp. 337 – 338.

[2] "Colombo Plan and Its Possible Use as a Focal Point for Regional Development in Asia", The United States Department of State, *FRUS 1952 – 1954*, Vol. XII, Part 1, p. 308, 转引自张德明《从科伦坡计划到东盟——美国对战后亚洲经济组织之政策的历史考察》，《史学集刊》2012年第5期，第99页。

[3] 孙建党：《美国与东南亚经济关系研究（1945 – 1973）》，第289、292页。

[4] 张德明：《从科伦坡计划到东盟——美国对战后亚洲经济组织之政策的历史考察》，《史学集刊》2012年第5期，第100页。

位、提升美国在东南亚地位的工具，由此，英美在东南亚的区域经济竞合关系不断强化。但是，美国对英国的"东南亚区域合作"目的始终保持警惕，因而在科伦坡计划的形成和演变过程中，推动了一种既合作又制衡的政策，极力阻挠该组织成为英国谋求在东南亚区域经济中占据领导地位的工具。科伦坡计划与亚远经委员会的运作在东南亚形成了事实上的区域经济竞合，其中，竞争性的根本是英美争夺东南亚区域经济领导权。

三 科伦坡计划的区域影响

在1948年5月就任英国驻东南亚最高专员后，麦克唐纳以最高专员的身份参与了科伦坡计划制定的主要过程，在1955年卸任之前的时期里，他积极推动英国在科伦坡计划产生中发挥重要作用，使得英国的"东南亚区域合作"更趋机制化。从1950年的英联邦外长会议到1954年的科伦坡会议，再到1977年科伦坡计划更名为"亚太经济合作和社会发展的科伦坡计划"，英国版的区域合作计划几经变化。最终，科伦坡计划保留了协商委员会，每两年举行一次部长级的协商委员会会议，并在1995年设立了永久秘书处，成为一个正式的国际组织。[1] 科伦坡计划远远超出了1950年英联邦外长会议上最初拟定的6年实施周期，成为迄今亚洲延续时间最长的区域合作机制。

首先，就区域合作属性而言，相较于特别专员署、最高专员下属机构，科伦坡计划是二战后英国倡导的首个真正意义上的东南亚跨区域经济合作机制，它在国家间合作和机制化建设两个方面向前跨出了一大步。科伦坡计划的国家间合作属性，既基于特别专员署的探索及铺垫，也受益于最高专员的强力推动，尤其是最高专员身兼外交部、殖民部、英联邦关系部以及国防部等多部门的部分职能，而在马来亚"紧急事件"发生前后，其在东南亚相对于总督的权力也得到了事实上的提升，这些因素均促使他比特别专员有着更大的权力去推动国际合作。在科伦坡计划

---

[1] 陈祥先：《科伦坡计划与东南亚区域合作》，硕士学位论文，南京大学，2018年，第50页。

形成过程中，美国对科伦坡计划的产生与实践方式有着直接影响，尤其是美国加入其中，改变计划的方向和重点，使得科伦坡计划偏离了麦克唐纳原本设想的仅限于英联邦的"区域合作"，这种偏离客观上强化了科伦坡计划的国家间合作属性。

其次，科伦坡计划机制化程度的提升，体现在其机构建设与规范建构上，这两方面也成为科伦坡计划对东南亚产生区域影响的主要来源。在机制建设上，由于科伦坡计划的产生是域内外区域地位竞争背景下英国对自身区域身份反思的结果，因而它既要面对来自以亚远经委员会为代表的美国等域外大国主导建立的区域机制的竞争，又要面对东南亚内生区域机制的竞争。在这种内外竞争中，实力是决定性因素，但就区域影响而言，这种实力、竞争与影响的综合作用，最终反映在了规范与机制的建构上。这一时期，英国的"东南亚区域合作"机制化进程与规范扩散是相辅相成的。1950 年的英联邦外长会议并未完全建构科伦坡计划这一机制，从该次会议到科伦坡计划最终成型，此间的主要变化与发展之一是被主要成员所认同的"科伦坡规范"的成功建构，这是成就科伦坡计划这一区域机制，并使其在上述英美东南亚区域经济地位竞争中得以持续发展的根源。

科伦坡计划得以在英美经济地位竞争过程中有效推进机制化建设的主要原因，在于其有效的区域规范建构，它主要体现在"双边"与"协商"规范的结合上，从而不仅为科伦坡计划的机制化奠定了基础，而且也为构建一种英国的东南亚区域合作视阈内的区域认同及区域合作铺平了道路。这种规范建构同时也是一种规范扩散方式，即上文所论及的规范渗透。

如前所述，英美在东南亚的经济身份互动与地位竞争，直接影响了科伦坡会议及科伦坡计划对具体区域合作规范的确立。作为会议的另一项主要成果，1950 年初的英联邦外长会议还确立了双边合作的基本规范，这一规范的形成并没有实现英国在亚洲所致力于建设的多边方式，而是更多地受到了美国对亚洲区域合作规范偏好的影响，其主要原因即在于当时英美在东南亚经济地位的此消彼长的变化。当时，东南亚区域经济已经无法避开美国的经济与政治影响力，英国所推动的含有政治—安全目的科伦坡计划，既绕不开更离不开美国，尤其是在 1947 年英国财政危机后，以财政援助推动东南亚区域合作，若仅仅依靠英国或英联邦的财政能力是无法实现的。因此，麦克唐纳担任最高专员后，期望英国的东南亚区域倡议为美国所接受并得到美国援助，但同时，他又幻想通过英国的有效领导，将这一合作主要限定于英联邦成员内。在英国向美国寻求援助的过程中，美国提出的援助东南亚的先决条件之一，就是所有与会国家均需同意通过双边援助和发展实现互助。① 而随着科伦坡计划付诸实施，英国的东南亚区域合作实际上已难以如麦克唐纳最初所设想的那样，成为纯粹的"英国的"或"英联邦的"；事实上，英美在东南亚、欧洲乃至全球逐渐失衡的实力对比表明，英国在东南亚必须与美国展开协调。

科伦坡计划内的双边原则是英美两国博弈的结果，而协商规范则在特别专员署时期就已作为一种域外规范渗透到了东南亚，科伦坡计划所强调的协商规范依然是英联邦协商规范在东南亚渗透的延续，只是这种渗透在最高专员时期表现得更为明显，并拥有了机制载体，此即英联邦协商委员会（Commonwealth Consultative Committee）。关于科伦坡计划的创始人，已有研究莫衷一是，但一般认为会议主席、时任锡兰总理唐·斯蒂芬·森纳那亚克（Don Stephen Senanayake）是在会议过程中提出经济计划的第一人，其倡议被时任澳大利亚外长斯彭德所接受，后者是会议上最早提出具体援助计划的第一人，因此，科伦坡计划在很长一段时间内被称为"斯彭德计划"（Spender Plan）。但是，与会的外长们并非经济学家，该计划的详细方案需要交给经济学家以及英联邦的经济部长们。森纳那亚克与斯彭德理念的结合，以及美国的"南亚和东南亚经济政策"备忘录的提出，促使会议同意设立一个由英国、澳大利亚、新西兰、印度、巴基斯坦及锡兰等6国所组成的新机构，即英联邦协商委员会。该机构是科伦坡计划的最高审议机构，但它没有决策权与执行权，而是主要作为一个协商机制或平台，负责草案与计划的磋商、沟通与协调，其依据的基本原则是协商与一致。②

---

① Tilman Remme, *Britain and Regional Cooperation in South-east Asia, 1945 - 49*, p. 203.
② Ademola Adeleke, *Ties without String, the Colombo Plan and the Geopolitics of International Aid, 1950 - 1980*, Ottawa: National Library of Canada, 1996, p. 269.

第五章 科伦坡计划与东南亚区域经济竞合

在1950年英联邦外长会议结束后的倡议实施初期，英联邦协商委员会在1950年至1951年间分别于悉尼、伦敦、科伦坡及卡拉奇召开了4次会议，这几次会议对于深化英联邦外长会议成果，推动科伦坡计划的成型及实施，起到了关键作用。1950年5月，英联邦协商委员会第一次会议在悉尼举行，澳大利亚提出了为期3年的技术合作计划。9月，在伦敦召开的第二次会议期间，印度、巴基斯坦、锡兰、马来亚、新加坡、北婆罗洲和沙捞越等7个亚洲的英联邦成员均提交了各自的6年发展计划纲要，会议最终达成了一份历史性报告，即《南亚和东南亚经济发展合作的科伦坡计划》，这标志着科伦坡计划的形成。[①] 1950年11月，英联邦协商委员会提出了一项6年计划，得到所有成员国的接受。1951年2月，英联邦协商委员会更名为"南亚与东南亚经济发展协商委员会"。同年7月1日，科伦坡计划正式开始实施。科伦坡计划最初拟定的计划时间为6年，到1957年6月结束。[②] 1954年4月28日至5月2日，缅甸、锡兰、印度、印尼与巴基斯坦五国政府首脑在锡兰科伦坡举行了首届峰会，即科伦坡会议。会议主要聚焦于越南、柬埔寨和老挝问题，会议结束时发布了联合宣言，督促法国宣布支持中南半岛国家完全独立，并呼吁联合国推动进行中的日内瓦会议达成一个立即停火协议，继而达成有关各方谈判解决办法。[③] 1955年，"南亚与东南亚经济发展协商委员会"决定延长该组织的存在期到1961年6月。此后，该计划数度被延长，直至1977年更名为"亚太经济合作和社会发展的科伦坡计划"，机制化程度进一步强化。可以说，英联邦协商委员会最终是在1950年英联邦外长会议和1954年科伦坡会议基础上塑造了科伦坡计划。

在上述双边与协商规范结合并向东南亚渗透的基础上，科伦坡计划塑造出一种包容性区域合作规范，这主要体现在科伦坡计划的成员构成及英美规范互动上。在成员构成上，该计划不仅包括英国及其东南亚英联邦成员，还包括印尼、泰国、南越等东南亚非英联邦国家；不仅接受

[①] 孙建党：《美国与东南亚经济关系研究（1945—1973）》，第288页。
[②] Guy Wint, *The British in Asia*, p. 204.
[③] 郑先武：《万隆会议与东南亚区域主义发展》，《世界经济与政治》2015年第9期，第37—38页。

澳大利亚、新西兰、加拿大等周边英联邦成员以及主要国家，还包括日本、美国等周边大国。因此，从现代意义上的区域划分出发，科伦坡计划构成了一种跨区域合作框架。从当时英国对东南亚范围的认知而言，它也是一种真正意义上的跨区域合作。

在英美规范互动上，科伦坡计划既实现了英国基于英联邦的多边合作的目的，也实现了美国所坚持的双边合作的方式，这是双边与多边的共存与协调的体现。具体地说，在英联邦协商委员会这一磋商与审议机构内实施多边主义的援助，谋求基于协商的一致，而在具体实施上则采取了双边合作的原则或操作方式，这使得英美经济地位竞争所导致的两种看似矛盾的规范能够在科伦坡计划内"和谐共处"，从而推动计划有效开展。由于美国所倡导的双边规范事实上已经作为包括东南亚在内的亚洲部分国家和地区——如菲律宾——的地方性规范，因而从英国的东南亚区域合作规范扩散的角度而言，其向东南亚扩散多边规范的过程中受到了双边规范的抵制，其多边规范仅有部分内容被科伦坡计划所接受。虽然作为外部规范的多边规范被相对意义上作为内部规范的双边规范所改变，但这种变化仅发生在科伦坡计划内，并没有影响到该计划以外的、由英国在其他领域或层次所倡导的多边规范，因此，这种规范扩散实际上仍是一种渗透而非互构。

再次，科伦坡计划的区域影响还体现在它对同一时期东南亚内生区域在机制与规范两个层面的建构上，即机制扩散与规范扩散。科伦坡计划在形成过程中所面对的主要阻力，除了上述与美国的区域竞合，还有就是与其他东南亚内生区域机制的竞争，后一种竞争有着相当的独特性，它主要表现在内生区域机制的形成事实上受到了英国的科伦坡计划的推动，继而在形成和发展过程中又与科伦坡计划形成了竞争关系。

上述区域合作规范向东南亚的渗透，不仅成功地凝聚了英联邦的身份认同，即一定程度上缓和了战后初期英联邦的离心力，还促进了一种跨区域身份的形成，这主要体现为1950年英联邦外长会议所形成的"科伦坡五国"（Colombo Powers），即缅甸、锡兰、印度、印尼与巴基斯坦。科伦坡五国是英国主动尝试将英联邦关系与东南亚区域合作相结合的产物，这一身份认同建构对于深化科伦坡计划以及影响此后东南亚其他内生区域合作的兴起，具有关键意义，在客观上为印尼这个东南亚域内区域大国的崛起创造了有利条件。

1950 年英联邦外长会议后，英国积极推动科伦坡五国在印度支那问题上发声。英国外交部称，科伦坡五国已展现出维持印度支那现有安排的决心。①1954 年 4 月 26 日，日内瓦会议开幕，7 月 21 日签署《日内瓦协定》，承认越南、柬埔寨和老挝的主权。会议期间，英国外交大臣安东尼·艾登（Anthony Eden）几乎每天与印度总理尼赫鲁保持着联系，印度则积极带领科伦坡五国在会议上为停火做着不懈努力，以至于艾登将科伦坡五国誉为英国及科伦坡计划的"无价之宝"。②日内瓦会议开幕两天后，即 1954 年 4 月 28 日，科伦坡五国第一次首脑会议召开，即科伦坡会议。此次会议亦聚焦印度支那问题，所发布的联合宣言督促法国宣布支持中南半岛国家完全独立，呼吁日内瓦会议达成一个即刻停火协议，促使有关各方通过谈判达成政治安排。③麦克唐纳指出，英国的东南亚政策效果极其有效地体现在英国在日内瓦会议所建立的紧密联系以及科伦坡五国就印度支那问题的协商上，英国从中塑造了作为亚洲的最为友好的域外国家形象，更为清晰地阐释了英国东南亚政策的动机与目的，增强了英国在亚洲的影响力。④但是，科伦坡五国作为一个集体，在此期间的表现也有不足，这主要表现在它们在承认共产主义的"威胁"上是犹豫不决的，它们当时所坚持的"中立"观念，使得英国在遏制"威胁"进一步扩大方面所遇到的困难反而增大了。当然，它们也逐渐意识到了国际生存的现状，而趋向一种更积极的外交政策。英国也可以借助这种紧密关系有效牵制美国在该区域采取的"激进"行动。⑤因此，科伦坡五国

---

① Paul Preston and Michael Partridge eds., *British Documents on Foreign Affairs*, Part V, Series E, *ASIA 1953*, Vol. 5, Siam, Burma, South East Asia, IndoChina, Indonesia, Nepal and the Philippines, 1953, DF1071/888, No. 30, p. 116.

② Cindy Ewing, "The Colombo Powers: Crafting Diplomacy in the Third World and Launching Afro-Asia at Bandung", *Cold War History*, Vol. 19, No. 1, 2019, p. 12.

③ 郑先武：《万隆会议与东南亚区域主义发展》，《世界经济与政治》2015 年第 9 期，第 37—38 页。

④ Paul Preston and Michael Partridge eds., *British Documents on Foreign Affairs*, Part IV, Series E, *ASIA 1949*, Vol. 9, Burma, India, Pakistan, Ceylon, Indonesia, The Philippines and South-east Asia and the Far East (General), Jan. 1949 – Dec. 1949, D1015/5, No. 7, pp. 508 – 509.

⑤ Paul Preston and Michael Partridge eds., *British Documents on Foreign Affairs*, D1015/5, No. 7, pp. 508 – 509.

这一跨区域身份认同的建构，使得英国部分强化了对东南亚及英联邦的经济领导与政治影响。

科伦坡计划的实施尤其是其中科伦坡五国的建构，为这一时期东南亚内生区域合作的形成奠定了组织基础。在1950年10月英联邦协商委员会伦敦会议上，贝文原本认为邀请印尼与会的难度是最大的，但事实上，印尼政府只花了11个小时就做出向会议派出观察员的决定，而在此次会议上，完全成员与观察员并无实质区别。① 在此次会议形成科伦坡计划后，印尼于1953年加入科伦坡计划，在一个新的机制框架内建构起印尼、印度、缅甸、锡兰和巴基斯坦的科伦坡五国集体身份。正是在科伦坡五国的发起下，1955年4月18日至24日，首届亚非会议在印尼万隆召开。在印尼的积极推动下，有来自亚洲的23个国家和非洲的6个国家参会，而在当时参与科伦坡计划的所有东南亚国家中，只有马来亚未参加此次盛会。郑先武指出，科伦坡会议与万隆会议之间存在直接的联系。1954年4月28日至5月2日，科伦坡会议召开，印度支那问题成为大会讨论的焦点。会上，印尼总理阿里·沙斯特罗阿米佐约（Ali Sastroamidjojo）建议召开一次由科伦坡五国共同组织的、亚非新独立国家参加的会议，以解决各国面临的共同问题，会议将选址印尼。这一倡议率先得到印度总理尼赫鲁和缅甸总理吴努的热情支持。1954年12月，科伦坡五国在印尼的茂物举行了第二次峰会，即茂物会议。会上，各方确定亚非会议于1955年4月在印尼万隆举行，并为此成立了一个联合秘书处，由科伦坡五国共同负责。这次会议还完成了亚非会议的最后筹备工作，并确定了受邀与会的30个国家名单，由印尼政府发出正式邀请。因此，科伦坡会议被认为"区域主义构思事实上开始启动"。②

在区域规范层面，《亚非会议最后公报》附属文件《关于促进世界和平和合作的宣言》所阐明的"万隆十原则"，是迄今为止万隆会议对于东南亚与全球事务的影响最大的成果之一。万隆十原则的主要内容为：尊

---

① Paul Preston and Michael Partridge eds. , *British Documents on Foreign Affairs*, FZ11013/147, No. 18, pp. 121–125.

② 郑先武：《万隆会议与东南亚区域主义发展》，《世界经济与政治》2015年第9期，第37—38页。

重基本人权、尊重《联合国宪章》的宗旨和原则；尊重所有国家的主权和领土完整；承认所有种族的平等和所有大小国家的平等；不干预或干涉他国内政；尊重每一个国家按照《联合国宪章》单独的或集体自卫的权利；不使用集体防御的安排来为任何一个大国的特殊利益服务，并弃绝任何国家对其他国家施加压力；不以侵略行为或侵略威胁或使用武力来侵犯任何国家的领土完整或政治独立；按照《联合国宪章》，通过如谈判、调停、仲裁或司法解决等和平方法以及有关方面自己选择的任何其他和平方法来解决一切国际争端；促进相互利益和合作；尊重正义和国际义务等。[①] 通过对更早建构的"科伦坡规范"对比，并联系此间科伦坡五国尤其是印尼的角色，可以肯定地指出，万隆十原则吸收了"科伦坡规范"中关于协商与包容性合作规范的部分内涵。首届万隆亚非会议已被证明对此后的东南亚内生区域合作的发展及规范建构具有关键作用，换言之，"科伦坡规范"借由科伦坡五国及首届万隆亚非会议对东南亚内生区域合作产生了间接影响。

此后，东南亚内生区域合作进一步发展，主要体现为 1961 年 7 月泰国、菲律宾、马来亚三国建立的东南亚联盟以及 1963 年 7 月和 8 月马来亚、菲律宾、印尼建立的马菲印多。就东南亚联盟而言，它可以追溯至 1958 年马来西亚首任总理东姑·拉赫曼（Tunku Abdul Rahman）的倡议，当时，他提议建立一个东南亚国家间的本土性组织。[②] 因而，东南亚联盟继承了万隆十原则对于不结盟的强调，即该组织无意成为一个反西方或反东方的集团，无意成为一个任何形式的政治集团，无意与当今现存的任何组织建立任何的联系；相反，东南亚联盟是"一个纯粹的东南亚的经济与文化合作组织"，没有任何的西方资源为背景，其奉行的基本原则是联合国宪章的宗旨。[③] 可见，在不结盟以外，东南亚联盟的基本规范还包括非政治性合作以及区域自主。关于马菲印多，如前所述，该机制的

---

① 郑先武：《万隆会议与东南亚区域主义发展》，《世界经济与政治》2015 年第 9 期，第 50 页。
② Oliver Hensengerth, *Regionalism in China-Vietnam Relation: Institution-building in the Greater Mekong Subregion*, London and New York: Routledge, 2010, pp. 7 – 8.
③ Vincent K. Pollard, "ASA and ASEAN, 1961 – 1967: Southeast Asian Regionalism", *Asian Survey*, Vol. 10, No. 3, 1970, p. 247.

核心规范是"协商一致、放弃集体防务以及非制度化合作"等。"万隆精神"首次在多边和区域意义上确立起协商一致规范，并被明确引入东南亚区域合作框架，而印尼在其中发挥关键作用，将印尼本土的"协商"规范注入其中。① 而在这种东南亚内生区域合作及区域规范的建构过程中，英国的"东南亚区域合作"以及英国本身都被视为竞争对象乃至威胁来源。

科伦坡计划作为英国的"东南亚区域合作"实施的经济路径，具有政治和经济的双重目标；经过科伦坡计划及其展开，英国的"东南亚区域经济合作"渐趋机制化，因而科伦坡计划成为二战后英国倡导并成功实践的首个东南亚跨区域经济合作机制。就英国的东南亚"区域身份地位化"而言，这一时期英国仍处于其在东南亚的第三轮"身份地位化"进程之中，它需要面对来自以美国为主的域外大国和以印尼为主的域内国家的相关区域化行动的竞争。总体而言，这一时期英国的"东南亚区域合作"在机制与规范建设上是互为一体的，英国自特别专员署时期便倡导并成功向东南亚渗透的协商规范，在最高专员时期又通过科伦坡计划向东南亚渗透的包容性合作规范，从而成功影响了东南亚其他区域合作的规范建构。

---

① 郑先武：《万隆会议与东南亚区域主义发展》，《世界经济与政治》2015年第9期，第54页。

第 六 章

英国的东南亚防务建设与区域安全竞合

在麦克唐纳担任最高专员期间，英美在东南亚的政治—安全领域亦存在地位竞争。这一时期，英国在以英—马防务合作为中心构筑东南亚区域防务安排的同时，意图借由科伦坡计划由经济向政治—安全领域的外溢，将双边的英—马防务合作扩展为多边的区域防务合作。但是，美国在东南亚安全领域地位的上升已难以阻遏，至1954年东南亚条约组织建立，美国已成功建立起其亚洲太平洋集体安全保障体系。在1955年麦克唐纳卸任最高专员后，英美安全地位竞争进一步倒向有利于美国的一边。与此同时，英国的区域防务安排激起了兴起中的域内大国印尼的反对，1963年爆发的"印马对抗"，通过一个具体的案体，反映出区域内力量抵制区域外力量主导的防务安排的意图。因此，较之科伦坡计划以及英国在区域经济领域相对成功的实践，英国在东南亚的政治—安全领域的尝试，遭遇了另一种不同的命运。

一 英美安全地位竞争与区域防务组织建设

如同在经济领域那样，英美在东南亚的政治—安全领域亦存在身份互动与地位竞争，但在传统意义上，这种竞争被认为从属于双方在欧洲或跨大西洋的安全竞争，同时也从属于全球性的冷战对抗。实际上，英美在经济领域的竞争，始于二战时期，换言之，英美在经济领域的身份互动、地位竞争要早于冷战的爆发。因此，英美在东南亚的安全身份竞争具有延续性,即从二战期间和特别专员署时期的经济竞争,发展到麦克唐纳任职最高专员期间的安全领域的身份竞争。

首先,二战后初期英美在东南亚的安全竞争,要早于冷战的爆发,这主要表现在英美关于泰国及其防务问题的争辩上。正如陈乐民所指出,二战期间,泰国的独立是通过"日泰合流"实现的,即泰国在1941年被日本占领并立即宣布加入轴心国集团。当时,英美对泰国伪政权的态度不一:英国认为泰国伪政权属于同日本结盟的国家,美国则认为泰国已沦为日本的殖民地。这种认知直接导致了英美对于战后泰国地位的不同安排。英国认为战后的泰国应该回到英国的势力范围,而美国认为作为日本殖民地的泰国在战后应当交付"国际托管"。1945年初,美国意欲在华盛顿成立"自由泰国解放委员会",对此,艾登在致美国的备忘录中指责美国干预英国利益。1945年7月14日,英国外交部远东委员会在一份文件中记述道:"在(美国)国务院里有这样一种明显的倾向,就是认为我们对暹罗所做的或者所说的每一件事情,都预示着我们想要在战后对它施加与它的自由、主权和独立不相容的控制。"美国继而发表声明说,一旦"一个合法的暹罗政府……废弃前政府的战争宣言及其同日本签署的协定和条约……并开始公开反抗日本",美国就可以与这个政府建立外交关系。英国指责该声明是"挑衅性的"。也正因此,如何处理泰国问题成为战后英美在东南亚的第一个争端。在前述英泰谈判过程中,美国予以百般干扰;此后,英美两国在泰国战后政治地位问题上进行了往返的"照会"战。[①]

其次,在整个东南亚防务问题上,英国的东南亚防务政策源于盟军东南亚司令部的职能转变,此后,特别专员署在职能上主要强调经济能力,而最高专员则将防务与安全建设作为英国的"东南亚区域合作"的实践重点。1947年以后,英国的"东南亚区域合作"政策实践转向政治—安全领域,与此同时,美国的战后东南亚政策也处于形成的关键期,多边合作及区域合作的理念逐渐占据主导地位。1949年3月,美国国务院政策设计室的一份研究报告提议:"我们应视东南亚地区为由印度半

[①] 陈乐民:《战后西欧国际关系(1945—1984)》,生活·读书·新知三联书店2014年版,第132—133页。

第六章　英国的东南亚防务建设与区域安全竞合　　131

岛、澳大利亚和日本构成的巨大的新月形地带的有机组成部分，促进东南亚地区与大西洋共同体和自由世界其他地区的和谐发展，是我们持续的目标。反过来，遏制和削弱克里姆林宫在该地区的影响同样也是我们的目标。因为通过一种仅限于对东南亚各国采取单边行动的政策，我们很难实现这些目标，我们应该采用一种广泛的计划——多边合作，主要是与一些英联邦国家和菲律宾合作，把东南亚作为一个地区。"① 1949 年新中国成立后，遏制成为美国亚洲政策的核心规范。这一时期，美国的决策者也开始探讨基于遏制的东南亚"区域合作"问题，遏制战略成为此后美国关于东南亚地区安全组织政策的基础。② 如上所述，英国决策者尤其是麦克唐纳在美国的多米诺逻辑发酵的过程中扮演了重要角色，这表明，英美开始从区域视角看待并思考东南亚的现状。

　　英美在东南亚的安全身份互动与地位竞争在麦克唐纳赴任最高专员后进一步凸显，在这个时期，美国主导建设了一系列东南亚安全组织，主要有 1949 年 3 月提出的"太平洋公约"（Pacific Pact）倡议、1951 年 9 月 1 日缔结的《澳新美同盟条约》（The ANZUS Treaty）、1951 年 8 月 30 日签署的《美菲共同防御条约》（Mutual Defense Treaty Between the United States and the Republic of the Philippines）、1954 年 9 月 8 日成立的东南亚条约组织。通过这些机制，美国逐步建立起其主导的东南亚安全网络。

　　1949 年 3 月，时任菲律宾总统埃尔皮迪奥·季里诺（Elpidio Quirino）首次倡议缔结类似于北约的"太平洋公约"，其核心是建立起一个以美国为核心的东亚"反共"联盟。1949 年 5 月 18 日，美国国务卿艾奇逊对此明确表示反对。③ 他公开表示，美国认为应该由该区域的国家自己来领导地区防务安排，如果印度和菲律宾能走到一起，那会很有用，但菲律宾政府目前没有表现出太多的与中国接触的意思。④ 实际上，更深层次的原

---

①　PPS/51, "United States Policy Toward Southeast Asia", March 29, 1949, NSC 51, July 1, 1949, FRUS: 1949, VII, p. 1129.
②　［美］约翰·刘易斯·加迪斯：《长和平：冷战史考察》，第 109 页；孙建党：《美国与东南亚经济关系研究（1945 – 1973）》，第 27—28 页。
③　［新西兰］尼古拉斯·塔林：《剑桥东南亚史》（第二卷），第 472 页。
④　Paul Preston and Michael Partridge eds., *British Documents on Foreign Affairs*, F14114/1072/61 G, No. 9, pp. 334 – 335.

因在于，这个时期美国在东南亚的安全战略与"太平洋公约"倡议大有出入，即美国在20世纪40年代后期和50年代初期逐渐建立起来的全球"反共"联盟的过程中，是区别对待欧洲和亚洲两个地区的：在与北大西洋伙伴交往之时，美国倾向于在多边基础上采取行动；而在与东南亚伙伴打交道之时，美国则偏向双边行动。① 因此，美国在"太平洋公约"倡议上持反对意见。

英国对"太平洋公约"倡议的反应则是英国已经意识到其自身在太平洋及东南亚地区相对于美国在军事上的显著劣势，因而英国坚持相关地区的合作必须保持在经济或政治领域内，拒绝任何与美国相关的区域防务安排。这样，在"太平洋公约"酝酿的过程中，英国试图创建一个可以将东南亚与西太平洋区域联结起来的东南亚区域组织，并最终谋求在经济发展领域取得进展。② 1949年9月，英美在华盛顿就远东形势进行了对话，艾奇逊与贝文均参加了会谈。艾奇逊认为，在远东可以抗衡苏联阵营影响的主要力量，是新兴的、不断发展中的民族主义。他鼓励亚洲国家获取该区域的领导权，尤其希望印度尼赫鲁政府可以发挥更大的作用。美国反对太平洋公约也是出于该区域的国家能够出来发挥领导作用；作为太平洋公约的替代方案，美国方面提出印度和菲律宾政府应该展开某种合作。对此，贝文指出，有必要谨慎处理鼓励印度获得区域领导权的问题，因为在亚洲小国当中有一种害怕受到印度支配的趋势。当前，缅甸的经济形势可以为相关国家创造一个可供区域合作的共同议题，他鼓励相关国家进行区域经济合作，并认为区域经济合作是当前强化区域力量以应对东南亚安全压力的主要途径，但这种经济合作不能仅仅依托当地资源，还应当鼓励外部援助。③

鉴于双边对话中的英美分歧，菲律宾将原先所提的军事性质的倡议改为非军事的"太平洋公约"。1950年5月，在季里诺总统的邀请和主持下，澳大利亚、巴基斯坦、印度、锡兰、泰国、印尼及菲律宾7国在菲

---

① ［美］彼得·卡赞斯坦：《地区构成的世界：美国帝权中的亚洲和欧洲》，第53—54页。
② 郑先武：《东南亚早期区域合作：历史演进与规范建构》，《中国社会科学》2017年第6期，第192—193页。
③ Paul Preston and Michael Partridge eds., *British Documents on Foreign Affairs*, F14114/1072/61 G, No. 9, pp. 334-335.

律宾碧瑶召开会议，以推动建立以太平洋公约为基础的永久性区域组织，通过更紧密的亚洲经济、社会和文化合作，形成区域性国际事务中的"第三种力量"。[①] 1950 年 9 月，澳大利亚外长斯彭德在美国两院外交委员会上发表演说，指出美国所拟议的太平洋公约成员可由"澳、新、菲、加等国家组成"。1951 年 1 月，美国对太平洋公约的成员构成、地区范围、义务、机构等逐渐明确，并清晰地见之于时任美国国务院对日和约谈判事务特别助理、不久后升任远东司司长的约翰·艾利森（John Allison）主持拟订的《太平洋公约草案》当中。不久，负责对日和约谈判事务的国务院顾问约翰·杜勒斯（John F. Dulles）提出意见认为，美国在太平洋地区的防务范围应该是"日本—琉球—中国台湾—菲律宾—澳大利亚这样一条近海岛屿链"。为了排除英国及其强化海洋地理政治作用的意图，杜勒斯认为太平洋公约的成员构成应限于"在太平洋地区拥有主要岛屿的国家"。[②]

在"太平洋公约"倡议的推进过程中，美国的东亚及东南亚战略逐渐发生变化，尤其是在 1949 年 10 月中华人民共和国成立及 1950 年 6 月朝鲜战争爆发后，杜鲁门政府开始重新定位其东亚政策，积极筹划组建美国在东南亚的区域防务组织，美国以往所摒弃或"不屑"的与东南亚国家的多边合作，成为这一时期的主要路径。在此前后，美国先后组建了澳新美同盟、美菲同盟及东南亚条约组织，初步构建起其亚太军事同盟体系。此类机制建设与英国的政策及利益相悖，英美在东南亚的安全竞争关系愈益凸显。

1950 年 1 月 12 日，美国国务卿艾奇逊发表美国在太平洋的"环形防御线讲话"，即美国的防线从阿留申群岛起，经日本到琉球群岛，再到菲律宾群岛。3 月 15 日，他又发表了美国亚洲事务政策的演说，表示赞赏澳大利亚外长斯彭德的说法，即"战后危机中心已从欧洲转向亚洲"，"对亚洲太平洋地区稳定有重大利害关系的、能够承担军事义务的国家应

---

① 郑先武：《东南亚早期区域合作：历史演进与规范建构》，《中国社会科学》2017 年第 6 期，第 187—204 页。

② 王绳祖主编：《国际关系史》第八卷，第 154 页。

当一起签订太平洋公约。"① 但是，艾奇逊的太平洋防务构想的范围尚未包括澳大利亚和新西兰，因为此时美国的战略重心仍在日本、朝鲜半岛及中国台湾等地。朝鲜战争爆发后，1951年1月，杜勒斯提出美国在太平洋的防务范围应当包含日本、琉球群岛、中国台湾、菲律宾、澳大利亚这样一条"近海岛屿链"，此时，为应对中国的影响及朝鲜的战争态势，澳、新已被定位为美国在西太平洋的战略基地。② 在此背景下，1951年9月1日，美国、澳大利亚、新西兰在旧金山缔结《澳新美同盟条约》。孙建党指出，尽管《澳新美同盟条约》只是美国在亚太地区以条约形式作出承诺的多边军事协定，但它无疑是美国直接卷入亚洲区域主义的前奏。③ 1952年8月，澳新美理事会第一次会议在夏威夷举行，会议拒绝了英国以观察员身份参与其中的请求。④ 至此，澳新美三边同盟的大门彻底地对英国关闭了。

对于英国为何无缘澳新美同盟，汪诗明指出，英国自身实力的下降使得它在远东及太平洋地区的防务安排中逐渐处于边缘地位，英国提出的缔结一个广泛的太平洋防御协定在美国那里遭到冷遇，英国战后从未真正地视美国为一个战略对手，而是一个合作伙伴甚至是战略上的求助对象，这一切导致它最终无可奈何地接受被美澳新三边同盟拒之门外的现实。⑤ 肯尼迪认为，1951年澳大利亚和新西兰不顾伤害英国感情甚至激怒英国，而与美国签订《澳新美同盟条约》，表明英联邦的神话已被世界政治的残酷现实击得粉碎；伦敦将大英帝国四处分散的领土打造成一个有机的防务单元的想法，只有在如下时代条件下才值得考虑：英国具有强大的金融实力，未卷入欧洲事务，帝国的附庸国把它们与英国的联系看得比与其他政府的联系更加重要，而且权力还处于主导地位。但在1945年之后，所有这些前提条件均已不复存在。⑥

---

① 王绳祖主编：《国际关系史》第八卷，第154页。
② 王绳祖主编：《国际关系史》第八卷，第155—157页。
③ 孙建党：《美国与东南亚经济关系研究（1945－1973）》，第296页。
④ Paul Preston and Michael Partridge eds., *British Documents on Foreign Affairs*, FZ1071/88, No. 10, pp. 159－162.
⑤ 汪诗明：《英国为何无缘澳新美同盟——从英国方面来考察》，《历史教学问题》2009年第3期，第60—64页。
⑥ [英]保罗·肯尼迪：《英国海上主导权的兴衰》，第351页。

如果说《澳新美同盟条约》是美国直接卷入亚洲区域主义的前奏，那么在该条约缔结前两天即1951年8月30日签订的《美菲共同防御条约》，则是战后美国直接介入东南亚安全合作的垫脚石。从1950年1月12日艾奇逊发表"环形防御线讲话"，到1950年9月澳大利亚外长斯彭德提议太平洋公约成员可由"澳、新、菲、加等国家组成"，再到1951年1月4日杜勒斯在艾利森所拟订的《太平洋公约草案》基础上指出美国在太平洋地区的防务范围应该是"日本—琉球—中国台湾—菲律宾—澳大利亚这样一条近海岛屿链"，可以看出菲律宾在美国的东南亚防御体系计划中的地位非同一般。在澳新美同盟签约后，美国决定与日本和菲律宾两国分别签订双边安全条约。1951年8月30日，菲律宾外长卡洛斯·佩纳·罗慕洛（Carlos Pena Romulo）和美国国卿顾问杜勒斯代表各自政府签署了《美菲共同防御条约》，次年8月27日，同盟条约生效。

《美菲共同防御条约》与《澳新美同盟条约》共同标志着美国的亚太同盟体系建设的启动，[①] 其中，《美菲共同防御条约》是美国东南亚战略的垫脚石，它所铺垫的多边机构的标志，是1954年的东南亚条约组织。1954年9月8日，澳、新、美、英、法西方五国以及泰、菲、巴基斯坦亚洲三国签署了《东南亚集体防务条约》，即《马尼拉协定》，正式宣告东南亚条约组织建立。在该组织酝酿的过程中，美国认为自身在东南亚的行动自由不受英国干扰，如果英国不愿意成为美国在东南亚的合作伙伴，那么美国将以该区域的联系国为主要合作伙伴。美国甚至认为，至少在远东地区，与英国的紧密联系是美国的痛苦负担。[②]

对于东南亚条约组织的军事属性，卡赞斯坦指出，该组织不是北约意义上的多边组织。首先，东南亚条约所表达的义务相对较弱。北约对集体防卫有着明确的条约义务的规定，即进攻北约的一个成员就被视为对北约所有成员的进攻；而东南亚条约组织章程第4条只是将这样的进攻视为对和平与安全的威胁。尤其是在东南亚条约组织内，美国明确表

---

① [美]沃伊切克·马斯特尼：《冷战的历史遗产：对安全、合作与冲突的透视》，第18页。

② "Papers as President, April 30, 1954", in Nancy Beck Young ed., *Documentary History of the Dwight D. Eisenhower Presidency*, Vol. 5, the Geneva Conference of 1954, Washington D. C.: University Publications of America, 1996, pp. 22–23.

示保留采取双边和单边行动的权力,这项原则在 1962 年美国与泰国的《腊斯克—塔纳联合声明》中被正式认可,美国在该声明中强调了它对泰国的承诺"不依赖于缔约国各方以前共同做出的安排,因为义务既包含了集体义务,也包含了个体国家的义务"。此外,从组织形式来看,东南亚条约组织没有统一的军事指挥系统,也没有具体分配国家的军事力量,东南亚条约组织的任何行动都是以成员国的名义而不是以整个组织的名义采取的。①

对于东南亚条约组织的区域合作属性,孙建党指出,该组织并非一个东南亚地区性组织,它在更大程度上是美国领导下的、世界范围内的"反共产主义"军事同盟体系的组成部分。② 东南亚条约组织先后提出了一系列防卫东南亚的计划,但大都是理论上的探索,主要是因为以英国为代表的几个成员认为这些计划的可行性很小。③ 崔丕指出,1950 年美国国务院关于太平洋公约的构想是美国亚洲集体安全政策的开端,而 1954 年东南亚条约组织的建立则标志着美国亚洲太平洋集体安全体系的正式形成。美国的亚洲太平洋集体安全体系、中东条约组织、北大西洋公约组织三者相结合,构成了美国在世界范围内遏制苏东集团的军事同盟体系,进而支撑起美国的世界霸权。④ 对英国而言,东南亚条约组织是美国"条约癖"(Pactomania)的一环,即美国在朝鲜战争期间以及战争后热衷于在亚洲、中东组建"反共产主义"的联盟,用来遏制苏联阵营的同盟。⑤

英国对于东南亚条约组织的态度,从一开始就十分谨慎。从 1957 年上台的麦克米伦(Harold Macmillan)政府到 1964 年执政的威尔逊(James Harold Wilson)政府,伦敦均表示继续遵循 1954 年《日内瓦协定》规定的对老挝、柬埔寨与越南采取不干预的条款,从而在东南亚事

---

① [美]彼得·卡赞斯坦:《地区构成的世界:美国帝权中的亚洲和欧洲》,第 54—55、57 页。

② 孙建党:《美国与东南亚经济关系研究(1945 - 1973)》,第 296 页。

③ Panagiotis Dimitrakis, *Failed Alliances of the Cold War: Britain's Strategy and Ambitions in Asia and the Middle East*, p. 88.

④ 崔丕:《美国亚洲太平洋集体安全保障体系的形成与英国(1950—1954 年)》,第 1 页。

⑤ Panagiotis Dimitrakis, *Failed Alliances of the Cold War: Britain's Strategy and Ambitions in Asia and the Middle East*, p. 7.

务上表现出不同于美国的立场。① 崔丕对东南亚条约组织建立过程中的英美竞争作了详尽分析，他指出，该组织建立后，美国的亚洲太平洋集体安全政策的重心转到调整其亚太同盟体系的内部关系上。在从太平洋公约向东南亚条约组织发展的过程中，英美在东南亚及亚洲的利益既有一致性也有差异性，其中，东南亚条约组织是美英战略利益的汇合点，但是，美国亚洲太平洋集体安全政策的基调是"遏制主义"，而英国的东亚安全政策的基础则是"帝国地位"和"冷战需要"。但在这个过程中，英国国内政治出现了巨大变化。1951年10月，以丘吉尔为首的保守党取代工党的艾德礼政府，在对外政策上，丘吉尔政府极力强化英国在亚洲太平洋的大国地位。也正因此，在美国建构东南亚安全及防务机制的过程中，英国对美国既有支持又有牵制：一方面，英国政府支持美国对日重整军备政策而限制日本经济复兴的水平；另一方面，英国又极力改变《澳新美同盟条约》的性质，试图向《澳新美同盟条约》成员国派遣观察员，在遭到美国反对后，英国开始公开批评该组织。同时，英国重提战后初期便开始酝酿但仍处于保密阶段的《澳新马防卫计划》（ANZAM），该计划试图建立以马来亚为核心英帝国的地区防务战略。事实上，英国试图使该计划包容甚至取代《澳新美同盟条约》，推动建立美英法澳新五国参谋机构。此外，英国继续尝试扩大《澳新美同盟条约》组织，使英国和法国加入其中，建立起一个五国参谋机构，由美国人出任最高统帅。但美国对该计划无动于衷。②

东南亚条约组织建立后，麦克唐纳向艾登分析了该组织建立后东南亚的形势变化。他认为该组织有利于英国在东南亚的身份重塑与地位建设，而对美国恰恰是不利的。麦克唐纳指出，在整个1954年，东南亚最显著的变化是美国声望的迅速下降和中国威望的有力提升。美国在亚洲饱受批评，其原因在于：亚洲国家深怕爆发一场新的世界大战，并将东南亚裹挟进去；它们认为美国的外交政策正加剧这种趋

---

① Panagiotis Dimitrakis, *Failed Alliances of the Cold War: Britain's Strategy and Ambitions in Asia and the Middle East*, p. 85.

② 崔丕：《美国亚洲太平洋集体安全保障体系的形成与英国（1950—1954年）》，第1—27页。

势，因为华盛顿一味地通过敌对宣传及战争式的威胁来处理与中国的关系。与此相反，中国的领导人正在阐明他们的政治理念，即中国共产党是十分友好的，没有超越中国边界的野心，他们真诚地希望与所有其他国家"和平共处"，而这种理念或多或少地为亚洲其他国家所接受。在麦克唐纳看来，中国在任何情况下都是一个最不可压制的亚洲国家，在接下来几代人的时间里，它将成为东方的"真正的主人"。因此，英国需谨慎地与它作出妥协。在东南亚，共产主义的态势正在发生变化，印支三国正倒向苏联阵营。在应对这一威胁上，麦克唐纳指出，在政治或军事层面的第一步抵抗应当来自于当地政府，其关键是南越、泰国及印尼。但这些国家的政府普遍羸弱不堪，例如，泰国政府陷入腐败、低效、独裁的境地；印尼民族主义政权也趋于中立。这些表明，当前美国在东南亚的军事行动并未切中遏制区域安全威胁的要害，在此情况下，英国恰恰可以发挥出其影响力当中的有价值的那个部分，即鉴于英国在日内瓦会议中的作用，亚洲国家几乎普遍地认为，在处理与东方各民族及国家的关系上，英国是一个最明智的西方大国。[1]

但事实上，东南亚条约组织不仅强化了美国在东南亚的安全支配地位，而且还削弱了英国在英联邦的影响力。梅津弘幸（Hiroyuki Umetsu）指出，东南亚条约组织不仅标志着美国在历史上第一次真正卷入东南亚地区的防务，还标志着澳大利亚真正卷入东南亚地区政治，这是澳大利亚在历史上第一次在维持东南亚区域的均势中扮演正式的角色。[2] 因此，美国的"遏制主义"与英国的"帝国意识"之间存在着直接的矛盾，美国政策削弱了英国地位。作为英国东南亚政策的延续与调整，同时也是对美国东南亚地区安全组织建设的回应，英国也力图组建由它自己所主导的东南亚联盟，而其核心考量之一，即是帝国地位。[3] 在此，英国可加利用的一个有利因素是，东南亚域内的国家对东南亚条约组织的印象，

---

[1] Paul Preston and Michael Partridge eds., *British Documents on Foreign Affairs*, D1011/2, No. 7, pp. 404 – 411.

[2] Hiroyuki Umetsu, *From ANZUS to SEATO-A Study of Australian Foreign Policy, 1950 – 54*, Ph. D thesis, Sydney: University of Sydney, June 1996, p. 1.

[3] 崔丕：《美国亚洲太平洋集体安全保障体系的形成与英国（1950—1954 年）》，第 20 页。

是普遍认为它是一个闯入东南亚地区的军事大国集团,① 因而引起了印尼、缅甸等国的强烈敌意。

总之,英美在东南亚的安全身份互动与地位竞争,在麦克唐纳担任最高专员后进一步凸显。这一时期,美国主导建设了一系列东南亚安全组织,对于这些机制,英国或参与其中,或加以抵制。在英美东南亚安全身份互动与地位竞争中,英国的帝国地位身份认知受到了美国的直接挑战,最终,英美在东南亚的安全关系也逐渐变成了"美主英从"的格局。此后,英国的东南亚防务组织建设又引起了东南亚域内国家的强烈反感,尤其是来自新兴中的东南亚区域大国印尼的抵制。在区域内外两种竞争关系的压力下,英国不得不再次调整其身份认知。

二 "印马对抗"与英国的东南亚防务组织建设

东南亚条约组织的建立,不仅反映了英美在东南亚的安全身份互动与地位竞争,还为印尼与英国在东南亚的安全地位竞争埋下了伏笔。在该组织建立后,出于与美国在东南亚的区域安全地位竞争,英国即以马来亚为中心,试图另起炉灶,开展其自身的东南亚区域防务建设,从而导致英国与印尼矛盾的激化。这主要体现在"印马对抗"及其所折射的英国—印尼—马来(西)亚三边关系上。

一般认为,1963 年开始的"印马对抗",主要源于东南亚内部的国家间矛盾,即印尼与马来亚间围绕"马来西亚"的建立所产生的冲突,而英国是"马来西亚计划"的主导者。张小欣指出,该计划是麦克米伦政府为适应战后非殖民化潮流和减轻英国海外负担所主动提出的战略变革计划的组成部分,目的是使英国在政治与军事层面从东南亚收缩,通过加强双边经贸及防务等关系建设,继而以"非正式帝国"的形式在东南

---

① Matthew Jones, *Conflict and Confrontation in South East Asia, 1961–1965: Britain, the United States and the Creation of Malaysia*, p. 8.

亚存在。① 可见，帝国"身份地位化"依旧是英国推出其马来西亚计划的核心考量。事实上，1961年5月27日的马来西亚联邦计划，主要是要解决英国在东南亚的"正式的帝国"向"非正式帝国"转变的问题。若该计划如期实现，英国政府就能够同时实现四个目标："正式"清算英国在东南亚的殖民地、继续对原东南亚殖民地保持实质性的影响、继续保持在新加坡的军事基地、建立保卫英国相关安全利益的屏障。其中，最重要的是保持住新加坡的军事基地。②

在英国推出"马来西亚计划"后，1963年1月，时任印尼外长苏班德里约（Haji Subandrio）指责马来亚是英国"新殖民主义"与"新帝国主义"的爪牙。印尼领导人苏加诺则声明，"我反对马来西亚，除非马来西亚人民有权作出自己的决定，他们必须有一次全民公决或一次公民投票，他们必须有表达自己观点的机会。当前英国人所做的仅仅是询问极少数酋长他们是否需要一个马来西亚，鉴于这些人与英国的关系，他们当然会说'好的'"。③ 不久，苏加诺总统开始采取"对抗"政策，从意识形态、历史及安全背景等方面反对马来西亚的建立，"印马对抗"由此开始。

事实上，"印马对抗"并不仅仅是印马双边矛盾的反映，而且是印尼区域大国"身份地位化"进程中与域外大国间矛盾凸显的集中表现，而东南亚条约组织的建立是这种矛盾加剧的主要诱因之一。在该组织建立问题上，印尼作为东南亚日益上升的区域大国，其态度与因应显得尤为重要。在苏加诺总统任内，印尼明确反对任何军事或政治上的域外大国在东南亚的存在。在东南亚条约组织的建立过程中，印尼明确表示担心集体防御机制，表示不愿加入其中。战后印尼谋求区域大国的第一步，是在科伦坡五国框架内，倡导和举办首届万隆亚非会议，进而谋求地区事务的领导权。1955年4月18日至25日，万隆会议在印尼召开。苏加诺在万隆会议开幕致辞中，呼吁以反殖民主义作为跨越亚非一切合作的

---

① 张小欣：《1963年印（尼）马对抗与东南亚地区之大国角力》，《南洋问题研究》2010年第3期，第19—27页。
② 戴超武主编：《亚洲冷战史研究》，东方出版中心2016年版，第126页。
③ Geoge McT. Kahin, *Southeast Asia: A Testament*, London: RoutledgeCurzon, 2005, p. 163.

共同基础。① 他所描绘的基于独立、和平与自主的泛亚非主义，赢得了与会大多数东南亚国家的支持。印尼在首届亚非会议的筹备和召开过程中承担了重要的"区域领导"角色，② 标志着其区域领导权的开始，印尼在这次会议中彰显的政治领导与规范倡议的能力及实践，实际上树立起印尼的区域政治大国的形象。③

"印马对抗"是这一时期印尼区域大国"身份地位化"过程中与域外大国之间围绕国家安全及区域安全而产生和加剧矛盾的结果。虽然印尼于1949年从荷兰获得独立，但荷属新几内亚/西伊里安（1963年移交印尼后改称西伊里安）问题一直悬而未决。1958年至1962年，印尼始终在西伊里安地区通过低烈度的游击战对抗着荷兰在该地的统治。④ 1963年，联合国确定将西伊里安交还给印尼，宣告了冲突的结束。在西伊里安冲突尚未结束之时，印尼又与英国在文莱问题上发生直接的军事冲突。1962年9月，建立于1956年的文莱首个政党文莱人民党（Parti Rakyat Brunei/Brunei People's Party），与沙捞越、北婆罗洲的政治力量结盟，组成一个反马来西亚联盟。⑤ 12月8日，在文莱的富油地区爆发了文莱人民党领导的要求文莱独立的武装起义，起义规模约4000人，其中一半人员装备精良。但该起义很快被英国军队镇压下去。12月17日，英国再次有效控制了文莱。⑥ 但是，英国认为，该起义得到了印尼的实际支持，表明了印尼对英国的军事对抗姿态。因此，文莱起义被认为打响了"印马对抗"的第一枪。⑦

文莱起义也成为东南亚域内国家之间尤其是印尼—马来亚—菲律宾

---

① 李慎之、张彦：《亚非会议日记》，世界知识社1955年版，第11页。

② 郑先武：《区域间主义治理模式》，第248页。

③ 李峰、郑先武：《区域大国与区域秩序建构——东南亚区域主义进程中的印尼大国角色分析》，《当代亚太》2015年第3期，第72页。

④ James Llewelyn, "Japan's Return to International Diplomacy and Southeast Asia: Japanese Mediation in Konfrontasi, 1963–66", *Asian Studies Review*, Vol. 30, No. 4, 2006, pp. 355–374.

⑤ David Lea, Colette Milward, and Annamarie Rowe, eds., *A Political Chronology of Southeast-East Asia and Oceania*, pp. 18–19.

⑥ Will Fowler, *Britain's Secret War: The Indonesian Confrontation 1962–66*, Oxford: Osprey Publishing, 2006, p. 6.

⑦ Will Fowler, *Britain's Secret War: The Indonesian Confrontation 1962–66*, p. 6.

的三边关系的转折点。在马来亚,起义发生后,东姑·拉赫曼在国会中指责印尼为文莱人民党叛军提供财政援助和军事训练,抨击邻国某些政党人士企图阻止马来西亚成立,并下令联合邦军警协助文来恢复法律秩序。在印尼,苏加诺发表讲话,呼吁印尼人民支持为自由而战的文莱起义军。苏加诺还讽刺马来亚是获得帝国主义恩赐而独立的国家。1962年12月23日,印尼新成立的北加里曼丹全国委员会在雅加达举行群众大会,谴责英国军队镇压文莱人民的起义行动,集会群众在雅加达广场上焚烧了马来亚总理东姑·拉赫曼的画像。两国关系迅速恶化。① 此时,菲律宾介入文莱事件,马卡帕加尔(Diosdado P. Macapagal)政府认为,沙巴在历史上系菲律宾苏禄苏丹租借给英国人的地区,因而发起索回沙巴主权的外交行动。② 印马对抗的形势,因菲律宾的行动而体现出领土争端的特征,从而趋于复杂化了。

因此,"印马对抗"是印尼与马来亚、菲律宾间矛盾的结果,更是印尼与英国、美国矛盾的体现。这一时期,菲律宾与马来亚分别是美、英两国在东南亚区域安全建设的着力点,而英美所追求的地区安全目标与印尼苏加诺政府所追求的区域自主的安全秩序存在本质冲突,印尼对马来亚、菲律宾的反对及行动的一个主要方向,是指向两国背后的域外大国英国和美国。对于美国在东南亚的区域安全行动,例如东南亚条约组织的建立,在苏加诺总统任内,印尼明确反对任何军事或政治上的域外大国在东南亚的存在,因此,在东南亚条约组织建立的过程中,印尼明确表示担心集体防御,并表示不参与其中。③ 东南亚条约组织的建立不仅是英美在东南亚安全身份互动与地位竞争的表现,也是印尼作为新兴的域内大国与美国等域外大国安全竞争的体现。

英国推动以马来亚为核心的东南亚防务建设,是引起"印马对抗"的一大直接原因,因而值得在此专门探究。具体地,从特别专员署到最

---

① 庞卫东:《新加坡与马来(西)亚的合并与分离研究:1945—1965》,第162页。
② 张小欣:《1963年印(尼)马对抗与东南亚地区之大国角力》,《南洋问题研究》2010年第3期,第20页。
③ Rizal Sukma, "Indonesia and Regional Security: The Quest for Cooperative Security", in See Seng Tan and Amitav Acharya eds. , *Asia-Pacific Security Cooperation: National Interests and Regional Order*, New York: Routledge, 2004, p. 75.

高专员，马来亚及新加坡始终是英国东南亚区域经济的中心，但是，由于军事力量有限，马来亚仅仅是英国的区域防务建设上名义上的中心，马来亚自身的安全也一直依靠英联邦国家来维持。靳小勇指出，二战结束后，艾德礼政府通过"战略责任区"（Zones of Strategic Responsibility）的做法，重构太平洋地区防务。"战略责任区"的提出，源于1946年4月5日英国防务委员会向内阁提交的《英联邦战略形势》研究报告，它首次提出两个概念，一个是"主要支持区域"（Main Support Areas），包括英国本土、北美、撒哈拉以南的非洲、澳大利亚及新西兰、印度；另一个是"重要战略区"（Zones of Strategic Significance），包括西欧、伊比利亚半岛和北非、中东和东南亚。这两个概念的主要对象均为苏联，即以"主要支持区域"为基础筹划对苏战争，并在"重要战略区"与苏联展开斗争。根据报告人的设想，在"主要支持区域"的当面，应建立起若干保护区（Protective Zones），即"战略责任区"，由自治领承担防务责任。在太平洋地区，"战略责任区"由澳大利亚参谋长联合相关各方、组织制定太平洋地区战略计划。此后，艾德礼政府开始与自治领展开磋商，谋求与自治领澳大利亚和新西兰分担帝国防务。而澳大利亚也体现出对东南亚防务的关切，1947年，澳大利亚防务委员会在《澳大利亚防务态势》报告中指出，澳大利亚防务区划最少应该延伸到新加坡、北婆罗洲和马努斯岛一带。澳防务委员会方估计，针对澳大利亚的攻击可能从马来亚或者菲律宾发起。1949年8月22—26日，澳、英、新三国军事代表团规划人员在墨尔本召开会议，三方达成了《澳新马防卫计划》，其中一项主要内容是"确认英国对马来亚的责任，英国可以提请澳新马参谋长委员会对马来亚的外围防务提供保障；新西兰同意战时为英国在中东提供防务支持"。《澳新马防卫计划》也标志着艾德礼政府经过近3年的磋商，完成了英国战后对太平洋地区防务的重构。①

在最高专员推动英国的"东南亚区域合作"政策重心转向以及英美在东南亚安全地位竞争加剧的背景下，英国的东南亚防务政策在1954年迎来了转折。4月底至5月初科伦坡会议的召开，9月东南亚条约组织的

---

① 靳小勇：《英国太平洋防务政策调整困境析论（1945—1949）》，《南洋问题研究》2015年第4期，第96—99页。

建立，是促成英国防务政策转折的关键。一方面，科伦坡计划的实施在经济上凝聚了战后日益离散的英联邦，但另一方面，东南亚条约组织又从政治—安全上分裂了英联邦。因此，谋求经济领域的、但具有政治—安全目的的科伦坡计划向政治—安全领域"外溢"，完善或强化其政治—安全角色，成为英国东南亚防务安全建设的政策选择。于是，英国酝酿通过协商手段，建立一个正式的东南亚集体安全协定，其主要争取对象即为科伦坡五国。1953年1月，缅甸提出在1947年8月所订立的《英缅防务协定》的基础上，订立一个新的双边防务协定，并提出在12个月内完成新协定的协商事宜。① 对此，英国认为，作为科伦坡五国之一，缅甸是英国通过协商推动建立一个正式的东南亚集体安全协定的突破口。英国方面认为，缅甸政府将会对此完全理解并给予一切可能的政治支持。② 但是，缅甸方面则认为，缅甸政府的政策不是在当前就对建立东南亚集体安全的设想作出承诺，而是希望延续其在科伦坡框架内的中立态度。③

在科伦坡会议召开之后、东南亚条约组织建立之前的几个月时间里，英国外交部于1954年7月提出了较为详尽的"建立东南亚防务组织的建议"，该建议指出，英国长期致力于建立一个广泛的有实际基地的东南亚及西南太平洋防务组织，并希望亚洲国家在该组织中发挥领导作用。为此，英国计划在该年9月初以前召集召开一次关于东南亚和西南太平洋集体防御的会议，会议地点最好选择该区域的一个国家。英国乐见有以下国家与会，即科伦坡五国、澳、新、泰、菲、法、美。会议的目标是考虑集体防御东南亚及西南太平洋的可行措施，具体包括：（1）军事、经济与技术援助，以加强那些可能遭受任何形式的外部干预（侵略、渗透、颠覆）的国家的抵抗能力；（2）磋商共同行动，应对包括领土完整、政治独立或安全、区域和平等方面的威胁；（3）对付公然的蓄意的侵略行动。英国声称，它期望与会国能就上述议题达成备忘录及集体防御协

---

① Paul Preston and Michael Partridge eds., *British Documents on Foreign Affairs*, FB1192/1, No. 1, p. 73.

② Paul Preston and Michael Partridge eds., *British Documents on Foreign Affairs*, DB1022/17, pp. 455–456.

③ Paul Preston and Michael Partridge eds., *British Documents on Foreign Affairs*, DF1071/295, p. 452.

第六章　英国的东南亚防务建设与区域安全竞合　　145

定的草案，但它又放言，计划中的东南亚防务组织绝不能对科伦坡计划有任何的替代作用，后者将继续发挥其重要作用。① 因此，英国事实上希望进一步将科伦坡计划与东南亚防务安全事务挂钩，借由科伦坡五国谋求科伦坡计划从经济领域向政治—安全领域外溢，而这正是英国制定科伦坡计划的本意。英国外交大臣艾登还进一步指出，防卫东南亚的问题既是政治的，也是军事的，它有三项功能，即：防止东南亚倒向苏联阵营；强化东南亚每个国家对抗内部安全威胁的能力；组织相关国家间的某种形式的防务协调。②

　　在艾登提出建议后，英国也向印尼通报了相关情况。对此，印尼表示，印尼政府没必要以任何方式对这一倡议作出承诺，直到英国建议成立的组织的形势与目得到明确，印尼还重申了其与印度、锡兰之间的共同体所强调的"积极的中立"。对此，英国认为，印尼所说的这种中立，正是英国预想中的印尼的最佳反应。③ 但是，东南亚条约组织的建立加剧了英国与印尼在军事领域的冲突与矛盾。一方面，为与美国竞争在东南亚的安全地位，英国加速推动了"联邦远东战略预备军"的建立和实际部署。1954 年 10 月，澳大利亚、新西兰分别向马来亚派遣了 1400 人和 130 人的兵力，④ 从而强化了英联邦在东南亚的军事存在。另一方面，此后英国围绕马来亚构筑其东南亚防务组织的实践触及了印尼的政策底线，后者"积极的中立"将会被打破。英国在推出"马来西亚计划"的同时，还将此前 1956 年签署的《英马防务互助协定》变更为《英国—马来西亚防务协定》。1956 年《英马防务互助协定》规定，"英国政府为承担其英联邦及国际义务有权在马来亚维持必要的军队"。⑤ 新的《英国—马来西

---

①　Paul Preston and Michael Partridge eds., *British Documents on Foreign Affairs*, D1074/293, No. 6, pp. 296 – 297.

②　Paul Preston and Michael Partridge eds., *British Documents on Foreign Affairs*, D1074/45, pp. 456 – 457.

③　Paul Preston and Michael Partridge eds., *British Documents on Foreign Affairs*, DF1071/307, p. 452.

④　崔丕：《美国亚洲太平洋集体安全保障体系的形成与英国（1950—1954 年）》，第 20 页。

⑤　Cabinet memorandum by Mr. Lennox-Boyd, 21 Feb 1956, CAB 129/79, CP (56) 47, 转引自张祖兴《英国对马来亚政策的演变（1942—1957）》，中国社会科学出版社 2012 年版，第 202—203 页。

亚防务协定》则规定，"来自英、澳、新的军队被允许继续留在独立后的马来西亚和新加坡"。对此，苏加诺认为，《英国—马来西亚防务协定》是一种典型的新殖民主义，马来西亚联邦的形成是英国早已策划的新形势下的殖民计划，其目的是包围印尼。①

在"印马对抗"的酝酿过程中，印马双方一开始并未非直接诉诸武力手段，而是主要集中在外交斗争上。在1963年9月之前，苏加诺主要希望利用印尼在第三世界的影响力来孤立马来亚，通过外交手段阻止沙巴和沙捞越加入马来西亚。② 同时，美国积极推动马来西亚与印尼通过谈判解决争端。1963年5月，印尼、马来西亚、菲律宾三方开始在马尼拉峰会上进行讨论，最终促成了《马尼拉协定》（Manila Accord）以及其他几项政治声明，从而建立起马菲印多联盟。但在英国的压力下，即将被任命为马来西亚联邦总理的东姑·拉赫曼贸然宣布马来西亚将在1963年9月16日建国。③ 9月25日，苏加诺正式发布了对马来西亚的对抗政策，"印马对抗"在英国的干涉中真正爆发，不久前刚刚建立的马菲印多随之夭折。④

在干扰当事方通过外交谈判解决冲突的同时，英美在东南亚的安全地位竞争，再次将英国引向军事干预"印马对抗"的道路。事实上，在"印马对抗"爆发前，英美在印尼的竞争已十分激烈，英国一度试图向苏加诺暗示，印尼有可能发生颠覆事件。印尼学者、《苏哈托自传》作者薛鸿华在研究中指出，1965年5月16日，时任英国驻印尼大使的安德鲁·吉尔克里斯特（Andrew Gillchrist）曾通过印尼中央情报局局长、第一副总理兼外交部部长苏班德里约，向苏加诺转交过一封信。最初苏加诺不太清楚英国大使写信的真实意图何在，他只是狭义地理解为印尼内部有人阴谋暗杀他本人，而完全没有意识到是美国等西方国家试图通过武力

---

① 李兴刚：《"五国防务安排"的发展与走势分析》，《南亚东南亚研究》2018年第4期，第19页。

② 庞卫东：《新加坡与马来（西）亚的合并与分离研究：1945—1965》，第164页。

③ James Llewelyn, "Japan's Return to International Diplomacy and Southeast Asia: Japanese Mediation in Konfrontasi, 1963–66", *Asian Studies Review*, Vol. 30, No. 4, 2006, p. 357.

④ David Lea, Colette Milward, and Annamarie Rowe, eds., *A Political Chronology of Southeast-East Asia and Oceania*, pp. 64–65.

颠覆印尼政府。此后的一系列解密档案证明,军事强人苏哈托(Haji Mohammad Suharto)的确得到了美国在幕后的大力支持。① 在"印马对抗"爆发后,美国一边建议当事方通过谈判解决争端,一边又将其政策重点放在了英美外交协调上。张小欣指出,美国为防止印尼"倒向"苏联阵营,防止印支问题复杂化,极力回避美英特殊关系及《澳新美安全条约》所要求的军事援助义务,力主对苏加诺推行和缓政策。英国为维持既得利益,防止澳新偏离英联邦外交轨道,一方面通过《英马防务互助协定》《澳新马防务协定》加强对印尼的军事防御,另一方面则力图联合美国共同承担战争责任,压制苏加诺接受马来西亚联邦。为此,美英在对印尼政策上不断采取外交协调。但在印尼"九·三〇事件"发生前,美英关系在东南亚的矛盾始终无法调和,为此,美国又联合日本共同实施对印尼援助政策,由此逐步削弱英国在东南亚政治事务上的影响力。②

因此,在英国的东南亚防务组织建设面临英美安全地位竞争以及英印尼安全地位竞争下,英国最终不得不在"印马对抗"中诉诸武力,直接进行干预以彰显其区域地位。1963年10月,麦克米伦因病辞职,时任外交大臣亚历山大·道格拉斯·霍姆(Alezander Douglas Home)继任首相,英国随即对印尼作出军事回应。英国将驻守新加坡的13500名地面部队战士中的8000名派往沙巴和沙捞越,其中2800名派往马来亚,其余留在新加坡;另外6000名英国远东空军和驻扎在中国香港地区的7000名英国士兵处于随时待命状态。同时,英国宣布向马来西亚提供8400万美元经济援助,其中的5040万美元用于军事设施建设和军队训练。③ 到1965年初,部署在东南亚的英国军队进一步增至近5万人。④ 英国一边向东南亚进一步增兵施压,一边又尝试通过协商结束对抗。1965年9月30日,印尼爆发"九三〇事件",英国在第一时间从驻雅加达大使吉尔克里斯特

---

① 薛鸿华:《印度尼西亚从苏加诺到苏哈托到哈比比》,个人印刷刊物,1999年版,第31—33页。

② 张小欣:《印(尼)马对抗时期美英的外交矛盾与协调》,《南洋问题研究》2014年第2期,第46页。

③ 张小欣:《1963年印(尼)马对抗与东南亚地区之大国角力》,《南洋问题研究》2010年第3期,第19—27页。

④ Sue Thompson, *British Military Withdrawal and the Rise of Regional Cooperation in South-east Asia, 1964–73*, pp. 21–22.

处获悉了印尼军事政变被挫败的结果,但英国仍认为应由印尼方面主动提出结束对抗。随着"九三〇事件"后苏加诺逐渐权力旁落,新总统苏哈托步步进逼而大权在握,英国逐步降低对马来西亚的安全承诺,从而为印马双方协商结束对抗、英印双方缓和关系创造了条件。至1966年8月11日"印马对抗"正式结束,即印尼承认马来西亚为一个合法的独立国家,共有超过300名英联邦武装人员、1600名印尼军人在此次对抗中死伤和被俘。[1]

综上所述,麦克唐纳就任最高专员后,英国在东南亚的区域防务安排面临着两大主要阻力:一是与东南亚域外大国、全球超级大国美国的安全地位竞争,在这一竞争中,英国的东南亚区域防务不仅未能成功实践,反而美国在美菲双边安全协定基础上确立起东南亚条约组织这个多边区域防务平台,由此在东南亚区域安全事务上逐渐形成"美主英从"的格局。二是与东南亚逐渐崛起的域内区域大国印尼的安全地位竞争,它最终集中反映在"印马对抗"上,这是区域内新兴大国与区域外衰弱帝国之间的竞争。在与域内外大国的安全地位竞争中,英国不得不在"印马对抗"中以诉诸武力的形式而彰显其区域领导地位。

三 防务组织建设的区域影响

麦克唐纳担任最高专员期间,英国的"东南亚区域合作"将实践重点转向区域安全防务建设,但同一时期,英国在东南亚事务上又面临着前所未有的英美安全地位竞争。在美国主导推动的太平洋公约、美澳新同盟、美菲同盟及东南亚条约组织等涵盖或针对东南亚的区域安全架构中,英国逐渐沦为美国的扈从国。在英美东南亚安全身份转换与地位竞争中,英国以其在马来亚的军事安全存在为基础,以科伦坡五国为切入点,并继续以英联邦为纽带推动东南亚防务计划。因此,英国的东南亚防务安排有着极强的被动性,尽管英国的实践并未取得成功,但在区域安全方面仍然有着三个方面的主要影响:一是迫使英国被动地重新认知

---

[1] Christopher Tuck, *Confrontation, Strategy and War termination: Britain's Conflict with Indonesia*, Burlington, VT.: Ashgate, 2013, p. 1.

其区域身份，并开始新一轮"区域身份地位化"；二是英国的安全建设与军事行动被东南亚视为一种安全威胁来源，其区域安全规范与机制建设引起了东南亚内生区域合作中相应的"对冲"反应，并在规范扩散层面引发了规范互构；三是英国从东南亚的军事撤出以及英国对东南亚内生区域合作地位的肯定。

首先，一如先前的科伦坡计划，英国的东南亚防务安排同样是旨在挽救英国在东南亚的帝国地位的计划，但在地区层面上，却招致了完全不同于科伦坡计划的反应。其一，英国的防务计划引起了美国的反对，加剧了英美在东南亚的安全地位竞争；其二，该防务计划还引起了东南亚新兴的区域大国印尼的敌视，进而引发英—印尼—马三边矛盾的激化，最终将印尼与马来亚间的矛盾引向"印马对抗"。

"印马对抗"对于英国在东南亚的"身份地位化"具有特殊意义。一是迫使英国最终诉诸武力来维持自己在东南亚的影响力，但这种武力介入既引起了东南亚众多国家的敌视，也给此前因实施科伦坡计划而树立起的英国在东南亚的领导地位带来了负面作用。二是"印马对抗"推动美苏等其他域外大国深度卷入了东南亚安全事务，在"冷战"升温的背景下，域外大国在东南亚愈发激烈的安全竞争进一步削弱了英国在东南亚的安全地位，阻碍了其区域防务计划的进展。三是"印马对抗"招致了印尼对英国敌视的加剧，而印尼在苏加诺时期开始谋求其东南亚的域内区域大国地位，由此导致域内区域大国与域外霸权间的针锋相对。此外，印尼谋求东南亚区域大国地位同样依赖于区域合作，而在这种内生区域合作中，尤其是规范建构中，英国等域外大国成为规范建设的首要规制对象。总体上，"印马对抗"所引发的一系列域内外变化，使得英国开始其在东南亚的第四轮"身份地位化"进程，相较于前三轮，这一轮进程的最显著的特点在于它是英国被迫而非主动进行的，其主要结果是英国不仅未能实现此前两轮"身份地位化"所需谋求的区域霸权、帝国地位，反而沦为东南亚地区的普通域外大国。

其次，英国的东南亚防务安排及其实践蕴含着深刻的规范与机制扩散因素，该计划的主要切入点及现有架构基础，是科伦坡计划所建构的科伦坡五国机制。这项努力有两个大的背景：一是英国在科伦坡计划的实施过程中，较为有效地推动了区域经济合作，这使得东南亚国家间对英国形成了较为良好的身份认知，而科伦坡计划本身亦包含了英国在东南亚的政治—安全意图，尤其是在相对成功地塑造了科伦坡五国这一集体身份后，英国有意使其在东南亚区域安全事务中发挥了一定的作用。二是在英美东南亚安全地位竞争中，美国在战略规划上虽然晚于英国，但行动上却先于英国，华盛顿的集体安全政策环环相扣，加之美欧关系、全球冷战对峙格局等因素的影响，英国在东南亚安全领域不得不依附于美国。因此，英国以科伦坡计划为契机推动区域安全建设，意在进一步发挥该计划本身的政治—安全效用，而这种建设又试图以科伦坡计划为基础，从经济向政治—安全外溢为主要实施路径。虽然英国在其"建立东南亚防务组织的建议"中提出了军事应对的措施，但相对而言，经济与技术援助手段、区域性应对途径更为突出，尤其是英国明确强调该防务组织不能对科伦坡计划有任何的替代性。可见，英国的防务机制建设之议，依然依托于现有的区域合作平台，即伦敦事实上希望进一步将科伦坡计划与东南亚防务安全事务挂钩，借由科伦坡五国谋求科伦坡计划从经济领域向政治—安全领域外溢，这就决定了英国的东南亚防务组织建设的规范建构将很大程度上受到"科伦坡规范"的直接影响。

如前章所述，以科伦坡计划为代表的英国的东南亚区域经济合作努力向东南亚渗透了双边与协商相结合、包容性合作等区域经济规范，并通过影响万隆会议以及万隆十原则规范的确立推动东南亚本土的"区域主义构思事实上开始启动"。因此，对于谋求通过科伦坡计划而外溢的英国的东南亚防务合作的分析，首先需要考察其是否延续了"科伦坡规范"。上文的分析表明，这一防务计划体现出对于科伦坡计划中协商规范的延续，但与此同时，它又摒弃了此前经济领域的双边合作与包容性合作规范，进而以"双边促多边"的新规范取而代之。

英国在东南亚防务计划上延续和强调协商规范，主要有两个方面的考虑：一是该防务建设安排是英国主动谋求科伦坡计划外溢的结果，二是这项防务合作仍强调以英联邦为纽带。英国在防务规划上所强调的磋商与国家间协调，既包括英国与东南亚国家之间，也包括英国与英联邦其他成员之间，后者旨在维系英联邦的稳定与团结，共同应对东南亚的民族主义。英国强调与英联邦其他成员间的协调，还源于英美在东南亚的安全地位竞争的天平日益倒向了美国一边，尤其是澳新美同盟、东南亚条约组织及美国的其他冷战战略均纳入了一系列的英联邦国家，它们在美国的地区及全球防务安排中往往处于关键节点位置。因此，作为维系英帝国与英联邦成员间纽带的英联邦关系的政治—安全能力，已在英美东南亚安全地位竞争中大受削弱，科伦坡计划是这个时期英联邦关系在东南亚地区硕果仅存的经济纽带和主要支撑。

英国的东南亚防务计划对双边规范及包容性合作规范的摒弃，也有两个方面的原因：一是科伦坡计划中双边规范的确立是美国强制作用的结果，彼时英国在东南亚强调的是多边合作规范；二是英国的东南亚防务合作规划旨在应对英美在东南亚的安全地位竞争，因而其相较于科伦坡计划，其对竞争的强调远甚于合作。就前一个原因而言，由于以科伦坡计划必须依靠美国的参与和援助，因而其以包容性合作的方式同时容纳了美国所强加的双边规范和英国所偏好的多边规范。在东南亚区域安全领域，这一时期美国已倡导或建设了众多的东南亚防务合作机制，从而使得英国在东南亚的安全地位日益边缘化；在英国自己提议的区域安全方案中，它也无需被动接受美国此前所强制的、而现在毫无用武之地的双边规范。英国在其东南亚防务规划中尤为强调的多边共同行动，与先前经济领域的多边合作相比，又有另一个更重要的背景，即英国的领导力在不断下降。在伦敦提出东南亚防务组织建议前后，英国在南亚、东南亚、大洋洲的自治领，如印度、缅甸、澳大利亚等地，其民族独立运动方兴未艾，任何倡议与行动都将难以通过传统的帝国式强制力而予以实现。就后一个原因而言，从太平洋公约开始，美国在东南亚的防务与安全建设也逐渐从双边转向多边，而传统的英联邦联系使得英国在东南亚的主要关系模式也是多边，换言之，英联邦的协商制事实上形成了一种多边协商的"路径依赖"，这在一定程度上制约了英国在东南亚开展双边互动。加之这一时期英国愈益从区域视角看待东南亚，因而用区域性路径去应对和解决区域问题自然成为英国的一个选项。

英国的东南亚防务建设还强调非正式安全合作的规范，虽然该时期的英马防务合作等双边合作、东南亚防务规划等多边合作仍强调以英联邦关系为主要纽带，但此时英联邦内部关系已演变成比较平等的主权国家间关系。因此，英国推动的东南亚多边合作正日益走向一种"联盟化"。经典联盟理论家斯蒂芬·沃尔特（Stephen Walt）指出，联盟是两个或更多主权国家之间正式的或非正式的安全合作安排。① 英国的东南亚防务规划与美国的东南亚防务机制都属于联盟范畴，但是，英国的东南亚联盟建设更强调非正式的安全合作，因为英联邦协商制的存在表明，英联邦内部的合作难以达到真正的平等国际合作，平等合作意味着英国自我降低其自身的领导地位。正如张小欣所指出，"印马对抗"后，英国决定在政治与军事层面从东南亚收缩，通过加强双边经贸及防务等关系建设而以"非正式帝国"的形式继续保持在东南亚的存在。② 这种"非正式帝国"主要依托于非正式安全关系。因此，"印马对抗"既在英国在东南亚的"身份地位化"进程中具有转折意义，也对这种非正式的安全合作的确定具有决定作用。

再次，上述英国的东南亚区域防务规范中所强调的协商、以双边促多边以及非正式安全合作规范，在向东南亚扩散的过程中，未能如科伦坡计划那样实现向东南亚的规范渗透。其主要原因在于，这些安全规范在向东南亚扩散的过程中，遇到了较之区域经济规范扩散的更大阻力：除了上述英美安全地位竞争以外，另一个更大的阻力来自域内力量及本土性规范对此类安全规范的抵制或竞争。域内力量的主要代表是印尼，而本土性规范的主要载体则是印尼推动的域内区域合作。

印尼对英国的东南亚区域安全行动及规划的抵制，主要表现为"印马对抗"事件。英国官方及已有学术研究多倾向于认为，英国在此次事件中获得了"胜利"，他们是基于直接的军事结果或伤亡对比而得出这个结论。如曾在 20 世纪 70 年代初期任英国武装部队军需总长（Quartermaster General）的威廉·杰克逊（William Jackson）将军，在反思"印马对抗"时将其分为六个具体阶段：第一阶段，苏加诺试图阻止马来西亚的建立；第二阶段，印尼打破与马来亚的贸易及外交联系、印尼武装部队的"志愿军"首次跨境袭击；第三阶段，印尼诉诸联合国，继而在 1964 年 2 月在短暂停火期间，印尼开始其常规力量的部署；第四阶段，

---

① ［美］斯蒂芬·沃尔特：《联盟的起源》，周丕启译，北京大学出版社 2007 年版，第 12 页。

② 张小欣：《1963 年印（尼）马对抗与东南亚地区之大国角力》，《南洋问题研究》2010 年第 3 期，第 19—27 页。

第六章　英国的东南亚防务建设与区域安全竞合　153

为应对印尼在婆罗洲及马来亚大陆地区正式部署军力，英军以跨境反击作为回应；第五阶段，1965 年 8 月"新马分家"，新加坡从马来西亚独立；第六阶段，1965 年印尼发生著名的"九三〇"事件，不久之后"印马对抗"正式结束。① 杰克逊认为，英国至少赢得了前五阶段。克里斯托弗·塔克（Christopher Tuck）也指出，英国在"印马对抗"中似乎实现了既定目标，即马来西亚从印尼的进攻下幸存下来，并在东南亚建立了一个亲西方的政权。②

实际上，从英国"身份地位化"及其东南亚区域政策的演变进程来看，英国在"印马对抗"中是失败的，因为"印马对抗"的结果主要影响了军事领域及区域合作这两个方面，而英国在这两个方面都得到了负面结果，并最终影响了其在东南亚的"身份地位化"。在军事领域，虽然在对抗结束时英国及马来西亚获得了军事优势，但是从英国的海外军事部署及英美在东南亚的安全地位竞争来看，"印马对抗"对英国产生了深刻的负面影响。具体地说，在"印马对抗"期间，哈罗德·威尔逊于 1964 年 10 月当选英国首相后便开始对英国的全球防务状况进行审查，1964 年 10 月，由外交部、殖民部、财政部、内阁办公室、英联邦关系部、贸易部门以及防务部门组成的"长期计划研究小组"审查了英国在中东、远东及欧洲的防务建设情况。该小组认为，英国最终将放弃其在新加坡和亚丁湾的军事基地，但是这一评估结论并未引起白厅的重视。11 月和 12 月，工党政府再次进行了防务审查，不久，威尔逊内阁决定从翌年起削减 10% 的防务支出，并最终在 1969/1970 财政年度将防务支出削减至每年 20 亿英镑。与此同时，英国还确定了其在东南亚的长期政策目标，即英国将从东南亚军事撤出，不再在东南亚扮演军事角色，在此过程中，英国希望"中立化东南亚"（neutralised South-east Asia），允许该区域"不受外部干预追求自己的命运"。在"印马对抗"正式结束后，1967 年 4 月，英国内阁决定从新加坡基地撤军，③ 其中，在 1970 年前完

---

① Will Fowler, *Britain's Secret War: The Indonesian Confrontation 1962 – 66*, pp. 6 – 7.
② Christopher Tuck, *Confrontation, Strategy and War termination: Britain's Conflict with Indonesia*, p. 4.
③ Sue Thompson, *British Military Withdrawal and the Rise of Regional Cooperation in South-east Asia, 1964 – 73*, pp. 20 – 23, 55, 56.

成撤退一半，到 70 年代中期完全撤退。从新加坡基地撤军成为英国"苏伊士以东防务撤退"计划的关键一环。① 1966 年，英国政府最终决定，在 20 世纪 70 年代中期以前撤走所有驻苏伊士运河以东的海外军事力量。1967 年 7 月，英国首次公开其从东南亚军事基地撤军的决定。② 这一年 8 月，东盟建立。1968 年 1 月 15 日，英国国防部长在下院宣布，英国将提前在 1971 年底以前完成苏伊士运河以东的军事撤出，此后以上所有各地的区域防务主要交由美国负责。③

在区域合作方面，"印马对抗"的主要域外区域合作背景，是英美在东南亚的安全竞争以及冷战的兴起和扩展，而其主要域内区域合作背景则是东南亚内生区域合作的发展，而内生区域合作因"印马对抗"事件而与英国的"东南亚区域合作"产生了直接联系。对于英国的军事撤出与"东南亚区域合作"的关系，魏炜指出，英国撤离新加坡基地是无奈之举，但对正在萌芽起步的东盟区域化却是一个好消息：凸显新马防务合作的紧迫性，从而缓和了新马紧张关系；促使马来西亚提出地区中立化主张，提高了东盟政治合作层次；改善了新加坡的地区环境，推动新加坡面向地区的政策调整与实施进程；促进了马六甲海峡安全的内部合作。④ 这些分析主要基于东盟形成的语境。汤普森进一步指出，大量研究认为东盟的建立源于关于结束"印马对抗"的会谈，因而该事件凸显了对区域主义、对印尼领导地位、对自力更生基础上的国家安全的需求；而在英国方面，支持某种域内国家组成的区域集团成为伦敦的政策选择，英国希望在"印马对抗"结束后，英国从东南亚撤出，而东南亚国家尤其是印尼应该承担起"对抗遏制"该区域安全威胁的职责。⑤

推动英国在东南亚军事收缩的更加重要的直接原因，是"印马对抗"

---

① 张莹：《论二战后英国在东南亚防务政策的调整》，硕士学位论文，华东师范大学，2013 年，第 37 页。

② Sue Thompson, *British Military Withdrawal and the Rise of Regional Cooperation in South-east Asia, 1964–73*, p. 2.

③ [新西兰]尼古拉斯·塔林：《剑桥东南亚史》（第二卷），第 487 页。

④ 魏炜：《英国撤离新加坡基地及其对东盟合作的影响》，《东南亚南亚研究》2012 年第 1 期，第 67—68 页。

⑤ Sue Thompson, *British Military Withdrawal and the Rise of Regional Cooperation in South-east Asia, 1964–73*, pp. 91, 93–94.

第六章 英国的东南亚防务建设与区域安全竞合　　155

背后的印尼区域大国"身份地位化"形成以及印尼与英国之间的安全地位竞争。印尼"身份地位化"并非起自"印马对抗",而是要追溯至印尼独立,到第一次万隆亚非会议之时真正彰显出来。在此过程中,印尼区域大国"身份地位化"塑造出国家独立、领土完整、不干预主义、区域自主等规范,它们是印尼与英国的东南亚防务合作规范进行对冲的主要工具。首先,印尼的区域大国"身份地位化"源自其独立进程中确立的"独立与积极"的外交政策,其主要内涵正如苏加诺所言,一是追求国家独立、领土完整,二是避免在美苏两大集团之间选边站,三是与亚洲国家进行最良好的合作,把殖民主义驱逐出亚洲。① 尤其是在1947年和1949年召开的两次亚洲关系会议后,印尼意识到了跨区域合作的重要性,正如苏加诺在万隆亚非会议的开幕演讲中指出,"我们的任务首先便是开展基于尊重的集体行动"。② 因此,在印尼区域大国"身份地位化"的进程中,其成功将不干预主义、区域自主等规范由一国外交政策扩散到区域规范层面,成为"万隆十原则"的主要内核。对于万隆会议,英国认为,会议对于和平的追求令人印象深刻,尤其是会议提出了避免核武器与核战争的诉求。③ 但是,英国并未意识到万隆会议实际上使得东南亚跨区域合作的领导权由印度逐渐转移到印尼手上;更重要的是,万隆会议已将国家独立、领土完整、不干预主义、区域自主等,建构成东南亚的本土性规范,它们在此后将与英国的东南亚区域安全规范形成规范"对冲"。

区域内外两种规范的"对冲",一方面表现为规范的对立、冲突,另一方面还表现为规范互构,后者表现为两类规范相互影响,双方的规范内核均受到对方规范的影响而发生变化。在"印马对抗"中,这种规范互构主要表现为本土性规范吸收了英国规范扩散中的协商与非正式安全合作,从而将东南亚本土性规范进一步发展为协商一致与弱制度主义;同时,英国所扩散的相关规范的内核,也受到本土性规范的影响而发生

---

① 《苏加诺演讲集》,世界知识社1956年版,第122—123页。
② 《苏加诺演讲集》,第223、227页。
③ Paul Preston and Michael Partridge eds., *British Documents on Foreign Affairs*, Part V, Series E, *ASIA 1955*, Vol. 9, *Indonesia, Nepal, Indo-China, Thailand, South-east Asia and Far East* (General), 1955, D2231/319, No. 14, pp. 421–426.

变化，而英国从东南亚军事撤出意味着这些规范不再能够向东南亚扩散。万隆亚非会议后，印尼在东南亚的区域领导实践主要体现为1963年"马菲印多"的建立；"印马对抗"爆发后，东南亚三个主要域内当事国曾试图通过外交渠道解决争端，当年7月31日至8月5日，三国举行峰会并发表共同声明《马尼拉协定》，此举无疑受到苏加诺所倡导的协商规范及万隆精神的深刻影响。《马尼拉协定》主张，区域内的（外国）军事基地（如新加坡和菲律宾的）本质上是临时性的，它们不应该直接或间接地被用于颠覆三国间任何一国的国家独立；遵循万隆十原则，三国宣布放弃使用集体防务安排而满足特定的利益。[1] 罗伯茨指出，马菲印多的核心规范是"协商一致、放弃集体防务以及非制度化合作"，[2] 而郑先武又进一步论证，马菲印多首次正式将"协商"和"共识"原则作为解决成员国之间分歧的基础，此即著名的"马菲印协商精神"。这项谨慎原则融合了印尼的区域合作理念。由此，"万隆精神"首次被明确引入东南亚区域合作框架之中。[3] 可见，马菲印多所倡导的基本规范吸收和借鉴了此前印尼因参与科伦坡五国而实践的英国东南亚区域合作中的部分规范，虽然马菲印多随着英国进一步干预"印马对抗"而瓦解，但其精神却一直得以保留，即使在苏哈托取代苏加诺执政后，印尼也未放弃继承和发扬"万隆精神"。

总之，在英美竞争与英印尼竞争的双重压力下，英国的"东南亚区域合作"在最高专员及其后的政治—安全实践中，始终谋求挽救英国的东南亚帝国地位。然而，历史进程的结局常常不能使人得偿所愿。在"印尼对抗"结束后，英国逐渐沦为东南亚的普通域外大国。在这一轮被动的"区域身份地位化"进程中，一方面，英国的东南亚防务安排形成了从经济合作向安全合作外溢、继续强调协商规范以及显著的非正式化安全合作的规范，但是，英国的相关行动却被东南亚多国视为一种安全

---

[1] Nicholas Tarling, *Status and Security in Southeast Asian State Systems*, London and New York: Routledge, 2013, p. 137.

[2] Christopher B. Roberts, *ASEAN Regionalism: Cooperation, Values and Institutionalization*, p. 40.

[3] 郑先武：《万隆会议与东南亚区域主义发展》，《世界经济与政治》2015年第9期，第54页。

威胁，其区域规范与机制建设起到了"反向"规范的作用，导致了域内外区域合作的规范"对冲"。其中，东南亚内生区域合作进程中的国家独立、领土完整、不干预主义、区域自主等等本土性安全规范，对于英国向东南亚扩散的协商、双边促多边、非正式安全合作等区域安全规范，既彼此抵制又相互融合，从而建构起一种新的东南亚区域安全规范，即协商一致、弱制度主义，由此完成了这个阶段的区域规范互构。另一方面，英国在上述域内外安全互动中不得不承认自身地位的衰弱，同时被迫接受域内区域合作进程的兴起。因而，无论在规范还是机制层面，这一时期东南亚内生区域合作与英国的"东南亚区域合作"有着直接或间接的联系。从万隆亚非会议到东盟的诞生，东南亚内生区域合作的进程和规范，均与英国推动的区域外"东南亚区域合作"息息相关。

第七章

英国"东南亚区域合作"的区域影响

上文分析表明,在当代东南亚区域合作进程的形成阶段,存在着两条主线,一是以英国的"东南亚区域合作"政策实践为代表的外部驱动的区域合作进程,二是东南亚内生区域合作进程。本章试图在纵向上系统梳理这两大进程的实践过程及其阶段性特征,进而在横向上比较这两大区域进程的异同,揭示英国的"东南亚区域合作"政策的实质及其影响。在英国的"东南亚区域合作"在安全领域遭致失败的同时,东南亚内生区域合作进程却取得重大进展,此即东盟的正式成立。这种横纵分析的结合点,在于考察英国的政策实践与东盟间的联系,既包括英国政策实践对于东盟本身的直接联系与影响,也涵盖英国政策实践对"东盟前"内生区域合作的联系与影响,继而间接地与东盟之诞生和发展进程产生间接的联系与影响。无论是直接的还是间接的,这种联系与影响都集中地表现为规范扩散和相互构建。

一 关于东盟起源及其性质的争议

对于东南亚区域合作及区域建构的现有研究普遍基于东盟语境,这些研究对"东南亚外"与"东盟前"因素关注不足。1967年东盟的成立并非一蹴而就,它是多种因素长期作用的结果,这是现有研究的普遍共识。但是,现有研究对于东盟区域合作的性质、东盟区域合作的起源的认识又存在争议。在这些不尽一致的观点中,战后东南亚各国间逐渐形成的区域意识，以及不断向前推进的内生区域合作，是东盟产生的主要推动力这一认知成为主流观点，但是，这个认识又不足以糅合不同学者之间的分歧。也正因此，对"东南亚外"与"东盟前"因素的分析，有助于丰富或深化对东盟性质及起源的认知。这里在梳理和分析关于东盟起源与东盟性质争议的基础上，结合前述英国的"东南亚区域合作"政策实践的区域影响，探究"东南亚外"与"东盟前"两大因素的一个方面，即英国在其中发挥的作用。

关于东盟的性质争议，梁志明曾作过系统梳理，他指出，已有研究关于东盟的性质主要有以下几种观点：（1）东盟是战后世界形势，尤其是东南亚地区局势发展与区域主义兴起的必然结果，因而它是一个区域性的"经济社会合作组织"；（2）东盟是冷战时代的产物，是东南亚国家为防范共产主义继续南下而成立的，因而它是一个"反共组织"；（3）东盟是以政治安全合作为主的"安全共同体"；（4）东盟是一个希望在处理地区秩序事务上扮演主导角色的组织，因而它是一个"外交共同体"；（5）在成立之初，东盟以政治意图为主，但在后来的发展过程中，有时候是以经济、社会和文化合作为主，有时候又是以政治合作为主。其中，经济和政治合作（包括军事和安全合作）是东盟发展史上的主旋律。因此，东盟是一个"复合性"组织。[①] 由此可见，关于东盟性质的争议，反映的是何种因素在推动东盟成立与发展中发挥了决定性或主导性作用。但是，上述性质争议也表明，英国的"东南亚区域合作"政策实践的地位及作用并未受到重视。

关于东盟成立的动因及其诞生初期的属性和呈现，一些研究解释了东盟成立之时的不同层次的动因，即行为体、区域和体系三个层次的动因。在行为体层次，主要关注印尼与美国。就印尼方面而言，学者们认为，印尼日益凸显的东南亚区域大国角色及其领导的跨区域与东南亚（次）区域合作，推动了东盟的建立。在1949年底摆脱了荷兰的殖民统治后，印尼积极参与区域多边行动。印尼在1953年加入科伦坡计划，并成为科伦坡五国之一；1955年共同发起并主办了首届万隆会议；1961年共同发起了"不结盟运动"；1963年共同组建了马菲印多；1967年成为

[①] 梁志明：《源远流长　多元复合——东南亚历史发展纵横》，第306页。

东盟的 5 个创始成员国之一。① 此外,东盟成立前的"印马对抗"则凸显了东南亚对区域合作及印尼参与这一区域合作的需求。② 印尼共同发起成立东盟的主要动机,一是谋求并彰显自身的区域大国地位;二是遏制东南亚共产主义。关于美国方面,有研究指出,美国推动东南亚国家间的区域经济发展与合作的意愿及其对东盟由默认到支持的态度转变,在东盟建立中具有重要作用。例如,汤普森认为,美国国务院宣称东亚区域合作始于 1965 年 4 月美国总统林登·约翰逊(Lyndon B. Johnson)在约翰·霍普金斯大学发表的题为《无需征服的和平》(*Peace without Conquest*)的演讲,美国政府领导人在这次演讲中强调美国有着推动东南亚国家间的区域经济发展与合作的意愿,呼吁东南亚国家积极支持美国的倡议,彼此之间扩大合作。此后,亚洲开发银行成立,它与此前成立的亚远经委员会、科伦坡计划等一起,成为美国在东南亚至关重要的区域组织。③ 美国对此后成立的东盟的态势则从默认转为支持。④

在区域层次,相关研究主要关注东盟成立前东南亚内生区域合作的实践及其作用。学者们认为,东盟是东南亚国家对东南亚联盟等东南亚内生区域合作建设经验反思的结果。一方面,各国对东南亚联盟建立的初衷不一。马来亚试图以区域合作"对抗"东方阵营的影响,泰国则想推动区域经济合作,菲律宾亦是致力于区域经贸合作,而这些方面均符合印尼当时的政策目标,但印尼因"印马对抗"无意加入其中。另一方面,东南亚联盟继承了万隆十原则对不结盟的强调,强调自身是纯粹的东南亚的经济与文化合作组织,偏好非政治性合作以及区域自主。东南亚联盟已经具有了某种程度的"东盟方式"指向。⑤ 1966 年 7 月,时任印尼外长亚当·马利克(Adam Malik)透露正在与菲律宾和泰国商议建

---

① 李峰、郑先武:《区域大国与区域秩序建构——东南亚区域主义进程中的印尼大国角色分析》,《当代亚太》2015 年第 3 期,第 70—77 页。

② Sue Thompson, *British Military Withdrawal and the Rise of Regional Cooperation in South-east Asia, 1964 – 73*, p. 91.

③ Sue Thompson, *British Military Withdrawal and the Rise of Regional Cooperation in South-east Asia, 1964 – 73*, pp. 10, 90.

④ 张德明:《从科伦坡计划到东盟——美国对战后亚洲经济组织之政策的历史考察》,《史学集刊》2012 年第 5 期,第 104 页。

⑤ Nicholas Tarling, *Status and Security in Southeast Asian State Systems*, p. 137.

第七章　英国"东南亚区域合作"的区域影响　　161

立一个全新的区域组织,但该组织既不会复活东南亚联盟,也不会重启马菲印多。但是实践证明,东南亚联盟的诸多核心特征被东盟所继承,东盟也因此被称为东南亚联盟的"继承者"。

在体系层次,学者们主要关注冷战,他们认为,20 世纪 60 年代末期,冷战的两极化让位于愈益不断变化的、复杂的形势,东南亚国家不得不快速适应当时的形势变化。在此背景下,东南亚国家表达出谋求在两极之外建立一个和平的中立区的意愿。[1] 这种意愿可以直接追溯至此前印尼等东南亚国家,同时也是东盟创始成员国积极参与的万隆会议及不结盟运动。正是在这些东南亚国家的努力下,秉持区域自主理念同时谋求弱化域外大国在东南亚的安全影响的东盟,成为东南亚谋求和平与中立的载体。

这三个层次的因素并不彼此排斥,相反,东盟的成立被认为是这三个层次的多种因素共同作用的结果。正如梁志明指出的,东盟不仅是二战后整个国际形势巨变和东南亚局势发展的产物,还是战后世界的区域主义尤其是东南亚区域主义兴起的必然结果。这些导致东盟成立的外在因素,具体表现包括东南亚地区民族独立运动高涨,社会主义国家影响扩大,美国深陷越战的泥潭,英国从苏伊士运河以东撤军。所有这些都引起东南亚地区与西方结盟或关系密切国家的惴惴不安。而内在动因,主要是战后东南亚新兴民族独立国家集体合作的强烈愿望,包括:印支三国仍处于战争状态,但大多数东南亚国家已进入政治相对稳定时期,开始致力于经济建设和地区合作运动;1965 年后,取代苏加诺执政的印尼苏哈托军人政权终止了与马来西亚和新加坡的对抗;1966 年,菲律宾和马来西亚关于沙巴的主权争端在泰国调解下达成一定谅解,东南亚发展中国家内部关系得到改善。印尼作为东南亚发展中国家的第一大国,全力支持东南亚区域合作。[2] 但是,在外部因素中,英国的角色普遍被忽视了。

在东盟成立的起源上,郑先武在系统研究基础上提出了"东南亚区域合作早期阶段"(1945—1967 年)的概念,这个阶段也是"次区域善

---

[1] [新西兰]尼古拉斯·塔林:《剑桥东南亚史》(第二卷),第 487 页。
[2] 梁志明:《源远流长　多元复合——东南亚历史发展纵横》,第 308 页。

意关系和区域主义萌芽期"。东南亚早期区域合作是相关国家在不同区域意识主导下所进行的政治、经济与安全互动的结果，它可以分为1945年至1950年的"酝酿与起步阶段"、1951年至1960年的"局部成长阶段"和1961年至1967年的"分化重组阶段"，在不同的历史阶段，基于不同的区域意识，合作呈现出不同的样态。

首先，在酝酿与起步阶段，泛亚洲主义是这一阶段东南亚区域合作进程中的主导区域意识，相关合作呈现出明显的跨区域特点。合作的主要倡议者和领导力量为印度、印尼和缅甸，其成员分布在包括中亚和西亚在内的整个亚洲地区，并有亚洲之外的新独立国家参与，可谓亚洲最早出现的"南南型"区域合作进程。合作的议题涵盖政治、经济和文化等多个领域，其中最重要的是关涉国家主权和独立的政治议题。亚洲关系会议及菲律宾倡议的太平洋公约即为典型表现。

其次，在局部成长阶段，冷战渐趋白热化，"不结盟运动"逐渐兴起并扩散至东南亚，东南亚已独立或正在谋求独立的国家的政治、经济和安全需求交错扭结。涉及多个领域的跨区域合作由此产生，但由外部力量主导区域合作的状况并没有发生根本性变化，尤为明显地表现在域外大国在科伦坡计划中仍处于支配地位。与此同时，印尼开始作为东南亚的新兴大国在一些跨区域合作中扮演"共同领导"角色，并与印度等国家共同倡导和召开了首届万隆会议。但总体而言，东南亚区域主义被"泛亚洲主义"和"太平洋主义"所遮蔽，东南亚区域合作实践依然局限于跨区域合作，并因此呈现出不同的发展趋势。万隆会议与东南亚条约组织是其中的典型表现。

再次，在分化重组阶段，冷战相对缓和，亚非运动遭受挫折，英美分歧加大，东南亚国家与域外国家矛盾激化；与此同时，东南亚非殖民化进程渐趋完成，但局部地区卷入战争；东南亚各国间争端和国内问题增多。在印尼和马来西亚等国的倡导和推动下，以"区域自助"和政治、安全为主要诉求的东南亚次区域合作提上日程。这一阶段，"泛亚洲主义"逐步退出历史舞台，相关区域合作陷入停顿，第二次亚非会议夭折；"太平洋主义"区域合作更加突显经济贸易和发展援助等功能性合作；东南亚区域主义逐步形成独立的区域意识，并催生了东南亚次区域合作进程。东南亚联盟、马菲印多及东盟是典型的表现形式。

在东盟起源中的域外行为体角色上，正如郑先武指出的那样，东南亚区域意识和尝试性联合行动开始出现，而这种意识和行动又是通过外部行为体来定义的。此后，东南亚区域主义在思想与行动上正是伴随着上述区域意识的显现和前殖民地边界内的非殖民化进程以及创造国家认同的努力而产生的。这种思想和行动最初是作为民族主义的工具在"泛亚洲主义"的框架内提出的，此后逐渐由跨区域合作发展至东南亚的次区域合作，并以东盟的成立作为次区域合作正式形成的标志。①

综上所述，在关于东盟起源及其性质的争议中，英国的"东南亚区域合作"政策及其实践的影响并未彰显，英国的"东南亚区域合作"政策甚至未被提及，对英国角色的关注仅限于特别专员署时期。上文分析表明，英国的这一政策及其实践与东盟性质争议中的诸多方面，以及东南亚早期区域合作中的相关案例，都有着直接的联系，包括实践层面、规范与机制层面。所以，可以肯定地认为，英国的这一政策及其实践与东盟区域合作的起源有着直接联系。

二 "东南亚区域合作"与内生区域合作的比较

英国等域外行为体在建构现代东南亚区域、塑造现代东南亚区域合作中具有重要作用，已有研究以及本书前几章已有充分交代。在二战后期及战后初期相关域外国家推动的多边或区域性行动中，英国明确提出了"东南亚区域合作"理念，在实践中，英国的"东南亚区域合作"既体现出阶段性，又具有连续性。从盟军东南亚司令部到特别专员署，再到最高专员、科伦坡计划、英国的东南亚防务安排，这些阶段性演变充分体现了英国的"东南亚区域合作"政策的内涵及其性质。需要指出的是，这里所指的政策内涵与政策性质并不是一回事：前者是指英国所认知并建构的政策框架，主要涵盖区域认知、身份认知、规范与机制规划

---

① 郑先武：《东南亚早期区域合作：历史演进与规范建构》，《中国社会科学》2017 年第 6 期，第 187—204 页；郑先武：《安全、合作与共同体：东南亚安全区域主义理论与实践》，第 181—188 页。

等；后者则是政策实践中基于联系、影响及比较等维度的综合认知。这里主要分析英国的"东南亚区域合作"的政策内涵。

如前所述，英国的"东南亚区域合作"政策实践可分为五个阶段：从二战期间的政策酝酿至战后初期依托盟军东南亚司令部进行初步尝试，为第一阶段；1946年3月至1948年5月，借由特别专员及特别专员署，围绕粮食危机开展区域层面技术合作，是第二阶段；1948年5月至1955年5月，最高专员及其下属机构合并为特别专员及特别专员署，英国政策实践重点转向，是第三阶段；1955年5月最高专员麦克唐纳去职至1965年"印马对抗"结束，区域实践由国家机构向区域机制发展，区域经济、安全合作呈现不同格局，为第四阶段；1965年"印马对抗"结束至1967年东盟成立，英国的"东南亚区域合作"在军事层面上归于失败，是第五阶段。这种不同阶段和不同特征的呈现，正是英国的"东南亚区域合作"与东盟区域合作在时间上相互衔接的反映，因此，探究两者间的联系以及前者对后者的潜在或直接的影响，是本项研究的题中之义。

在第一阶段，进行民事化改革的盟军东南亚司令部是英国的"东南亚区域合作"政策的主要实践机构，司令部内的大国协调是英国区域合作计划的主要实践方式。在东南亚区域认知上，英国继承了波兹坦会议后盟军东南亚司令部所辖的东南亚范围，因而彼时其涵盖范围"史无前例地庞大"，但是由于受到自身职能、粮食危机、民族主义等多重因素影响，盟军东南亚司令部未能开展有效的区域实践。英国在该时期认知并建构的东南亚，仍是二战期间的政治与军事意义上的区域概念；也正因此，盟军东南亚司令部所寄望的域外大国间的"协商"或"协调"并未进入实践层面，也未形成特定的区域机制，未产生特定的区域影响，更未形成规范扩散。在这个阶段，东南亚内生的区域合作刚刚萌生，其主要表现有越南的"泛亚洲共同体"设想，但是由于其主要停留在倡议层面而未付诸实践，因而也未与英国的"东南亚区域合作"产生直接的联系与影响。

在第二阶段，特别专员及特别专员署是主要实践机构，应对区域性粮食危机以及基勒恩主动担纲调解印尼—荷兰关系是主要实践方式。这一时期，英国的"东南亚区域合作"政策实现了"机构化"，特别专员署

第七章　英国"东南亚区域合作"的区域影响　　165

作为英国外交部的派出机构,在与英国其他机构的协作中,通过应对区域性粮食危机而表现出国际技术援助的特征,同时也因关注东南亚经济、政治—安全事务而具有区域合作指向。特别专员署所秉持的合作规范,即英国对欧洲一体化秉持的"政府间合作"与"经济合作"规范,开始向东南亚扩散,这标志着英国的"东南亚区域合作"政策实践的正式开端。在自我区域身份上,英国进一步确认了盟军东南亚司令部时期所树立的区域霸权的身份认知,开始了其在东南亚的第二轮"身份地位化",即在战前确立的殖民帝国地位遭遇挫折的情况下,转而在战后谋求区域霸权地位。在东南亚区域认知上,特别专员署的观点是战后英国对东南亚区域认知的一个阶段性反映,即东南亚不仅包含今天的东南亚和南亚各国、中国香港等周边英国殖民地,还涵盖法、荷等域外国家。因此,这一泛东南亚区域认识实际上仍基于战前的殖民—宗主体系思维,是英帝国思维定式的遗产。也正因此,特别专员署所展开的合作,在严格意义上,并非国际层面的区域合作,而是具有殖民性质及模式特征的"技术性合作"。但在这一阶段,东南亚的内生区域倡议较之此前更具实践性,总体上,以英国为代表的域外行为体所驱动的"东南亚区域合作"要强于越南和泰国等域内行为体倡议的多边合作,英国的实践因而在更为深刻的规范、制度等层面,对现代东南亚的区域建构及区域合作产生了潜在影响。

在第三阶段,最高专员及其附属机构是主要实践机构,应对国家层面及整个东南亚层面的安全威胁是主要实践方式。这一时期,英国的"东南亚区域合作"发生了显著变化,即逐渐由派驻机构主导向国家之间的"国际化"与多边合作的"机制化"方向发展。在自身区域身份认知上,英国试图在尚未实现的区域霸权基础上,进一步依托基于英联邦关系的合作来挽救其帝国地位,从而开启了英国在东南亚的第三轮"身份地位化"进程。在区域认知与建构上,英国所认知的东南亚由于英联邦关系的发展而体现出主要以英联邦划界的特征,荷兰、法国等传统殖民大国的东南亚区域成员的地位显著下降,而对于印尼、越南等民族主义国家,一方面是英国所认知的东南亚区域的关键成员,另一方面它们又成为英国所管辖东南亚区域内的主要安全威胁。总体而言,最高专员期间的英国的"东南亚区域合作"具有过渡期的特征:一是从基于传统殖民纽带的合作向国家间的国际合作过渡，二是从国内机构主导向国际机制主导过渡。在这个时期，东南亚内生区域合作与区域大国同步兴起，形成了东南亚内生区域合作与印尼区域大国的"身份地位化"并行不悖、一体两面的基本格局。由此，最高专员时期的英国的"东南亚区域合作"的域内域外界线更为明显，两者之间的冲突也愈益凸现。

在第四阶段，英国的"东南亚区域合作"已具有一定的国际机制基础，而行为体、合作方式等方面的变化，则使其更接近于现代意义上的区域合作，并表现出区域经济合作与区域政治—安全合作相互分离的趋势。在东南亚区域认知上，英联邦依然是区域成员身份的主要标准，但是，随着印尼等加入英国的"东南亚区域合作"进程，英国所认知的东南亚呈现出"东南亚视角"与"英国视角"的交织，即当时南亚、东南亚的英联邦国家、印尼等合作对象与英国作为领导者共同建构起东南亚区域的认知。在自身区域身份上，英国试图通过既有别于战前英帝国殖民又不同于战后特别专员署的方式，来提升英国在东南亚的区域领导地位，并突出地表现在英国谋求在东南亚区域经济与政治—安全领域的双重领导。总体上，在这个阶段，英国仍处于第三轮"身份地位化"进程之中。

在区域经济层面，科伦坡计划逐渐发展为主要机制载体，英联邦被确认为主要合作纽带，在英国与东南亚国家间的关系调整以及与美国的区域经济竞合中，"东南亚区域合作"在1950年的英联邦外长会议后逐渐建构起共识性的"科伦坡规范"，继而提出科伦坡计划。"科伦坡规范"的核心是双边与协商规范的结合以及包容性区域合作规范等。在区域安全形势不断变化的背景下，科伦坡计划本身带有的政治—安全目的，逐渐固化为从谋求经济领域合作向政治—安全方面外溢。在后一个方面，英国需面对来自美国等域外大国以及印尼等域内大国的双重竞争。美国在这个阶段主导建设了一系列东南亚安全组织，英国或参与其中，或加以抵制，英美在东南亚安全事务上逐渐形成了"美主英从"的格局。科伦坡计划所建构的科伦坡五国则为这个阶段东南亚内生区域合作的形成奠定了组织基础，而作为科伦坡五国重要成员的印尼，从此逐渐领导形成了马菲印多等内生区域合作进程，成功建构起以区域自主为核心的区域规范。在这种内外地位竞争中,"印马对抗"是印尼—马来(西)亚—英国三边矛盾的集中凸显,也是英美地位竞争的反映,而英国在处理"印马对抗"过程中的区域实践及其"身份地位化"总体上是失败的。可以肯定地说,英国的"东南亚区域合作"在经济领域取得了相对成功,但在安全领域,或在谋求区域经济合作向区域安全合作的外溢方面,却以失败而告终。

在第五阶段,英国的"东南亚区域合作"已呈现无可挽回的衰弱趋势,政治—安全领域的双重竞争迫使英国从东南亚军事撤出。在东南亚区域建构与区域合作上,在1967年8月印尼、泰国、新加坡、菲律宾及马来西亚建立东盟后,东南亚区域合作进入"东盟时间"。对于东盟的成立,英国表示欢迎,这一方面是由于东盟符合英国军事撤出东南亚过程中对东南亚"中立化""实现不受外部干预追求自己的命运"的期许,另一方面则在组织章程中明确表示反对苏联阵营。[1] 但是,英国在东南亚的"身份地位化"也因军事撤出及东盟的成立而被迫进入第四轮,即在此前两轮进程都未能实现预期目标的情况下,英国事实上沦为东南亚地区的普通域外大国。在这个阶段,东南亚内生区域合作进程,主要表现为从东南亚联盟、马菲印多到东盟的建立。

因此,从纵向上看,英国的"东南亚区域合作"政策对东南亚的区域认知,经历了从战后初期盟军东南亚司令部赋予的"史无前例"的管辖范围,到恢复战前英帝国及其势力范围与法荷两个殖民国家及其势力范围的结合,到除菲律宾以外的整个东南亚但不包括法荷美三国,到除菲律宾以外的整个东南亚而不包括法荷两国但又承认美国对该地的影响,直至最后承认东南亚内生区域合作建构的东南亚范围。对"东南亚区域合作"的主体、对象、方式、内容及目标的认知,英国经历了从在盟军东南亚司令部内的域外大国间的大国协调的基础上与东南亚国家展开"殖民式的"合作以建构区域霸权,到通过特别专员署与原英属东南亚殖民地、原法荷所属东南亚殖民地间的"殖民式的""技术性合作"以建构区域霸权,到最高专员与原英属东南亚殖民地间的英联邦内的区域政治—安全、经济合作及机制建构以挽救英国的帝国地位,到区域政治—

---

[1] Nicholas Tarling, *Southeast Asia and the Great Powers*, p. 79.

安全与区域经济合作分离并以英联邦为纽带展开国际合作以挽救英国的帝国地位，直至从东南亚军事撤出但保留与东南亚的区域经济合作而被迫沦为东南亚地区的普通域外大国。

在同一个历史时期，东南亚的内生区域合作也不断发展，并呈现出阶段性，即上文提及的郑先武论说的"酝酿与起步阶段""局部成长阶段""分化重组阶段"。在英国的"东南亚区域合作"实践的第一阶段，缅甸与印度倡议的亚洲关系会议尚处于酝酿期，表现出非官方性与泛亚洲性，而越南的泛亚洲共同体则有着追求民族独立、对抗殖民主义的特性。

在第二阶段，亚洲关系会议付诸实践，在坚持非官方性、泛亚洲性的同时，逐渐以反殖民主义与追求民族独立为核心议题。缅甸的倡议从亚洲联邦向东南亚联盟、区域经济协会发展，并表现出从泛亚洲的跨区域非政治合作向东南亚次区域经济合作发展的趋势，民族独立与反殖民主义依然是核心关切；泰国的东南亚联盟强调非官方性、反殖民主义、非政治合作等。

在第三阶段，越南的区域倡议吸收了共产主义的内核，而缅甸、印度、印尼等国的"社会主义"政党则共同举办了"亚洲社会党会议"，它们在继续反对殖民主义、强调泛亚洲经济合作及中立原则的同时，①坚持"民主的社会主义"，对共产主义采取了一致的、公开的敌视态度。②菲律宾提出了以美国为核心的东亚军事同盟，即太平洋公约。这在一定程度上偏离了此前的内生区域合作所呈现的高度一致性。

在第四阶段，菲律宾的太平洋公约倡议发展为一个跨区域的非军事条约，强调非政治合作，但它在此后积极参与美国牵头组建的军事同盟体系；马来亚与英国签订了双边防务协定；印尼则坚持区域自主与不结盟。这为菲律宾、马来亚、印尼三国的矛盾埋下了伏笔，最终引发"印马对抗"。与此同时，东南亚联盟、马菲印多等内生区域合作进程，强调

---

① 中共中央文献研究室、中央档案馆编：《建国以来周恩来文稿（第八册）》（1953年1月—1953年6月），中央文献出版社2018年版，第63页。

② Paul Preston and Michael Partridge eds., *British Documents on Foreign Affairs*, FZ2191/11, No. 1, pp. 133–135.

非政治性、非制度化、区域经济偏好以及区域自主等规范，相比此前的内生区域合作倡议，这个阶段的东南亚内生区域合作进程开始由非正式向正式发展，由跨区域的泛亚洲或泛东南亚合作向东南亚次区域合作过渡，其中，印尼在首届万隆会议中发挥区域大国作用并在此后的东南亚内生区域合作进程中成为关键的领导角色。但总体而言，这一时期东南亚国家参与的跨区域合作以及区域合作，在原则与目标上是冲突的。也正因此，在第五阶段，出于对此前"印马对抗"及与域外大国关系的反思，内生区域合作最终发展为东盟。

由此可见，东南亚内生区域合作与英国的"东南亚区域合作"在阶段上并不同步，而英国的政策实践符合前述郑先武论述的东南亚区域合作进程的三个阶段划分，即"酝酿与起步阶段""局部成长阶段""分化重组阶段"。在第一阶段，内生区域合作相对独立但宗旨、目标一致；在第二阶段，内生区域合作宗旨、目标分化渐趋分化甚至对立；在第三阶段，内生区域合作逐渐统一至东盟轨道内。

以上对英国"东南亚区域合作"政策实践的 5 个阶段的划分，是以合作主体或牵头机构为线索的，但通过对 5 个阶段的纵向分析，可以得出结论认为，盟军东南亚司令部、特别专员署时期的合作是一种"殖民式的"合作；最高专员时期的合作体现出转折性与过渡性；科伦坡计划及其后的合作则具有现代区域合作的基本轮廓，但在这个阶段英国的角色已渐趋弱化。在这个时期，东南亚内生区域合作与英国的"东南亚区域合作"之间的相同点是，两者均逐渐由非正式向正式发展；相异之处在于，内生区域合作始终强调反殖民主义、国家独立及主权平等，因而，它与英国的"东南亚区域合作"有着不同的运行轨道。相较而言，英国的"东南亚区域合作"名义上是一种"区域合作"，但实质并非区域合作，更非区域主义，而是一种"区域政策"，即核心目标是实现英国自我利益的"东南亚政策"；在同一个时期，东南亚内生区域合作是一种渐进发展的、旨在实现区域公共利益并兼顾国家私利的区域主义。然而，两种区域合作的差异，并不能否定英国的政策实践对包括东盟在内的东南亚内生区域合作所产生的影响。

三 "东南亚区域合作"对东盟及其起源的影响

　　英国的"东南亚区域合作"政策与同时期的东南亚内生区域合作在性质上完全不同，上述两条纵线及其相互联系的比较分析表明，区域内外两种合作进程之间直至"印马对抗"才产生直接联系与影响，并以前者对后者的负面影响为主要方面。值得再次指出的是，这并不能否定英国的"东南亚区域合作"政策在整个实施期间对"东盟前"东南亚内生区域合作及东盟创生进程的影响。鉴于现有研究普遍认为，东盟起源于"东盟前"的东南亚内生区域合作，而英国的政策实践所产生的影响既包括东盟起源又涵盖东盟本身，因此，本文有必要对英国政策实践所产生影响的具体呈现略加分析。这些影响既涉及东南亚内生区域实践，又包括东南亚内生区域规范和机制，具体表现为合作成员共享、集体身份塑造、组织经验积累、区域规范扩散，这四个方面是相互联系而互为一体的。

　　第一，英国的"东南亚区域合作"与"东盟前"内生区域合作自特别专员署时期便产生了联系，主要体现为前者对后者的间接影响，在途径上主要借由合作成员共享来实现。当时，缅甸、暹罗等的区域倡议在成员构成上囊括了印尼、马来亚、印度等，它们又成为英国特别专员署的主要合作对象，并继续成为此后英国的东南亚政策实践的重要合作对象。因此，域内外这两种不同性质的合作，自特别专员署时期便形成了间接且持续的联系。但是，英国的"东南亚区域合作"与内生区域合作存在着殖民主义与民族主义的本质冲突，这种区域认知上的差异为英国"东南亚区域合作"与东南亚内生区域合作间的矛盾与冲突埋下了伏笔。

　　第二，英国的"东南亚区域合作"经由科伦坡计划中形成的科伦坡五国这一集体认同及其实践对"东盟前"内生区域合作产生了间接影响。缅甸、锡兰、印度、印尼与巴基斯坦组成的科伦坡五国，不仅在英国的推动下关注印度支那局势等东南亚政治—安全问题，还借由其中印度与印尼因反殖民主义的共同立场所形成的共同利益,[①] 开启了东南亚的跨区域合作。此后,印尼在谋求东南亚区域大国地位中的区域实践,对首届万隆会议及其后的东南亚跨区域、次区域合作产生了间接影响,并具体表现为组织经验的积累和本土性区域规范的建设。

第三,英国的"东南亚区域合作"政策实践对"东盟前"内生区域合作的另一个间接影响,表现为后者的组织经验的积累。东南亚内生合作在英国的政策实践的第一阶段未能付诸实施,主要原因之一是原殖民宗主国"重返"东南亚,并对民族独立运动实施强力镇压。在第二阶段,这种打压依然如故,因此,内生区域合作一方面坚持反殖民主义、追求民族独立,另一方面在区域合作上采取相对不易引起外部干预的非政治、非正式的合作。同时,在这个阶段,缅甸与印尼的区域倡议之所以能够相对顺利开展,还源于英国实施其"东南亚区域合作"政策的需要,即前述英国试图以缅甸、印尼作为其政策实施的垫脚石。在第二阶段及其后,缅甸、印度、泰国等纷纷被纳入英国的"东南亚区域合作"政策框架而成为伙伴,相关成员的主权国家属性也逐渐凸显。在此后的英美东南亚区域地位竞争中,东南亚内生区域合作适时地以中立、区域自主为核心原则,这亦是相关国家参与英国的政策实践的经验体现。当然,更重要的是,这种经验积累还表现为内生区域规范的建设。

第四,英国的"东南亚区域合作"在政策实践中确立了若干规范,部分规范具有延续性,并借由实践所产生的区域影响,向东南亚内生区域合作扩散了部分规范。相较于上述前三种间接影响,英国的规范影响既有直接的和间接的方面,也有正面的和负面的作用。

首先,东盟成立至今所建构的基本区域规范,一般被认为是"限制使用武力解决国家间争端、不干预主义、区域问题区域解决(区域自主)、协商与共识"四大主要内容。不过,相关研究指出,"包容"亦是东盟的基本规范之一;"非正式"作为东盟机制,也可以视为一种区域规范,它具体表现为"弱制度化"(thin institutionalization)、"组织极简主义"(organizational minimalism)以及"外交共同体"(diplomatic commu-

---

[①] Mohammed Ayoob, *India and Southeast Asia: Indian Perceptions and Policies*, London and New York: Routledge, 2003, p. 36.

nity）等。① 在东盟诸区域规范中，协商既是一种决策程序，也是所有规范产生的主要方式。马德铃指出，东盟的合作与协调并非一次性交易，而是进行中的社会进程，该进程涉及"互动性和积累性的社会协商"。社会协商的积累性进程的核心，是区域对话制度。正是通过清谈，东盟内多样性国家维持并继续追求在各种共同关心的问题上达成一致和共识。随着时间的推移，也正是它们之间的清谈产生了一种克制、尊敬和负责的地区政治文化，它使得东盟明显不同于20世纪60年代纷争不断的东南亚，也与欧洲一体化组织中鼓励政治合作的更为正式的规则和程序形成明显对比。②

但是，东盟规范一般被认为正式形成于1976年印尼巴厘岛首届东盟首脑会议召开之后。这次峰会通过了《东南亚友好合作条约》《东南亚国家协调一致宣言》（《巴厘协议》）及《关于建立东盟秘书处的协议》，标志着东盟由此进入实质性制度化建设阶段。根据《东南亚友好合作条约》规定，东盟的基本规范包括：（1）互相尊重独立、主权、平等、领土完整以及各国的国家认同；（2）各国有权确保本国免受外部干预、颠覆及制裁；（3）互不干预内政；（4）以和平方式解决彼此争端；（5）反对诉诸武力或以武力相威胁；（6）各缔约国之间开展有效合作。③ 在1967年东盟成立的《曼谷宣言》中，东盟的目标或宗旨体现为7个方面：（1）促进解决增长、社会进步和文化发展；（2）促进区域和平与稳定；（3）促进解决、社会、文化、技术、科技、行政等方面的协作；（4）坚持互助互利；（5）在农业、工业、贸易、交通通讯及提高生活水平上进行协作；（6）推动东南亚研究；（7）与其他区域及国际组织展开合作。④

---

① 郭俊麟：《东南亚区域整合经验——"东协模式"的实践与检讨》，《台湾"国际"研究季刊》2008年第1期，第101、110—112页。

② ［美］鲁德拉·希尔、彼得·卡赞斯坦：《超越范式：世界政治研究中的分析折中主义》，秦亚青、季玲译，上海人民出版社2013年版，第175页。

③ "Treaty of Amity and Cooperation in Southeast Asia Indonesia, 24 February 1976", https：//asean. org/treaty–amity–cooperation–southeast–asia–indonesia–24–february–1976/，登录时间：2020年3月15日。

④ "The Asean Declaration（Bangkok Declaration）Bangkok, 8 August 1967", https：//asean. org/the–asean–declaration–bangkok–declaration–bangkok–8–august–1967/，登录时间：2020年3月15日。

可见，协作、互助与非政治合作是《曼谷宣言》所确定的基本规范，而这些规范又以主权、不干预等规范为内核。正如东盟前秘书长罗道尔弗·塞韦里诺（Rodolfo C. Severino）指出的，东盟成立之初所蕴含的更为宏大的目标是处理区域和平与安全问题。① 因此，东盟成立之时的主要区域规范可以概括为：主权（民族国家、主权独立、领土完整）、不干预、非正式合作、非政治合作（区域经济合作偏好）、协商与一致、互助与协作、和平与安全等。

其次，东盟的规范是不断积累、延续而逐渐形成的。对于东盟规范的起源，阿查亚曾指出，东盟规范是糅合西方外来概念与东南亚本土观念的产物。② 一般而言，印尼村社处理争端的传统方式奠定了东盟相关规范的内部基础，这是印尼苏哈托总统所提出并融入东盟规范之中的"国家韧性（抗御力）"（national resilience）、"区域韧性（抗御力）"（regional resilience）规范的核心。东盟规范根植于东南亚国家的历史传统、社会文化、地区环境和政治经济条件等"内源性"因素，并在东盟成员国之间的互动中逐渐成形。起初，东盟规范局限于"小东盟"内（即5个创始成员国），随后扩散到整个东南亚地区。③ 所以，东盟规范是不断发展演进的结果，而这个过程贯穿于东盟成立前后。此外，东盟规范的起源始终是多元的，上述对于东盟的起因及性质的不同意见，也从一个侧面反映了这一点。

在"内源性"规范渊源上，上文分析表明，东盟成立之时的规范其与东盟前的内生区域合作倡导的基本规范，有着一致性，现有研究基本上肯定了这种规范继承关系。"东盟前"多样化的内生区域合作所建构的区域规范，包括主权（反殖民主义、民族独立、主权平等）、区域自主、非正式合作、非政治合作（对经济合作的偏好），其中，泛亚洲合作偏好等是一致性规范。但相关实践也体现出规范分歧，即如何在全球两大阵营中站位，不过，对于这项规范，除印尼以外，其他东盟创始成员国之

---

① Rodolfo C. Severino, *ASEAN*, Singapore: Institute of Southeast Asian Studies, 2008, p. 11.
② Amitav Acharya, "Culture, security, multilateralism: The 'ASEAN way' and regional order", *Contemporary Security Policy*, Vol. 19, No. 1, 1998, pp. 55–84.
③ 程晓勇：《东盟规范的演进及其对外部规范的借鉴：规范传播视角的分析》，《当代亚太》2012年第4期，第42、45—46页。

间是一致的；到苏哈托上台之后，它成为五国的共同规范。协商一致规范则确立于马菲印多进程。万隆会议、东南亚联盟与马菲印多共同倡导的"不干预"、东南亚联盟与马菲印多确立的"拒绝多边军事合作"，也成为这一时期的主要区域规范。以上规范得以确立的主要方式，也是基于协商与一致的共识性决策规范。① 换言之，所有东盟成立之时确立的区域规范，除互助与协作、和平与发展外，均可从"东盟前"内生合作中寻找到规范渊源，其中，协商与一致在"东盟前"内生区域合作中确立最晚，因而共同性最弱。

第三，在东盟规范的形成过程中，域外因素的渗透和影响值得重视。东盟规范的形成被认为是东南亚"本土"规范与"外来"规范相结合的过程。传统观点认为，东盟规范主要建构于东盟建立后的发展进程中，因此，这种内外结合也主要寓于东盟发展进程。相较而言，这种内外结合在东盟成立时表现得并不明显，当时，这主要表现为联合国规范对东盟规范的影响，即东盟自觉不自觉地引入联合国规范并使之地方化，如引入联合国宪章所确立的东盟的宗旨和目标："在区域内国家关系中，通过遵守和尊重公正和法律援助、坚持联合国宪章，促进地区和平与稳定。"② 因此，东盟的和平与安全规范的渊源被认为始自联合国宪章。但是，正如塔林指出的，东盟成立之际东南亚联合的基础首先基于主权、不干预、领土完整等"外源性"的威斯特伐利亚规范。③ 事实上，在东盟成立以前，时任泰国外长、亦即此后东盟的五位主要发起人之一的他纳·科曼（Thanat Khoman）曾表示，东南亚并不排斥外部规范，这主要表现在国内政治规范上，如在当时东南亚需要解决的问题上，英美国家实践的代议制或议会民主制被部分东南亚国家所接受。④ 因而，东盟成立之际确立的规范确有外部规范基础。

---

① 郑先武：《东南亚早期区域合作：历史演进与规范建构》，《中国社会科学》2017年第6期，第198—199、202—230页。

② 程晓勇：《东盟规范的演进及其对外部规范的借鉴：规范传播视角的分析》，《当代亚太》2012年第4期，第42、45—46页。

③ Nicholas Tarling, *Status and Security in Southeast Asian State Systems*, p. 132.

④ Thanat Khoman, "Which Road for Southeast Asia?", *Foreign Affairs*, Vol. 42, No. 4, 1964, p. 632.

第七章 英国"东南亚区域合作"的区域影响 175

在上文所归纳的英国的"东南亚区域合作"政策实践的5个阶段，英国向东南亚扩散规范的内容与方式，在各个阶段是各不相同的。在第一阶段，英国的政策实践并无规范影响。在第二级阶段，英国实践以渗透的形式向东南亚扩散了技术层面规范（全体一致的决策）、威斯特伐利亚国际体系规范（民族国家、区域、区域合作）以及英帝国体制规范（协商）。在第三阶段，英国的规范影响主要体现为东南亚区域冷战的遏制规范与全球冷战的对抗规范的互构。到第四阶段，英国在政策上呈现出区域经济规范与安全规范相分离的特征，在区域经济层面表现为向东南亚渗透"科伦坡规范"（双边与协商相结合、包容性区域合作），在区域安全领域表现为向东南亚扩散"经济合作向安全合作外溢"、"协商"以及"显著的非正式化安全合作"等规范。这些安全规范在与东南亚联盟、马菲印多的规范冲突中，受到本土性规范即主权、不干预、区域自主及"印尼式的协商"的抵制，从而在互构中建构起新的东南亚区域安全规范，即协商一致、弱制度主义。在第五阶段，英国区域地位不断走向衰弱，但伦敦强调经济合作，经济规范继续发挥影响力。

显而易见，英国在"东南亚区域合作"政策实践中所扩散的协商与一致规范，对东盟规范的起源具有直接影响，英国所强调的英联邦内依次往返的反复协商以及最终全体一致与东盟的协商与一致规范，在内涵上高度一致。鉴于协商与一致规范在"东盟前"内生区域合作中确立最晚，共同性最弱，而它在英国的东南亚政策实践中确立最早，又是核心规范，加之科伦坡五国这一载体的存在，因此，在这里可以得出结论认为，这一规范影响始终是存在的，并且是一种直接影响。这是其一。其二，遏制规范亦产生了直接影响，它一方面直接影响了马来亚、泰国参与的内生合作对于遏制规范的确立，另一方面起到了"反向"规范作用，即影响到印尼参与的内生合作对区域自主规范的确立，在推动前述内生区域合作的分化重组过程中具有直接作用。其三，第四阶段所扩散并起到"反向"规范作用的若干区域安全规范，也体现了英国的政策实践对于东盟规范起源的间接影响。英国的"东南亚区域合作"所扩散的规范对于东盟规范起源之影响的内在逻辑，是前述的共享合作成员、集体身份塑造与组织经验积累共同作用的结果，因而这四个方面相互联系、互为一体的。

表二　　　　　　英国"东南亚区域合作"的规范扩散

扩散主体	类型	路径	作用结果
盟军东南亚司令部	无	无	无
特别专员（署）	规范渗透	特别专员署与同时期的泛亚洲共同体等内生区域合作的互动,并以前者对后者产生影响为主	向东南亚渗透了技术层面规范（全体一致的决策）、威斯特伐利亚国际体系规范（民族国家、区域、区域合作）以及英帝国体制规范（协商）
最高专员	规范互构	最高专员的实践、全球冷战与东南亚的互动，东南亚冷战与全球冷战对接	东南亚冷战遏制规范与全球冷战的对抗规范的互构
科伦坡计划与东南亚防务组织	规范渗透、规范互构	科伦坡计划、东南亚防务组织等英国的东南亚经济、政治—安全行动与美国等东南亚域外大国的区域行动互动，与同时期的东南亚联盟、马菲印多等东南亚的内生区域合作互动	在区域经济层面向东南亚渗透了"科伦坡规范"（双边与协商相结合、包容性区域合作）；在区域安全层面向东南亚扩散了经济—安全外溢、协商及非正式化安全合作等规范，这些规范与主权、不干预、区域自主及"印尼式的协商"等本土性规范互构，建构了协商一致、弱制度主义等新东南亚区域安全规范

资料来源：笔者自制。

综上所述，英国的"东南亚区域合作"在实践中呈现出阶段性，但又具有连续性，同一时期的东南亚内生区域合作亦是如此，即兼具阶段性和连续性。但更重要的是，这内外两大区域合作进程之间的联系尤其是前者对后者的影响，亦是持续的。英国的"东南亚区域合作"政策及其实践从共享合作成员、集体身份塑造、组织经验积累及区域规范影响等四个方面影响了东盟的起源，它同时涉及实践与理念层面，并以间接影响为主、直接影响为辅。在"印马对抗"前，英国的"东南亚区域合作"与东南亚内生区域合作之间呈现出"弱接触、弱竞争"的特征，而在"印马对抗"后，两者之间则呈现出"强联系、强竞争"的特征。英国的"东南亚区域合作"在经济领域主要体现出正面影响，而在政治—

安全领域主要体现为负面影响,这种差异主要源于英国政策实践所涉及的不同领域的规范与东南亚内生区域合作规范的关系,即一致性越大,正面影响效应越强,而差异性和对抗型越明显,负面作用越显著。在根本上,就东盟规范起源而言,东南亚内生性规范的作用要强于英国的"外源性"规范的影响。

结 束 语

在现代东南亚区域及区域合作的建构中，域外行为体具有不可忽视的角色，本书的研究表明，在二战后期及战后初期，英国提出并实践的"东南亚区域合作"成为东南亚域外行为体中最早提出的东南亚区域合作政策。本书以对这一政策的研究为中心，从行为体身份变迁对区域结构之影响的视角出发，梳理并阐释了英国的"东南亚区域合作"。具体地，本书以1945年英国提出该政策到1967年东盟成立这个历史时期为研究时间段，根据相关英国解密档案及现有研究，梳理该时期英国的"东南亚区域合作"的产生与发展过程，进而辨析其属性，探究其影响。本书试图回答以下问题：在这个历史时期，英国倡议并实践了哪些"东南亚区域合作"？此类合作的内涵及性质如何？此类合作对当时的东南亚内生区域合作及区域建构，对此后东盟区域合作的兴起产生了怎样的影响？

首先，英国的"东南亚区域合作"政策实践可分为5个阶段，即：战后初期依托盟军东南亚司令部而作出初步尝试，此为第一阶段；1946年3月至1948年5月，借由特别专员及特别专员署，围绕粮食危机开展区域层面技术合作，是第二阶段；1948年5月至1955年5月，在最高专员主导下，英国政策实践实现了重点转向，这是第三阶段。本书将这三个阶段称为"殖民式区域合作"时期。从1955年5月最高专员麦克唐纳去职至1965年"印马对抗"结束，英国的区域实践由国家机构向区域机制发展，区域经济、安全合作呈现出不同的发展格局，是为第四阶段，即"准现代区域合作"时期；从1965年"印马对抗"结束至1967年东盟成立，英国的"东南亚区域合作"在军事层面上流于失败，是第五阶段。在纵向上，可以得出结论认为，英国的"东南亚区域合作"名为"区域合作"，实为英国的东南亚"区域政策"，它并非现代意义上的区域合作。但是，英国的这一政策实践向同时期的东南亚内生区域合作扩散了规范，因而对东盟规范的起源产生了不可忽视的影响。

第二，区域身份变迁及相应的区域地位实践，被证明是英国提出并实践其"东南亚区域合作"政策的核心动因，这在理论上可以归纳为"区域身份地位化"的逻辑。从二战前的殖民东南亚时期到1967年东盟成立，英国在东南亚经历了4轮"区域身份地位化"，即：二战前的区域帝国，上述政策实践第一、二阶段的区域霸权，第三、四阶段的区域帝国，第五阶段的普通域外大国。其中，后三轮英国的"区域身份地位化"以被动调适为主，反映了英国全球及东南亚地位日渐衰弱的趋势。从英国的东南亚"区域身份地位化"角度而言，英国从殖民帝国向区域霸权再向区域帝国（新式霸权）的身份认知及其实践转变，是其东南亚区域合作政策实践几经变化的主要动因。

第三，在英国的政策实践的五个阶段，其与东南亚内生区域合作进程产生了复杂互动。从纵横两个方面的比较分析可以看出，在英国的"东南亚区域合作"政策的前两个阶段，其在实践上呈现出"殖民式的"合作的首要特征，在第三阶段具有过渡性，体现出向"国际合作""区域机制"的过渡，到后两个阶段，才具有了现代区域合作的基本轮廓，但英国在其中的角色与影响渐趋弱化。因此，英国的"东南亚区域合作"实质上是一种以英国国家利益为核心诉求，以扩大、维持或挽救英国在东南亚的帝国地位和影响力为唯一目标的国家政策，而非基于区域公共利益的现代区域合作或区域主义。

第四，历史进程表明，英国的"东南亚区域合作"实践具有连续性，东南亚内生区域合作进程亦具有连续性，两者之间的联系以及前者对后者的影响亦是持续不断的。英国的"东南亚区域合作"政策及其实践主要从共享合作成员、集体身份塑造、组织经验积累及区域规范影响等四个方面对"东盟前"内生区域合作进程及东盟创立本身产生了影响，它涉及实践与理念层面，以间接影响为主、直接影响为辅。尤其是在区域规范层面，英国的"东南亚区域合作"政策在实践过程中所扩散的协商与一致规范，直接影响了东盟规范的起源，例如，遏制共产主义的规范直接影响了马来亚、泰国参与的内生合作对等遏制规范的确立，但另一方面又起到了"反向"规范作用，推动印尼参与内生合作并确立起区域自主规范，因而产生了直接的影响或作用。第四阶段所扩散并起到"反向"规范作用的若干安全规范，也间接地影响了东盟的规范起源。

总体上，英国的"东南亚区域合作"在经济领域主要表现为正面影响，而在政治—安全领域则产生了负面作用，这种差异主要源于英国在两个不同领域的规范与东南亚内生区域合作规范之间的竞合关系，即一致性越大，正面影响效应越强，差异性和对抗型越明显，负面作用越显著。因此，在"区域身份地位化"逻辑上，英国在东南亚最终沦为普通域外大国，其根本原因，除实力不断衰弱以外，最重要的是其在区域规范建构与扩散上归于失败。

最后要指出的是，英国的"东南亚区域合作"规范扩散并未出现覆盖模式。结合英国在军事层面上的失败，以及印尼在"东盟前"内生区域合作进程中发挥的持续不断的领导地位来看，英国的"东南亚区域合作"的规范影响主要表现为间接影响。英国的政策实践及其规范影响表明，那种认为东南亚区域规范即东盟规范的说法有待商榷，东南亚区域规范的起源是多元的，合作安全等约束东盟与域外大国跨区域合作的安全规范，有着不可忽视的、持续不断的外部规范渊源。

参考文献

一 外交档案、档案集

Documents on British Policy Overseas, http://dbpo.chadwyck.co.uk/home.do.

Preston, Paul, and Partridge, Michael, *British Documents on Foreign Affairs*, Part III, Series E, ASIA, Vol. 8, Far Eastern Affairs, Jan. 1945 – Dec. 1945.

Preston, Paul, and Partridge, Michael, *British Documents on Foreign Affairs*, Part IV, Series E, ASIA, Vol. 1, Far Eastern Affairs, Jan. 1946 – Jun. 1946.

Preston, Paul, and Partridge, Michael, *British Documents on Foreign Affairs*, Part IV, Series E, ASIA, Vol. 2, Far Eastern Affairs, Jul. 1946 – Dec. 1946.

Preston, Paul, and Partridge, Michael, *British Documents on Foreign Affairs*, Part IV, Series E, ASIA 1947, Vol. 4, Far Eastern Affairs, Jan. 1947 – Dec. 1947.

Preston, Paul, and Partridge, Michael, *British Documents on Foreign Affairs*, Part IV, Series E, ASIA 1948, Vol. 6, Japan, Korea and Southeast Asia, Jan. 1948 – Dec. 1948.

Preston, Paul, and Partridge, Michael, *British Documents on Foreign Affairs*, Part IV, Series E, ASIA 1949, Vol. 9, Burma, India, Pakistan, Ceylon, Indonesia, The Philippines and South-east Asia and the Far East (General), Jan. 1949 – Dec. 1949.

Preston, Paul, and Partridge, Michael, *British Documents on Foreign Affairs*, Part IV, Series E, ASIA 1950, Vol. 10, China, Japan, Siam, Indo-China and Korea, Jan. 1950 – Dec. 1950.

Preston, Paul, and Partridge, Michael, *British Documents on Foreign Affairs, Part IV, Series E, ASIA 1950, Vol. 11, South-east Asia and the Far East, Indonesia, Nepal and Philippines*, Jan. 1950 – Dec. 1950.

Preston, Paul, and Partridge, Michael, *British Documents on Foreign Affairs, Part V, Series E, ASIA 1951, Vol. 2, Siam, Burma, Indo-China, Indonesia, Nepal and Philippines, 1951.*

Preston, Paul, and Partridge, Michael, *British Documents on Foreign Affairs, Part V, Series E, ASIA 1953, Vol. 5, Siam, Burma, South East Asia, Indo-China, Indonesia, Nepal and the Philippines, 1953.*

Preston, Paul, and Partridge, Michael, *British Documents on Foreign Affairs, Part V, Series E, ASIA 1954, Vol. 7, Burma, Indo-China, Indonesia, Nepal, Siam, South-east Asia and Far East and the Philippines, 1954.*

Preston, Paul, and Partridge, Michael, *British Documents on Foreign Affairs, Part V, Series E, ASIA 1955, Vol. 9, Indonesia, Nepal, Indo-China, Thailand, South-east Asia and Far East (General), 1955.*

Preston, Paul, and Partridge, Michael, *British Documents on Foreign Affairs, Part V, Series E, ASIA 1956, Vol. 11, Burma, Nepal, Indo-China, Indonesia, Philippines and Thailand, 1956.*

Stockwell, A. J., *Malaya, British Documents on the End of Empire*, London: HM Stationery Office, 1992, 1995.

二 英文专著、编著

Ayoob, Mohammed, *India and Southeast Asia: Indian Perceptions and Policies*, London and New York: Routledge, 2003.

Baxter, Christopher, *The Great Power Struggle in East Asia, 1944 – 50: Britain, America and Post-War Rivalry*, Basingstroke, Hampshire: Palgrave Macmillan, 2009.

David Lea, Colette, Milward, and Annamarie, Rowe, eds., *A Political Chronology of Southeast-East Asia and Oceania (first edition)*, London: Europa Publications Limited, 2001.

Dimitrakis, Panagiotis, *Failed Alliances of the Cold War: Britain's Strategy and Ambitions in Asia and the Middle East*, London and New York: I. B. Tauris, 2012.

Foley, Matthew, *The Cold War and National Assertion in Southeast Asia: Britain, the United States and Burma, 1948 – 62*, London and New York: Routledge, 2010.

Fowler, Will, *Britain's Secret War: The Indonesian Confrontation 1962 – 66*, Oxford: Osprey Publishing, 2006.

Glasson, John, and Tim, Marshal, *Regional Planning*, London and New York: Routledge, 2007.

Godehardt, Nadine, *Regional Powers and Regional Orders*, London and New York: Routledge, 2011.

Hamanaka, Shintaro, *Asian Regionalism and Japan: The politics of membership in regional diplomatic, financial and trade groups*, London and New York: Routledge, 2010.

Harper, N. T., *The End of Empire and the Making of Malaya*, Cambridge: Cambridge University Press, 1999.

Jones, Matthew, *Conflict and Confrontation in South East Asia, 1961 – 1965: Britain, the United States, Indonesia and the Creation of Malaysia*, Cambridge: Cambridge University Press, 2001.

Kahin, McT. Geoge, *Southeast Asia: A Testament*, London: Routledge Curzon, 2005.

Lockard, Craig, *Southeast Asia in World History*, New York: Oxford University Press, 2009.

Lower, Peter, *Contending with Nationalism and Communism: British Policy Towards Southeast Asia, 1945 – 65*, Basingstroke, Hampshire: Palgrave Macmillan, 2009.

McMillan, Richard, *The British Occupation of Indonesia, 1945 – 1946, Britain, the Netherlands and the Indonesian Revolution*, London and New York: Routledge, 2005.

Milner, Anthony, *The Invention of Politics in Colonial Malaya*, Cambridge:

Cambridge University Press, 2002.

Oakman, Daniel, *Facing Asia: A History of the Colombo Plan*, Canberra: Pandanus Books, 2004.

Owen, G. Norman, ed., *Routledge Handbook of Southeast Asian History*, London and New York: Routledge, 2014.

Paul, V. T., Deborah Welch Larson and William C. Wohlforth eds., *Status in World Politics*, Cambridge: Cambridge University Press, 2014.

Pu, Xiaoyu, *Rebranding China: Contested Status Signaling in the Changing Global Order*, California: Stanford University Press, 2019.

Remme, Tilman, *Britain and Regional Cooperation in Southeast Asia, 1945–1949*, London and New York: Routledge, 1994.

Sanger, Clyde, *MacDonald: Bring an End to Empire*, Buffalo: McGill-Queen's University Press, 1995.

Severino, C. Rodolfo, *ASEAN*, Sinapore: Institute of Southeast Asian Studies, 2008.

Singh, Inder, Anita, *The Limits of British Influence: South Asia and the Anglo-American Relationship, 1947–56*, London and New York: Pinter Publishers and St. Martin's Press, 1993.

Spandler, Kilian, *Regional Organizations in International Society: ASEAN, the EU and the Politics of Normative Arguing*, Switzerland: Palgrave Macmillan, 2019.

Tarling, Nicholas, *The Fall of Emperial Britain in South-east Asia*, Oxford: Oxford University Press, 1994.

Tarling, Nicholas, *Britain, Southeast Asia and the Onset of the Pacific War*, Cambridge: Cambridge University Press, 1996.

Tarling, Nicholas, *Britain, Southeast Asia and the Onset of the Cold War, 1945–1950*, Cambridge: Cambridge University Press, 1998.

Tarling, Nicholas, *Imperialism in Southeast Asia: 'A Fleeting, Passing Phase'*, London and New York: Routledge, 2001.

Tarling, Nicholas, *Nationalism in Southeast Asia: 'If the People are with Us'*, New York: RoutledgeCurzon, 2004.

Tarling, Nicholas, *Regionalism in Southeast Asia: To Foster the Political Will*, London and New York: Routledge, 2006.

Tarling, Nicholas, *Southeast Asia and the Great Powers*, London and New York: Routledge, 2010.

Tarling, Nicholas, *Status and Security in Southeast Asian State Systems*, London and New York: Routledge, 2013.

Thompson, Sue, *British Military Withdrawal and the Rise of Regional Cooperation in South-east Asia, 1964 – 73*, Basingstroke, Hampshire: Palgrave Macmillan, 2015.

Tuck, Christopher, *Confrontation, Strategy and War Termination: Britain's Conflict with Indonesia*, Burlington, VT.: Ashgate, 2013.

Umetsu, Hiroyuki, *From ANZUS to SEATO-A Study of Australian Foreign Policy, 1950 – 54*, Ph. D. dissertation, University of Sydney, June 1996.

Vickers, Adrian, *A History of Modern Indonesia (Second Edition)*, Cambridge: Cambridge University Press, 2013.

Walker III, William O., *Opium and Foreign Policy: The Anglo-American Search for Order in Asia, 1912 – 1954*, Chapel Hill, NC.: University of North Carolina Press, 1991.

William, Walker, *Opium and Foreign Policy: the Anglo-American search for order in Asia, 1912 – 1954*, I. B. Tauris Press, 1991.

Wint, Guy, *The British in Asia*, New York: The Insititute of Pacific Relations, 1954.

三 英文论文

Acharya, Amitav, "Asia is not One", *The Journal of Asian Studies*, Vol. 69, No. 4, 2010.

Acharya, Amitav, "Culture, Security, Multilateralism: The 'ASEAN Way' and Regional Order", *Contemporary Security Policy*, Vol. 19, No. 1, 1998.

Acharya, Amitav, "Do Norms and Identity Matter? Community and Power in Southeast Asia's Regional Order", *The Pacific Review*, Vol. 18 No. 1, 2005.

Acharya, Amitav, "How Ideas Spread: Whose Norms Matter? Norm Localization and Institutional Change in Asian Regionalism, *International Organization*, Vol. 58, No. 2, 2004.

Acharya, Amitav, "Norm Subsidiarity and Regional Orders: Sovereignty, Regionalism, and Rule-Making in the Third World", *International Studies Quarterly*, Vol. 55, No. 1, 2011.

Acharya, Amitav, "The Emerging Regional Architecture of World Politics", *World Politics*, Vol. 59, Issue 04, 2007.

Buzan, Barry, "Security architecture in Asia: The Interplay of Regional and Global Levels", *The Pacific Review*, Vol. 16, No. 2, 2003.

Charrier, Philip, "ASEAN's Inheritance: The Regionalization of Southeast Asia, 1941 –61", *The Pacific Review*, Vol. 14, No. 3, 2001.

Emmerson, K. Donald, "'Southeast Asia': What's in a Name?", *Journal of Southeast Asian Studies*, Vol. 25, 1984.

Fifield, H. Russell, "Southeast Asia as a Regional Concept", *Southeast Asian Journal of Social Science*, Vol. 11, No. 2, Ideology in Southeast Asia, 1983.

Fifield, H. Russell, "Southeast Asian Studies: Origins, Development, Future", *Journal of Southeast Asian Studies*, Vol. 7, No. 2, 1976.

Finnemore, Martha and Kathryn Sikkink, "International Norm Dynamics and Political Change", *International Organization*, Vol. 52, No. 4, 1998.

Gordon, K. Bernard, "Problems of Regional Cooperation in Southeast Asia", *World Politics*, Vol. 16, No. 2, 1964.

Hack, Karl and Geoff Wade, "The Origins of the Southeast Asian Cold War", *Journal of Southeast Asian Studies*, Vol. 40, No. 3, Asian Cold War Symposium, 2009.

Khoman, Thanat, "Which Road for Southeast Asia?", *Foreign Affairs*, Vol. 42, No. 4, 1964.

Kneebone, Susan, "Comparative Regional Protection Frameworks for Refugees: Norms and Norm Entrepreneurs", *The International Journal of Human Rights*, Vol. 20, No. 2, 2016.

Kovačević, Marko, Review: Regional Security in a Changing World, *Journal of Regional Security*, Vol. 8, No. 2, 2013.

Llewelyn, James, "Japan's Return to International Diplomacy and Southeast Asia: Japanese Mediation in Konfrontasi, 1963 – 66", *Asian Studies Review*, Vol. 30, No. 4, 2006.

Meyer, W. Milton, "Regional Cooperation in Southeast Asia", *Columbia Journal of International Affairs*, Vol. 3, No. 2, Spring, 1949, Regional Organizations Their Role in the World Community.

Pereira, Jorge F. Garzón, "Hierarchical Regional Orders: An Analytical Framework", *Journal of Policy Modeling*, 36S, 2014.

Pollard, K. Vincent, "ASA and ASEAN, 1961 – 1967: Southeast Asian Regionalism", *Asian Survey*, Vol. 10, No. 3, 1970.

Reid, Anthony, "A Saucer Model of Southeast Asian Identity", *Southeast Asian Journal of Social Science*, Vol. 27, No. 1, 1999.

Reilly, James, "A Norm-Taker or a Norm-Maker? Chinese Aid in Southeast Asia", *Journal of Contemporary China*, Vol. 21, No. 73, 2012.

Stewart-Ingersoll, Robert, and Derrick Frazier, "India as a Regional Power: Identifying the Impact of Roles and Foreign Policy Orientation on the South Asian Security Order", *Asian Security*, Vol. 6, No. 1, 2010.

Turnbull, M. C., "British Planning for Post-war Malaya", *Journal of Southeast Asian Studies*, Vol. 5, No. 2, 1974.

四 中文专著、译著、编著

毕世鸿:《太平洋战争期间日本对东南亚的经济统制》,社会科学文献出版社2012年版。

陈鸿瑜:《新加坡史》(增订本),台湾"商务印书馆"2017年版。

陈乐民:《战后西欧国际关系(1945—1984)》,生活·读书·新知三联书店2014年版。

邓仕超:《从敌对国到全面合作的伙伴关系——战后东盟—日本关系发展的轨迹》,世界知识出版社2008年版。

耿协峰:《新地区主义与亚太地区结构变动》,北京大学出版社2003年版。

贺圣达:《贺圣达学术文选——东南亚研究论集》,云南人民出版社2015

年版。

洪邮生:《英国对西欧一体化政策的起源和演变(1945—1960)》,南京大学出版社2001年版。

李昀:《经济合作署与战后初期西欧重建(1947—1951年)》,中国社会科学出版社2014年版。

梁英明、梁志明、周南京等:《近现代东南亚(1511—1992)》,北京大学出版社1994年版。

梁志明:《源远流长 多元复合——东南亚历史发展纵横》,世界图书出版社2014年版。

梁志明:《殖民主义史(东南亚卷)》,北京大学出版社1999年版。

廖文辉:《马来西亚史》,马来亚文化事业有限公司2018年版。

庞卫东:《新加坡与马来(西)亚的合并与分离研究:1945—1965》,社会科学文献出版社2017年版。

齐世荣、钱乘旦、张宏毅:《15世纪以来世界九强兴衰史》,北京大学出版社2009年版。

钱乘旦、许洁明:《英国通史》,上海社会科学院出版社2017年版。

钱乘旦主编:《英帝国史》(八卷本),江苏人民出版社2019年版。

《苏加诺演讲集》,世界知识社1956年版。

孙建党:《美国与东南亚经济关系研究(1945-1973)》,经济管理出版社2011年版。

唐世平:《我们时代的安全战略理论:防御性现实主义》,林民旺、刘丰、尹继武译,北京大学出版社2016年版。

唐世平:《制度变迁的广义理论》,沈文松译,北京大学出版社2016年版。

王绳祖主编:《国际关系史》,世界知识出版社1995年版。

王振华:《英联邦兴衰》,中国社会科学出版社1991年版。

文学:《英法在东南亚的殖民模式及影响研究——以马来地区和印度支那地区为例》,对外经济贸易大学出版社2015年版。

徐天新、沈志华主编:《冷战前期的大国关系:美苏争霸与亚洲大国的外交取向(1945—1972)》,世界知识出版社2011年版。

徐秀军:《地区主义与地区秩序:以南太平洋地区为例》,社会科学文献出版社 2013 年版。

薛鸿华：《印度尼西亚从苏加诺到苏哈托到哈比比》，个人印刷刊物，1999 年版。

阎学通、孙学峰：《国际关系研究实用方法》，人民出版社 2001 年版。

张其学：《后殖民主义语境中的东方社会》，中国社会科学出版社 2008 年版。

张祖兴：《英国对马来亚政策的演变（1942—1957）》，中国社会科学出版社 2012 年版。

郑先武：《安全、合作与共同体：东南亚安全区域主义理论与实践》，南京大学出版社 2009 年版。

郑先武：《区域间主义治理模式》，社会科学文献出版社 2014 年版。

周玉渊：《从东盟到东盟共同体：东盟决策的模式与实践》，世界知识出版社 2015 年版。

朱瀛泉等著：《全球化背景下安全区域主义研究》，南京大学出版社 2015 年版。

［英］阿兰·柯林斯主编：《当代安全研究》（第三版），高望来、王荣译，世界知识出版社 2016 年版。

［美］B. 盖伊·彼得斯：《政治科学中的制度理论：新制度主义》（第三版），王向民、段红伟译，上海人民出版社 2016 年版。

［英］巴里·布赞、［丹麦］琳娜·汉森：《国际安全研究的演化》，余潇枫译，浙江大学出版社 2011 年版。

［英］巴里·布赞、［英］理查德·利特尔：《世界历史中的国际体系：国际关系研究的再建构》，刘德斌主译，世界知识出版社 2015 年版。

［美］本尼迪克特·安德森：《想象的共同体：民族主义的起源与散布》（增订版），吴叡人译，上海人民出版社 2011 年版。

C. L. 莫瓦特编：《新编剑桥世界近代史》（第十二卷），中国社会科学院世界历史研究所组译，中国社会科学出版社 1999 年版。

［美］德比·昂格尔、［美］欧文·昂格尔、［美］斯坦利·赫什森：《乔治·马歇尔传》，夏海涛译，世界知识出版社 2018 年版。

［美］彼得·卡赞斯坦：《地区构成的世界：美国帝权中的亚洲和欧洲》，秦亚青、魏玲译，北京大学出版社 2007 年版。

[印尼]迪·努·艾地：《印度尼西亚共产党的诞生及其发展》，强明译，世界知识出版社1959年版。

[荷兰]H. L. 韦瑟林：《欧洲殖民帝国》，夏岩等译，中国社会科学出版社2012年版。

J. M. 罗伯茨：《欧洲史》（下册），李腾等译，东方出版中心2013年版。

[英]尼尔·弗格森：《帝国》，雨珂译，中信出版社2012年版。

[英]菲利浦·齐格勒：《蒙巴顿传》，仲大军等译，新华出版社1989年版。

[新西兰]尼古拉斯·塔林：《剑桥东南亚史》，贺圣达等译，云南人民出版社2003年版。

[美]汉斯·摩根索：《国家间政治：权力斗争与和平》（第七版），徐昕等译，北京大学出版社2011年版。

[德]赫尔戈·哈夫藤多恩、[美]罗伯特·基欧汉、[美]西莱斯特·沃兰德主编：《不完美的联盟：时空维度的安全制度》，尉洪池等译，世界知识出版社2015年版。

[英]赫德利·布尔：《无政府社会：世界政治中的秩序研究》（第四版），张小明译，上海人民出版社2015年版。

[英]霍尔：《东南亚史》，中山大学东南亚历史研究所译，商务印书馆1982年版。

[英]康斯坦丝·玛丽·藤布尔：《新加坡史》，欧阳敏译，东方出版中心2016年版。

[法]雷蒙·阿隆：《和平与战争：国际关系理论》，朱孔彦译，中央编译出版社2013年版。

[美]鲁德拉·希尔、彼得·卡赞斯坦：《超越范式：世界政治研究中的分析折中主义》，秦亚青、季玲译，上海人民出版社2013年版。

[英]罗伯特·安东尼·艾登：《艾登回忆录：清算》，瞿同祖、赵曾玖译，商务印书馆2017年版。

[美]罗伯特·基欧汉：《霸权之后：世界政治经济中的合作与纷争》（增订版），苏长和等译，上海人民出版社2012年版。

[美]罗伯特·吉尔平：《世界政治中的战争与变革》，宋新宁、杜建平译，上海人民出版社2007年版。

[新加坡] 马凯硕、孙合记：《东盟奇迹》，北京大学出版社 2017 年版。

[英] 迈克尔·曼：《社会权力的来源：全球诸帝国与革命（1890—1945）》，郭台辉、茅根红、余宜斌译，上海人民出版社 2015 年版。

[美] 西蒙·赖克、理查德·内德·勒博：《告别霸权！全球体系中的权力与影响力》，陈锴译，上海人民出版社 2017 年版。

[澳] 米尔顿·奥斯本：《东南亚史》，郭继光译，商务印书馆 2012 年版。

[印尼] 萨努西·巴尼：《印度尼西亚史》（下册），吴世璜译，商务印书馆 1972 年版。

[美] 斯蒂芬·沃尔特：《联盟的起源》，周丕启译，北京大学出版社 2007 年版。

[美] 托马斯·库恩：《科学革命的结构》，金吾伦、胡新和译，北京大学出版社 2003 年版。

[美] W. 菲利普斯·夏夫利：《政治科学研究方法》（第八版），郭继光等译，上海人民出版社 2012 年版。

[美] 沃伊切克·马斯特尼：《冷战的历史遗产：对安全、合作与冲突的透视》，朱立群主编，聂文娟、樊超译，社会科学文献出版社 2015 年版。

[美] 亚历克斯·罗森堡：《科学哲学：当代进阶教程》，刘华杰译，上海科技教育出版社 2006 年版。

[以] 伊曼纽尔·阿德勒、[美] 迈克尔·巴涅特主编：《安全共同体》，孙红译，世界知识出版社 2015 年版。

[日] 原不二夫：《英属马来亚的日本人》，刘晓民译，厦门大学出版社 2013 年版。

[美] 约翰·卡迪：《战后东南亚史》，姚楠等译，上海译文出版社 1984 年版。

[美] 约翰·刘易斯·加迪斯：《长和平：冷战史考察》，潘亚玲译，上海人民出版社 2011 年版。

[美] 约翰·刘易斯·加迪斯：《冷战》，翟强、张静译，社会科学文献出版社 2016 年版。

[美] 约翰·伊肯伯里：《大战胜利之后：制度、战略约束与战后秩序重建》，门洪华译，北京大学出版社 2008 年版。

［美］珍妮特·L. 阿布－卢格霍德：《欧洲霸权之前：1250—1350年的世界体系》，杜宪兵、何美兰、武逸天译，商务印书馆2015年版。

五　中文论文

陈巍：《战后日本"重返"东南亚与英国的应对》，《日本问题研究》2014年第3期。

陈祥先：《科伦坡计划与东南亚区域合作》，硕士学位论文，南京大学，2018年。

陈仲丹：《英帝国解体原因探析》，《南京大学学报》（哲学·人文·社会科学）1999年第4期。

程晓勇：《东盟规范的演进及其对外部规范的借鉴：规范传播视角的分析》，《当代亚太》2012年第4期。

高岱：《论殖民主义体系的形成与构成》，《北京大学学报》（哲学社会科学版）1999年第1期。

高岱：《英法殖民地行政管理体制特点评析（1850—1945）》，《历史研究》2000年第4期。

高岱：《殖民主义的终结及其影响》，《世界历史》2000年第1期。

高艳杰：《曲折的区域化进程——东盟成立的历史轨迹与缘起》，《东南亚纵横》2010年第10期。

宫少朋：《"五国联防"今昔》，《外交评论》1992年第2期。

郭家宏：《英国旧殖民体制的特征及其瓦解的原因》，《史学月刊》2000年第6期。

郭俊麟：《东南亚区域整合经验——"东协模式"的实践与检讨》，《台湾"国际"研究季刊》2008年第1期。

何跃：《二战后英国在东南亚的非殖民化研究现状述评》，《云南师范大学学报》2005年第2期。

何跃：《论第二次世界大战中英国的远东政策》，《历史教学问题》2007年第4期。

贺圣达：《中国东南亚史研究的成就和展望》，《世界历史》2003年第2期。

黄超：《建构主义视野下的国际规范扩散》，《外交评论》2008年第4期。

黄超：《框定战略与"保护的责任"规范扩散的动力》，《世界经济与政治》2012年第9期。

黄凤志：《论1937至1939年英国的远东政策》，《内蒙古民族师院学报》1989年第4期。

黄焕宗：《英国侵略马来西亚及其殖民政策》，《南洋问题研究》1991年第1期。

黄焕宗：《试论缅甸沦为英国殖民地的过程及其原因》，《南洋问题研究》1990年第1期。

姜帆：《蒙巴顿对战后初期缅甸政局的影响》，《南洋问题研究》2013年第2期。

靳小勇：《英国太平洋防务政策调整困境析论（1945—1949）》，《南洋问题研究》2015年第4期。

李安山：《日不落帝国的崩溃——论英国非殖民化的"计划"问题》，《历史研究》1995年第1期。

李峰：《国家身份如何塑造区域认同——以东南亚的区域大国"身份地位化"为例》，《南洋问题研究》2018年第2期。

李峰、洪邮生：《微区域安全及其治理的逻辑——以"一带一路"倡议下的"大湄公河微区域"安全为例》，《当代亚太》2019年第1期。

李峰、郑先武：《区域大国与区域秩序建构——东南亚区域主义进程中的印尼大国角色分析》，《当代亚太》2015年第3期。

李峰、郑先武：《中等强国与区域大国身份的互构——韩国与印度尼西亚的比较分析》，《当代韩国》2016年第1期。

李文光：《英帝国海洋战略与海峡殖民地的建立》，《东南亚南亚研究》2017年第2期。

李一平：《东南亚岛屿地区先于半岛地区沦为殖民地的原因》，《南洋问题研究》2000年第1期。

梁志明：《关于中国东南亚学研究的几个问题》，《东南亚研究》2007年第2期。

梁志明：《论东南亚区域主义的兴起与东盟意识的增强》，《当代亚太》2001年第3期。

廖小健：《英国殖民政策与马来亚人民抗日军》，《东南亚研究》2005年第 3 期。

林金枝：《辛亥革命与南洋华侨及其对东南亚民族解放运动的影响》，《南洋问题研究》1982 年第 2 期。

林金枝：《辛亥革命与孙中山思想对东南亚民族解放运动的影响》，《华侨大学学报》（哲学社会科学版）1992 年第 1 期。

林永亮：《地区一体化语境中的东盟规范困境》，《世界经济与政治》2010 年第 7 期。

刘德斌：《国际关系研究"历史路径"的必要性和可能性》，《史学集刊》2019 年第 3 期。

刘昌明、隋聪聪：《地区主义进程中的民族主义因素：一个分析框架》，《东岳论丛》2012 年第 7 期。

刘艳峰：《规范扩散视角下的南海安全秩序重塑研究》，博士学位论文，南京大学，2018 年。

刘颖：《战后英国的新加坡政策：演变及原因》，《东南亚南亚研究》2014 年第 4 期。

柳思思：《从规范进化到规范退化》，《当代亚太》2010 年第 3 期。

鲁枫：《三次延长的"科伦坡计划"》，《世界知识》1964 年第 24 期。

迈克尔·利弗：《1948—1969 年紧急状态（Emergency 1948 – 60）（马来亚）》，《南洋资料译丛》2003 年第 2 期。

迈克尔·利弗：《1971 年〈五国防御协议〉（Five Power Defence Arrangements）》，《南洋资料译丛》2003 年第 2 期。

苏密斯·那坎德拉、刘鹏：《南亚与东南亚多边经济合作的形成》，《印度洋经济体研究》2017 年第 1 期。

潘兴明：《英美霸权转移的历史考察》，《北京大学学报》（哲学社会科学版）2015 年第 5 期。

彭永福：《英国与越南战略村计划关系研究》，硕士学位论文，华东师范大学，2015 年。

蒲晓宇：《霸权的印象管理——地位信号、地位困境与美国亚太再平衡战略》，《世界经济与政治》2014 年第 9 期。

蒲晓宇：《地位信号、多重观众与中国外交再定位》，《外交评论》2014 年第 2 期。

沈燕清：《英国在马来西亚联邦建立及分裂中的角色分析》，《东南亚》2005年第2期。

史一涛：《论"科伦坡计划"》，《世界知识》1955年第22期。

宋少军：《冷战时期东南亚地区安全复合体：产生、演进与建构》，《国际安全研究》2017年第6期。

孙德刚：《帝国之锚：英国海外军事基地的部署及其战略调整》，《军事历史研究》2015年第4期。

孙建党：《美国在英属东南亚殖民地非殖民化过程中的政策及其作用》，《东南亚研究》2005年第1期。

孙建党：《科伦坡计划及其对战后东南亚的经济发展援助》，《东南亚研究》2006年第2期。

孙建党：《科伦坡计划与加拿大对南亚和东南亚的发展援助》，《历史教学·高校版》2011年第12期。

孙兴杰：《帝国·霸权·区域：权力边界与东方问题的演进》，博士学位论文，吉林大学，2011年。

孙志伟：《由槟城"分离运动"到新加坡会议——战后初期英国对马来亚华人决策轨迹分析（1945—1949）》，《南洋问题研究》2015年第2期。

汪诗明：《英国为何无缘澳新美同盟——从英国方面来考察》，《历史教学问题》2009年第3期。

汪堂峰：《论"印马对抗"事件的双重本质》，《东南亚之窗》2008年第2期。

汪文军：《1933—1937年英国的远东政策》，《武汉大学学报》（社会科学版）1992年第5期。

王成：《从对抗到合作——马来亚非殖民化研究》，《学海》2003年第2期。

王成：《从西方化到本土化：英国的殖民统治与马来西亚的政治发展》，《史学月刊》2003年第8期。

王赓武、吴宏娟、吴金平：《东南亚的政党与国家》，《东南亚研究》2012年第4期。

王士录：《万隆会议与东盟的崛起——万隆会议召开50周年纪念》，《东南亚》2005年第1期。

王士录：《战后初期印度对印支三国的政策》，《东南亚纵横》1990 年第 3 期。

王艳芬：《马来亚的独立与英国殖民撤退的战略》，《史学月刊》2001 年第 6 期。

魏炜：《英国撤离新加坡基地及其对东盟合作的影响》，《东南亚南亚研究》2012 年第 1 期。

吴春丽：《试论艾森豪威尔政府对大陆东南亚的援助政策》，《东南亚研究》2007 年第 1 期。

吴翠莲：《英国与东南亚条约组织的建立》，硕士学位论文，首都师范大学，2014 年。

萧永坚：《英国重占缅甸时期的政策与华侨（1945—1947）》，《华人华侨历史研究》1990 年第 3 期。

薛君度：《英国在马来亚的统治——1919—1939 年》，《东南亚南亚研究》1987 年第 4 期。

杨文娟：《英国东南亚特派员与粮食供应（1946—1948）》，《东南亚研究》2010 年第 2 期。

岳蓉：《〈五国防御协议〉：马来西亚安全困境下的合作》，《历史教学·高校版》2014 年第 6 期。

张德明：《从科伦坡计划到东盟——美国对战后亚洲经济组织之政策的历史考察》，《史学集刊》2012 年第 5 期。

张小欣：《1963 年印（尼）马对抗与东南亚地区之大国角力》，《南洋问题研究》2010 年第 3 期。

张小欣：《印（尼）马对抗时期美英的外交矛盾与协调》，《南洋问题研究》2014 年第 2 期。

张旭东：《试论中国大陆学者对东南亚（东盟）区域合作的研究——以博士论文和学术专著为视角》，《南洋问题研究》2007 年第 2 期。

张祖兴：《论马来人"第五纵队"问题与马来亚联盟公民权计划》，《东南亚研究》2004 年第 6 期。

赵乾坤：《大国权力与地区规范——中国与东盟关系研究》，博士学位论文，外交学院，2006 年。

郑先武：《东南亚早期区域合作：历史演进与规范建构》，《中国社会科学》2017 年第 6 期。

郑先武、封顺：《湄公河计划的区域合作实践与"湄公精神"》，《东南亚研究》2018 年第 6 期。

郑先武：《国际区域治理规范研究的"历史路径"》，《史学集刊》2019 年第 3 期。

郑先武：《万隆会议与东南亚区域主义的发展》，《世界经济与政治》2015 年第 9 期。

郑先武：《亚远经委员会区域合作实践与"亚洲方式"初创》，《世界经济与政治》2016 年第 12 期。

［日］岸胁诚：《独立初期马来西亚的经济开发与国民统一》，《南洋资料译丛》2005 年第 1 期。

［苏］H. A. 西莫尼亚：《是"大马来西亚"还是英国的新殖民主义?》，《南洋问题资料译丛》1963 年第 4 期。

L. P. 古纳蒂勒克：《"科伦坡计划"组织和执行情况》，《东南亚研究》1960 年第 1 期。

后　　记

　　本书在我的博士毕业论文基础上修改而成。2013年，我进入南京大学攻读硕博，前后近7年，硕士师从郑先武教授、博士师从洪邮生教授。硕士时，在郑老师访学韩国期间，我有幸得到洪老师指导；在洪老师指导下攻博期间，我亦有幸在"共同体读书会"上继续受郑老师点拨。无可讳言，论文和书皆有缺憾，因为这几年我还一直尝试在微区域、比较区域及概念史研究等方面有所突破。但这或许也是好事，毕竟在自我学术研究规划中，至少在中短期规划上，我希望达到这样一种状态——以"东南亚区域合作"为中心，多线展开，并线持续，不断深化……

　　本书选题是我结合硕博不同经历所拟，力求有所创新又不标新立异。导师洪邮生教授给予了细致入微的指导，杨保筠教授、周桂银教授、宋德星教授、冯梁教授、朱锋教授、蔡佳禾教授及谭树林教授都审读了我博士论文全稿并提出了宝贵修改建议，孙朝靖同学对文章中部分翻译的建议亦给予我重要启发。此外，南大求学，硕博七载，先师计秋枫教授的督促与风格将长存我心。还要感谢谭秀英研究员、邵建平教授、李福建老师、舒建中副教授、郑安光副教授、李冠群副教授、张义明教授、张继业副教授、宋文志老师、马必胜（Mark Beeson）教授、姚全老师，以及王亚琪、王术森、孙灿、潘艳贤、靳晓哲、李书剑、陈相秒等同学，感谢我这几年刊发论文的各杂志的编辑部老师们，投稿、修改直至发表中的交流对于我规范学术研究与写作助益良多。

　　在我博士毕业并进入厦门大学政治学博士后流动站工作后，本书的出版有幸得到厦门大学国际关系学院/南洋研究院"南洋文库"的支持，在论文修改成书的过程中，我的合作导师李一平教授及冯立军教授、范宏伟教授等厦大诸位老师都给予我莫大支持，周桂银教授多次审读全稿，并以丰富的编辑经验，极为细致地修改书稿、提出改进建议，本人谨致谢忱。在我来厦后，我的妻子、父母及岳父母均给予我巨大支持，尤其是我妻子在放弃原工作随我入厦再次考编的过程中作出很大牺牲。所有人的支持与鼓励我都感念于心，也将化作我继续研究、教学中的无穷动力。

李　峰

2022 年 1 月 8 日于南安楼